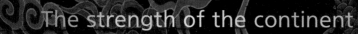

The strength of the continent

CHINA

그랜드 차이나 벨트

소 정 현 지음

초판 1쇄 발행   2018년 9월 15일

지 은 이   소정현
발 행 인   권선복
편   집   한영미
디 자 인   이동준
전 자 책   서보미
마 케 팅   권보송
발 행 처   도서출판 행복에너지
출판등록   제315-2011-000035호
주   소   (157-010)서울특별시 강서구 화곡로 232
전   화   0505-613-6133
팩   스   0303-0799-1560
홈페이지   www.happybook.or.kr
이 메 일   ksbdata@daum.net

값 28,000원

ISBN 979-11-5602-644-0
Copyright ⓒ 소정현 , 2018

도서출판 행복에너지는 독자 여러분의 아이디어와 원고 투고를 기다립니다. 책으로 만들기를
원하는 콘텐츠가 있으신 분은 이메일이나 홈페이지를 통해 간단한 기획서와 기획의도, 연락처
등을 보내주십시오. 행복에너지의 문은 언제나 활짝 열려 있습니다.

그랜드 차이나 벨트

소 정 현 지음

우리는 이제 중국의 대약진을 지켜보기만 할 수는 없기에
우리의 역량과 자질을 융합시켜
세계사적 큰 흐름에 유연히 합류해야만 한다.

서 문

2017년 중국의 무역규모는 2013년 이후 4년 만에 다시 4조 달러대를 회복하면서 미국을 제치고 세계 최대무역국 지위를 재탈환하는 기염을 토했다. 또한 중국의 최대 수출시장인 미국에서의 무역흑자가 2,758억 달러에 달해 사상 최대 규모를 기록하였다. 이렇듯 이제 중국은 명실상부하게 세계 경제의 주축임을 절대 부정할 수 없는 상황을 생생히 목도하고 있다.

이제는 글로벌 경제대국의 위상을 과시라도 하듯, 2018년 2월 중국은 '국가주석 2연임 이상 제한' 조항을 삭제하였다. 시진핑(習近平) 중국 국가주석의 장기 집권을 사실상 가능하게 하는 헌법 개정안에 대해 중국 관영언론 매체들은 "신시대를 맞아 중국 특색 사회주의가 발전하려면 헌법의 연속성과 안정성, 권위를 유지하는 기초 위에 개정이 꼭 필요하다."고 개헌의 당위성을 역설하면서 일제히 지지의 뜻을 내비치고 있다.

바야흐로 중국은 정치와 경제 양 측면에서 눈치 보지 않고 무소불위의 위력을 행사하는 데 일절 주저함이 없어 보인다. 그러나 2018년 새해부터 촉발한 미·중 간 무역전쟁의 예고탄은 세계에 보호무역주의 회귀 우려를 여실히 자아내고 있고, 중국의 야심찬 일대일로 정책은 세계 곳곳에서 이해가 상충되는 조짐을 보이고 있다.

한국무역협회에 따르면, 한중 간 교역 규모는 2016년 수출은 1천 244억 달러(약 142조 원), 수입은 870억 달러(약 99조 3천억 원)로 비약적으로 늘면서 총 2천 114억 달러(약 241조 3천억 원)로 급증했다. 이제 한국은 중국이 최대 수출국일 뿐만 아니라 최근 김정은 북한 국방위원장의 방중에서도 밀접하게 확인된 것처럼, 중국은 한반도 안보환경에 영향력을 행사할 수 있는 절대적 위치에 포진하여 있다.

우리는 너도 나도 중국을 세심하게 잘 알아야 한다는 원론적 공감대가 형성되어 있음에도 각론적 접근에서는 불균형을 이루고 있다. 현재 중국은 글로벌 기업의 핵심 거점 지역이면서도 세계를 리드하는 분야와 영역에서 속도감 있게 행진 중이다. 규모의 경제에 이어 제4차 산업혁명이라는 질적 경제의 연착륙에도 순풍에 돛을 단 것이다.

본서 '그랜드 차이나 벨트'는 보험업, 은행업, 핀테크 등 괄목할 만한 발전상을 추적하면서 전자상거래, 포털과 소셜미디어 영역에서도 경이적 성과를 일구어냈음을 확인했다. 사물인터넷과 가전통신에서도 두각을 나타내고 있는 현장들을 점검했다. 또한 글로벌 차원에서 물류의 대혁신도 놀랄 만한 성취가 급속도로 이루어졌다. 이는 위안화의 위력을 한층 공고히 강화시켜 나갈 것이 틀림없다.

우주와 항공·군사 부문까지 일취월장의 결실을 예고하고 있는 가운데, 그랜드 차이나 벨트의 핵심 접점인 일대일로 정책을 우군격으로 세계 곳곳에 포진하여 있는 화교들의 지원사격 아래 육로와 해상에서 생동감 넘치게 일구어가고 있다. 이제 우리는 중국의 대약진을 지켜보기만 할 수는 없다. 우리의 역량과 자질을 융합시켜 세계사적 큰 흐름에 유연히 합류해야 한다. 위기를 기회로 만드는 데 망설일 필요가 있겠는가?

마지막으로 금번 출간은 관련 국내외 다양한 미디어와 연구 기관의 수많은 통계자료에 힘입은 바 크고, 본서를 생동감 있게 조력한 포토 소스는 차이나 관련 해외 제반 기관 등에 촉진된 바, 거듭 감사의 말씀을 드린다. 본서를 꼼꼼히 검토하고 세심한 가이드라인을 아끼지 않은 홍콩의 리키장의 헌신, 산고의 고통을 공유해주신 행복에너지 권선복 대표님의 노고에 진정 감사의 말씀을 전한다.

한[큰] 걸음

림삼 (林森) 칼럼니스트·시인

우리 떨리는 가슴으로 바라보세,
거침없어 장엄한 큰 걸음
쿵! 쾅! 쿵! 쾅!

옛적 누리 열리고부터서
그들 염원이었던 소망 잠깨었네

하나로 시작되었으매
무한의 가능 아울러 포용하던 행보,
소망의 꿈 잉태시킨 요람
유구한 전설로 탑 쌓아오더니

새 시대의 표상, 진군(進軍)의 합창
햇살에 모습 드러내
새론 역사의 살림살이 불지피는 아침

오래 가꾼 일념 활짝 펼친 분수대
찬란한 선혈(鮮血)의 용트림
힘찬 솟구침 되어 다가온 영(靈)들
태초의 화두는 굴기(倔起)일지라

훌 훌 굴곡 털어내는 비상(飛上)
척박한 땅일랑 옥토로 터바꿈 하고
벅찬 내일로 나아가는 땀흘림의 가치

오늘은 그들 다시 일어서는
새 날의 새 아침, 그리고 새 세상
광명의 불덩이 되어 타오른 신화

함께 손잡아 우뚝 설 우리네 이웃,
시공(時空)을 하나로 묶는 일대(一帶)
대망(待望)의 큰 걸음걸이 일로(一路)

우렁찬 상생의 노래 소리
하늘 끝 멀리 메아리 울려나니
벅찬 환희 모두어 한 발자국 떼누나

부제 ; 굴기(倔起)에서 비상(飛上)까지

이선호
한중실크로드 국제교류협회 회장

21세기에 들어서 비약적인 발전을 이루어 낸 중국은 이제 국제적으로 확고한 G2의 반열에 올라섰을 뿐 아니라 글로벌 경제, 외교 분야에서의 위상도 괄목상대한 발전을 이루었습니다.

그리고 중국은 과거 경제발전의 기초를 다지는 시기의 '전세계의 공장'의 위치에서 현재에는 중국 정부의 효과적이고 집중적인 지원과 정책을 토대로 수많은 산업 분야에서 글로벌 경쟁력을 갖춘 기업들이 탄생하여 '글로벌 경제 리더'의 위치에서 세계 시장을 주도하고 있습니다.

특히 핀테크와 모바일 분야에서는 이미 전 세계 관련 산업을 선도하면서 그 표준을 제시하고 있으며, 풍부한 자금력과 정부의 일관성 있는 정책, 모두가 부러워하는 튼튼한 내수시장을 통해 우수한 기업들이 전세계 인재들을 유치하여 이제 4차 산업혁명을 주도하는 국가로 자리매김하고 있습니다.

중국의 이러한 번영을 주변 국가들과 공유하기 위해 시진핑 주석이 주창한 '일대일로' 이니셔티브는 향후 아시아와 유럽, 아프리카를 아우르는 경제·무역, 문화 공동체로 발전할 것이며, '일대일로'의 연선국가와 참가국들에게 새로운 발전의 토대를 제공할 것입니다.

한중 양국 '상생전략 비전'을 훌륭하게 제시

본서 '그랜드 차이나 벨트'는 중국의 개혁·개방시기부터 현재와 그리고 가까운 미래까지를 총망라하여 대표적인 분야에서 그동안 중국이 성장해온 발자취와 성과를 되돌아 볼 수 있는 가치 있는 자료들과 깊이 있는 연구를 통한 명확한 분석에 중국과의 상생의 일환으로 한국을 포함한 주변 이웃국가들이 함께 나아가야 할 방향과 비전을 훌륭하게 제시해주고 있습니다.

한·중 양국은 역사적, 문화적, 지리적으로 동북아의 가장 아름다운 동반자 관계였습니다. 그리고 1992년 역사적인 한·중 수교 이래 양국은 많은 분야에서 눈부신 발전을 이루어 내었으며 '전략적 협력 동반자 관계'를 수립하여 더욱더 공고한 선린우호의 관계를 유지·발전시켜 나가고 있습니다.

동북아를 넘어서 아시아와 전 세계의 평화공존과 호혜발전을 위해 한·중 양국이 함께 협력하며, 설계하는 새로운 미래의 청사진을 위해 본서 '그랜드 차이나 벨트'의 일독을 권해드리는 바입니다. 아무쪼록 본서가 양국 간의 아름다운 동반자관계를 더욱 발전시켜 나가기 위해 많은 분들에게 널리 읽히기를 진심으로 기대합니다.

안유화
성균관대 중국대학원 교수

중국은 현재 GDP 12조 8,600억 달러(82조 7,000억 위안) 규모로 미국 다음에 이어 세계 2위 일뿐더러 세계 1위 무역대국이다. 2017년 6.9% 성장률을 기록하면서 작년 한해만 호주경제 규모와 맞먹는 GDP 증가를 보였다.

중국경제의 성공요인에는 자유무역특구와 보세구를 앞세운 개혁개방으로 세계 선진기업과 기술을 유치하여 상대적인 저렴한 노동력을 활용한 수출주도형의 경제 중심으로 발전전략을 구사해왔던 점이 크다. 하지만 2011년 이후로 중국은 소비대국으로 급성장하면서 이제는 풍부한 국내수요에 기반한 소비주도형 경제로 탈바꿈하고 있다. 중국의 인구는 14억을 넘어서고 있으며 작년 기준 1인당 GDP는 8,836달러(5만 9,660위안)로 중진국 수준에 이르렀다.

IMF 전망에 따르면, 2030년 중국은 미국을 넘어 세계 1위 경제규모에 1인당 1만 5,000달러에 이르러 선진국 문턱에 도달할 것으로 보고 있다. 중국의 이런 변화에 따라 앞으로 가장 크게 주목할 분야는 자본시장이다. 현재 중국 자본시장은 100조 위안 시대를 코앞에 두고 있다. 이는 중국 유니콘기업들의 기업공개(IPO) 확대와 핀테크를 통한 중국 개인들과 주민들의 자산배분의 투자확대로 쉽게 실현될 것으로 보이며, 그에 따라 글로벌 투자자들의 중국에 대한 투자도 확대될 것으로 전망된다.

자본시장 100조시대의 최대수혜자는 벤처창업자들과 그 투자자들이다. 중국은 이런 과정을 '인터넷+'와 '대중창업, 만인혁신' 및 '일대일로' 추진전략으

글로벌 경제! '중국의 대변혁' 전반적 흐름에 입체적 분석

로 실현하고 있다. 이 중심에는 중국 국무원(國務院)이 제조업 활성화를 목표로 발표한 산업고도화 전략의 분야인 은행·보험업과 자본시장에서 1위로 성장한 핀테크와 전자상거래, O2O, 사물인터넷과 정보통신기술(ICT), 항공·우주·군사산업 등 중국제조(中國製造) '2025영역'이 있다. 앞으로 중국의 자본시장 성장기회를 잘 활용하는 기업이나 개인에 따라 한국의 사회의 부의 구조가 크게 변화될 것이며, 사회구조도 크게 변화될 것이다.

문제는 이런 변화에 대해 '전반적인 이해와 큰 흐름을 이해하는 것이 우선이다'라는 점이다. 본서는 이에 크게 도움이 되는 작품이다. 저자는 중국의 금융시장 큰 흐름과 주요 변화에 대해 민감한 시각으로 정리하고 있으며, 특히 산업과 금융변화에서 중국의 세계경제에서의 리더 역할에 대해 주목하고 있다.

이에 일대일로와 AIIB, 그리고 세계 각국에서 경제주도역량으로 성장하고 있는 화교경제에 대해 일목요연하게 쉽게 정리하고 있다. 한마디로 본서는 주제별로 당대 중국의 가장 핫한 흐름을, 그리고 꼭 알고 가야 하는 지식점들에 대해 정리한 백과서라고 할 수 있겠다.

저자의 이런 노고에 감사를 표하며, 본 책을 읽는 독자들이 그 속에서 중국을 레버리지로 활용하여 자기만의 우세를 만들 수 있는 아이디어와, 나아가 핀테크 시대 한국의 새로운 기회를 찾을 수 있는 동력을 얻을 수 있을 것을 확신한다.

安玉花

중국경제의 '핵심 키워드' 생동감 있는 설명

강희정
한밭대교수 인민대 경영학박사

15억에 육박하는 거대 인구, 33개 省·市·自治區를 보유한 광활한 면적의 중국은 이제 변화의 흐름마저도 빠르다.

중국식 사회주의 시장경제 모델은 1978년 개혁·개방 이후 40년간 변화와 진화를 거듭하여 중국 경제사회 전반을 진화의 땅 갈라파고스로 만들어 놓았다. 중국을 이해하기 위한 차이나 코드는 이제 단순한 조합으로는 불가능하며, 다양한 각도에서 보다 복잡한 조합을 필요로 하고 있다.

'그랜드 차이나 벨트'는 현대 중국경제의 빠른 변화가 진행되고 있는 현장, 빠른 흐름을 리드하고 있는 현상들을 잘 포착하여 저자만의 예리한 시각으로 정리한 책이다.

저자가 보유한 다양한 영역에서의 전문성을 발휘하여 중국 경제의 핵심적인 키워드를 중심으로 생동감 있는 설명을 통해 독자들의 시선을 뗄 수 없게 하는 매력이 깃들어 있는 책이라고 생각한다.

변화하는 중국의 최근 모습을 이해하거나 중국 비즈니스에 관심이 있는 사람들에게 꼭 한번 권하고 싶은 실용적인 서적으로 단순 교양서를 넘어서는 가치가 있다.

중국이 변화하는 방향을 보면 중국의 미래가 보인다. 대 중국 경제 의존도가 높은 한국의 입장에서는 현재보다도 미래 중국에 대한 해법을 모색해야 할 시점이라는 점에서 중국의 변화가 암시하고 있는 교훈을 직시해야 할 것이다.

중국 관계 촌철살인의 전략수립 필요성 지적

박선규
KBS 코리아뷰 추진단장

우리 대부분은 아직 중국을 저렴한 생필품을 생산하는 세계의 거대한 굴뚝공장으로만 단순하게 생각하고 있습니다. 그러나 오늘의 중국은 우리 기억 속의 중국이 더 이상 아닌 너무나도 다른 얼굴의 중국이 되어 가고 있습니다. 그러나 우리가 눈치를 못 채는 사이, 중국이 달려나가고 있는데, 그 움직임을 소정현 대기자는 '그랜드 차이나 벨트' 저서를 통해 그의 날카로운 직관으로 오늘 중국의 실상을 낱낱이 파헤치고 있습니다.

그동안 우리는 중국을 정밀 기술이 없기 때문에, 우리의 제품이나 부속품을 받아서 완제품을 생산하는 중국으로 막연히 생각하고 있었습니다. 그러나 그랜드 차이나 벨트는 우리의 생각과는 너무나 다른 중국의 현재 및 향후 발전 방향을 통해 우리가 미처 파악하지 못했던 우리의 이웃인 거대 공룡 중국과 어떠한 대척점에서 중국을 활용하고 중국과 협조해야 할지에 대한 전략수립의 필요성을 지적하고 있습니다.

현재 중국은 거대한 영토를 기반으로 세계 최대 규모의 자금을 축적한 후, 그 자금을 이용하여 전세계 기술을 무작정 흡수 모방하던 단계를 지나, 지금은 G2의 입장에서 우리는 상대가 안 될 정도의 역동성과 창의성을 가지고 뛰고 있습니다. 이제 중국은 몸집만 커다란 공룡이 아니라, 거대한 몸집에 날개까지 단 거대한 괴물이 되어 가고 있습니다.

이제 우리는 이 괴물의 등 위에 올라타지 않으면, 잡아먹힐 수 밖에 없습니다. 이처럼 중국의 향후 발전방향을 우리가 계속 간과한다면, 앞으로는 오히려 우리가, 중국의 등을 보고 달리게 될 수도 있을 것입니다. 이에, '그랜드 차이나 벨트'는 절대절명의 기회이자 위기에 처한 우리에게 단비와 같은 시금석이 될 것으로 확신합니다.

문현택
'한중 포커스신문' 대표

> **"**
> # 중국경제를 심층 이해하고
> # 다각도 상생전략에 큰 도움
> **"**

느긋한 '만만디'는 옛말, '신속한' 콰이콰이(快快)가 자연스러운 생활모드로 중국 전반이 급변하고 있다. 2025년 세계경제대국 1위로 도약을 꿈꾸는 중국! 최근 몇 년간 중국 경제는 매년 두 자리 수 고속성장을 거듭해 왔다. 2017년 중국의 무역규모는 2014년 이후 3년 만에 다시 4조 달러대를 회복하면서 미국을 제치고 세계 최대무역국 지위를 재탈환하는 기염을 토하기도 했다.

중국 경제의 폭발적인 성장과 미국의 부동산 버블 붕괴를 예측해 전 세계적으로 유명세를 탔던 저명한 학자이자이자, 미 월가에서 '중국통'으로 꼽히는 이코노미스트로 투자금융사 '모건스탠리 아시아 회장'을 지낸 예일대 경영대학원 '스티븐 로치 교수'는 중국 지도자의 강력한 리더십을 근거로 향후 중국 경제에 대하여 낙관적인 전망을 내놓았다.

'그랜드 차이나 벨트'는 세계 각국이 예의주시하고 있는 이러한 중국의 시대사적 거대한 대변혁에 있어 중국의 역동적 제반 경제상을 선명한 시각으로 생동감 넘치게 진단하면서, 독자들에게 이해하기 쉽게 전하고 있어, 추천 양서로서 적극 권장하고 싶다. '그랜드 차이나 벨트'의 저자인 소정현 대기자의 노고에 큰 박수를 보내며, 국내외 독자들이 본서를 통해 중국을 심층 이해하며, 다각도의 상생전략에 큰 도움이 될 것으로 믿어 의심치 않는다.

냉철하고 객관적 시각의 가이드이자 풍향계

황동윤
월드마스터위원회 후원회장

언젠가 '메이드인 차이나 없이 살기'라는 TV 프로그램을 본 적이 있다. 한국과 일본, 미국에서 합작으로 제작된 내용으로 중국 경제가 세계에 어떤 역할을 하고 있는가를 화두로 제공한 프로그램이었다.

흔히 지나칠 수 있는 간단하면서도 어려운 질문에서도 중국을 좀 더 면밀히 알 필요가 있다고 느끼게 하였는데, 이 책은 그러한 화두에 대한 깨달음과 해답을 제시하고 있다. 글로벌한 세계를 살아가면서 항상 추상적으로 멀리만 바라보고 있었던 것은 아닌가 하는 자문을 해본다.

전 세계의 지각변동에서 절대 빼 놓고 이야기 할 수는 없는 중국! 지금 우리가 미래로 더 나아가기 위해서는 반드시 지켜봐야 하는 산이며, 또 한편으로는 정상에 함께 올라가야 하는 산봉우리가 아닐까 생각한다.

조금 더 냉철하고 객관적인 시각으로 바라보고, 현명한 판단으로 대변혁의 흐름을 조망하는 '가이드'이자 '풍향계'가 되어줄 책을 접하게 되어 너무나도 고맙고 감사하다. 대한민국과 중국, 그리고 밝아오는 내일을 위해 필히 일독을 권하는 바이다.

Contents

Contents

Contents

Contents

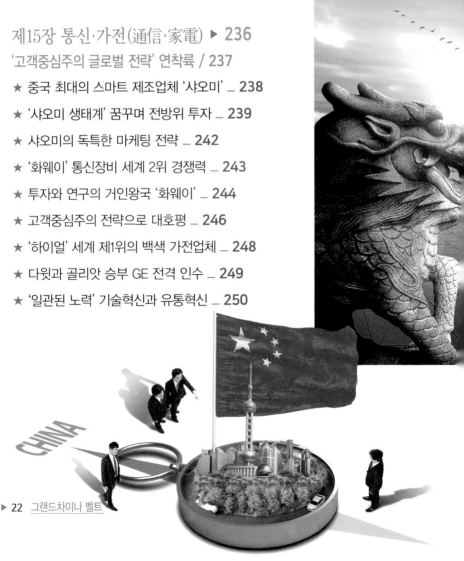

Contents

Chapter 1
보세구

한류열풍…중국수출시장 전자상거래 대결합 '빅뱅'

외국인 투자유치 중계무역 활성화 총괄 사령탑
최근엔 해외소비 줄이고 내수경기 살리는 포석

전자상거래 연계 자국 내 직구족 '대거흡수 전략'
보세구 입주효과 동일 사이버보세구역 시범운영

Chapter 1
보세구

〉〉〉 중국 개방경제의 초석 놓은 보세구(保稅區)

중국식 자본주의 개척과 번영의 초석을 놓은 보세구(保稅區) 태동과 중국 경제의 성숙기의 바로미터라 할 수 있는 '자유무역시범구'의 근래 정식 출범까지 추적하면서, 중국 경제의 역동적 변화상을 경이롭게 조망하여 보고자 한다. 특히 중화권 한류의 재도약은 수출전략에 새로운 선순환 모델을 예시하고 있어 한층 그 기대감을 부풀게 한다.

더욱더 최근 중국의 보세구 사업은 오프라인의 또 다른 주축인 온라인의 총아인 전자상거래를 융합하면서 양국 간 경제협력 상생의 윈-윈 모델로 한층 진가를 발휘하고 있다.

보세구는 중국 경제 사업의 일종으로 오랜 시간 중장기적 입체 플랜에 의해 시행되고 있다. 중국은 외국인 투자유치 및 중계무역 활성화를 주목적으로 국경 출입지와 가깝고 교통이 편리한 지역을 보세구로 지정하였는데, 1990년 '상하이 와이까오챠오' 보세구를 시작으로 톈진, 대련, 장자강, 닝보, 마

◀중국의 보세구는 무역환경이 양호하고 경제와 기술이
비교적 발달한 항구지역에 위치한다.

웨이, 샤먼, 칭다오, 광저우, 주하이, 선전(샤터우자오, 푸티엔, 앤티엔), 산
터우, 하이커우에 15개 보세구를 설치, 운영 중에 있다.

중국의 보세구는 무역환경이 양호하고 경제와 기술이 비교적 발달한 항구지
역에 설치하여 기타 지역과 상이한 특혜와 특수정책을 실시하고 있는데, 국
제무역, 현대물류, 입항가공, 상품 홍보·판매의 네 가지 기능을 갖추고 있는
외국의 '자유무역지대', '수출가공지역' 등과 경제적 효능이 유사하다.

보세구의 가장 큰 장점은 대폭 간소화된 수출입 통관절차 및 세관관리 특혜
의 적용이며, 또 상품검사, 세무, 외환, 금융관리 등이 한 번에 제공되는 이
점이 있어 통관속도를 가속화하고, 사무처리 효율을 제고시켜, 기업의 국제
화와 투자환경 조성, 물류비용의 절감에 일조하고 있다.

2015년 8월 18일, 중국 서북지방 최대의 공업도시이자 간쑤 성의 성도(省
都)인 란저우(蘭州)에 종합보세구가 해관총서 등 10개 부서로 구성된 합동
검수팀의 검수를 정식으로 통과했다. 늦깎이로 진입한 '란저우신구 종합 보

세구'는 전자정보, 첨단장비제조, 바이오 의약, 농산품 가공이 중점이다. '대련 보세구'는 상해보세구역 다음으로 중국 내 두 번째로 교역량이 많은 보세구역이다. 이곳 보세구역은 대련 신시구 중심에 건설이 되어 있는데, 보세창고, 자동차 물류항구, 보세구 가공 공장, 국제물류 등의 사업권을 가지고 있다.

중국 북방지역에서 규모가 제일 큰 '톈진 보세구'는 1991년 5월 12일에 국무원의 허가를 받고 설립되었고, 톈진강 항구 내에 자리 잡고 있다. 약술한 바, 기존의 보세구는 중국 수출 경제 드라이브의 효자 노릇을 톡톡히 하여 왔다. 그러나 이제는 보세구의 질적 변화를 초래시켜 내수 시장 침체를 일신하는 유력한 대안으로 떠오르고 있다는 점을 주목할 필요가 있다.

〉〉〉 '해외쇼핑·직구' 내수침체 대안은 '보세구 육성'

날로 급증하는 해외직구와 중국 관광객의 통 큰 해외쇼핑은 중국 경제의 내수침체 요인 중 하나이다. 중국 정부는 자국민의 해외 소비를 줄이고 내수경기 활성화 진작책으로 자국 내 보세구 지정 사업을 적극 육성하고 있다.

기존의 대부분 보세구 매장의 경우, 도심지와 떨어진 외곽지역에 위치해 별다른 성과를 올리지 못했다. 이에 중국 정부는 충칭시와 상하이 등 주요 도시 8곳에 보세구 시범지구를 지정하고 관련 사업 육성에 나섰다.

이곳에서 팔리는 한국 제품은 관세와 우리나라의 부가가치세에 해당하는 중국 증치세(增値稅) 등이 면제된다. 품목별로 일정 금액 이하의 상품은 아예 세금이 부과되지 않아 면세 가격으로 판매가 가능하다.

◀중국 정부는 주요 도시에 보세구
시범지구를 지정하고 관련 사업
육성에 나섰다.

한국의 화장품은 중국에서 일반적인 유통 경로로는 한국에 비해 1.5배 가량
비싼 가격에 판매되는데, 보세구 내에서는 한국과 비슷한 가격에 판매가 가
능하다. 그리고 식품류와 화장품의 경우, 중국 내에서 별도의 위생허가 없이
판매가 가능하다는 점이 큰 장점이기에 국내 중소기업 입장에선 중국으로
의 수출 활로 개척을 위한 관문이기도 하다.

충칭시는 2014년 7월 성후이광창을 보세면세구로 지정했는데, 도심지 매장
에 허가받은 보세구 사업장이다. 도시 외곽의 한 지역을 보세구로 지정하는
경우는 많지만, 특정 건물을 보세지역으로 지정하는 경우는 중국 내에서 이
번이 처음이다.

중국 남서부 내륙에 위치하며 창장(長江)을 끼고 있는 중국 최대의 내륙 항

◀ 2013년 9월 29일 중국 상하이
자유무역시범구가 정식 출범했다.

구이자 주변에 산이 많아 관광자원이 풍부한 충칭시는 인구 3,280만 명으로, 그 자체만으로도 매머드 시장이다. 상하이와 더불어 중국의 4대 직할시 중 하나이자 중국에서 가장 경제성장률이 빠른 지역인 충칭시는 2014년 상반기 GDP 성장률은 중국내에서 가장 높은 10.8%를 기록했다.

산동성 지난(濟南)에도 보세구 사업이 형성되면서, '지난 보세구' 내에 면세쇼핑몰이 들어섰다. 지난 면세쇼핑몰은 건물의 한 층을 한국관으로 지정하여 관리한다. 무엇보다 지난 보세구 면세쇼핑몰의 가장 큰 장점은 전시형태로만 운영되거나 인터넷 판매만 가능한 다른 보세구와 달리 인터넷 판매와 더불어 오프라인 쇼핑몰에서 직접 판매가 이루어지고 있어, 다른 보세구의 전시장보다 많은 사랑을 받고 있다.

중국 중부내륙의 대형 유통그룹인 부부까오 그룹이 중국 후난성(湖南省)에 위치한 '부부까오·메이씨씬티엔디(步步高·梅溪新天地)'내에 보세창고 허가를 받은 사실은 중국 내륙 진출을 희망하는 한국기업에게는 좋은 소식이다. 중국 중부 내륙에 위치한 후난성은 인구 8,500만 명으로 남한의 약 2배이며, 중국에서 유일하게 3대 고속열차가 교차되는 지역이다.

>>> '국제무역 전자상거래 시험도시' 보세구 연계

중국 정부는 외화가 해외로 유출되는 것을 막기 위해 중국 내에서 외국 제품을 살 수 있는 보세구역을 설정하고, 이곳을 통하는 물품에 대해서는 관세 등의 조치를 하지 않고 있다. 바로 이것이 지난 2012년부터 중국 정부가 시행하고 있는 '국제무역 전자상거래 시험도시' 정책이다. 현재 중국에서 국경 간 전자상거래 수입 시범자격을 가진 도시는 상하이, 항저우, 닝보, 정저우, 충칭, 광저우의 6개 도시인데, 향후 전국적으로 확대할 것이다.

'보세창고 전자상거래 업무'는 해외상품 원가를 절감하는 동시에 배송시간도 단축하는 등 소비자에게 이익이 이만저만이 아니어서 중국인들의 해외 구매대행에 직·간접 영향을 미칠 것이 확실하다. 여기에서 CBT 사업을 눈여겨볼 필요가 있다. 중국 CBT(Cross Border Trade) 사업은 B2C 형태의 해외 직구 비즈니스로서 공급자가 중국의 보세구역으로 수출한 제품을 중국 소비자가 온·오프라인을 통해 주문하는 '보세구역 직구 비즈니스'이다.

CBT 사업은 최근 급격하게 성장하고 있는 중국 내 외국 직구 시장 트렌드와 맞물린 고성장 비즈니스 모델로, 관세 감면 등 각종 세금 혜택과 물류 간소화를 통해 가격 경쟁력을 확보할 수 있는 사업이다. 중국 기업으로는 '알리바바 그룹'이 항저우, 닝보와 광저우 등 각지 세관과 손잡고 보세창고를 적극 활용해 수입 상품의 판매를 확대하고 있다.

미국 조사업체인 닐슨의 통계에 따르면, 2013년 1,800만 명의 중국인이 인터넷을 이용해 해외 상품을 구입했으며, 총 액수가 무려 2,160억 위안에 달했다. 그럼에도 중국에서 인터넷으로 해외 상품을 구매하기가 쉽지 않았다. 해외 업체는 중국 소비자에게 주문을 받은 후에 주문별로 항공편 등을 이용해 상품을 중국에 보냈지만, 중국 내지에 도착한 후에도 통관 수속을 밟는데 오랜 시간이 걸렸다.

그러나 보세구 창고를 활용하면서 시간과 원가가 대폭 절감되었다. 해외 업체는 컨테이너 선박을 이용해 비교적 낮은 원가로 상품을 중국에 집중적으로 반입한 후, 통관 수속을 거치지 않고 중국 내 보세 창고에 보관한다.

주문을 받으면 보세구의 창고 안에서 택배회사의 직원들이 상품을 분류하여 포장한 후 중국 구매자들에게 직접 보낸다. 이 창고를 출발점으로 수입 제품은 북부로는 헤이룽장성까지, 남부로는 광둥성까지 중국 곳곳에 배송된다. 이렇게 하면 배송 시간이 2~3일로 대폭 줄어든다.

그리고 중국의 해외직구 상품은 관세, 증치세가 면제(일반상품 수입은 관세, 증치세를 납부)되고 있는데 해외직구 적용 대상은 중국 개인고객의 개별 주문으로 소매판매에 적용되며, 우편물은 개인 택배로 간주돼 통관 검사는 샘플링으로 진행되고 있다.

보세수입 시범상품 구매는 개인 생활소품으로 범위가 제한되어 있으며, 1회 한도액은 1,000 위안을 초과하지 않아야 하며, 1개 소포 내 여러 제품 포함 시 총액이 1,000 위안을 넘어서는 안 된다.

▲ 중국은 외국인 투자유치 및 중계무역 활성화를 주목적으로 교통이 편리한 지역을 보세구로 지정하였다.

식품을 제외한 대부분의 상품은 관세를 부과하지 않으나 TV, 비디오카메라, 녹화기, 비디오 플레이어, 음향설비, 에어컨, 냉장고, 세탁기, 카메라, 복사기, 전화교환기, 전화기, 팩스기, 전자계산기, 타자기, 가구, 조명기구, 음식재료 등 20개 품목은 면세 대상에서 제외된다.

살펴본 바, 이전에는 상품을 수입할 때 통관 수속을 밟았기에 판매 전에 관세를 납부해야 했지만, 이제는 관세 면세는 물론 관련 세금의 우대 혜택으로 일반적인 상품 수입에 비해 보세창고에서 발송되는 상품은 가격이 20% 정도 저렴한 편이다. 또한 해외 직구 제품은 중국 내 인증자료, 상표권 출원, 내수용 라벨 부착 등이 면제된다.

>>> 이제는 '사이버 보세구역' 시범운영까지

2014년 10월 30일, 중국 당국은 장쑤(江蘇)성 난징(南京) 지역에 진출한 한국 기업을 대상으로 '사이버 보세구역' 시범 운영을 적극 검토하기로 했다는 소식을 전한 바 있다. 중국 세관은 현행 '울타리 관리형' 종합보세구 외에 '전산망 관리형' 종합보세구를 도입해 난징의 한국 투자기업을 대상으로 시범 운영하겠다는 복안이다.

'사이버 보세구역'이란 한국 기업과 전산망을 구축하고 이를 난징 세관에 연결함으로써 보세구에 입주하지 않더라도 입주 업체와 동일한 혜택을 담보하는 혁신적 개념이다. 난징에는 한국기업 약 200개가 진출해 있지만 보세구역 내에 입주한 업체가 없어 중국 당국으로부터 세금감면, 통제 간소화 등의 혜택을 받지 못했다.

난징에 시범구역이 지정되면, 실제 시행까지는 1~2년 정도가 걸릴 것으로 예상되지만 난징 외에 중국 내 다른 지역으로도 확대될 가능성이 높다. 여기에 우리 수출기업들에게 또 하나의 희소식이 들려온다. 관세청은 2015년 3월 23일부터 기업 대 소비자 간 전자상거래인 B2C 일환 하에 국제특급우편(EMS)을 통해 해외 소비자가 국내 인터넷 쇼핑몰에서 상품을 구입하는 형태, 즉 역직구(逆直購)도 수출실적으로 인정받게 된다고 밝힌다.

관세청과 우정사업본부는 2014년 7월부터 사업자번호 등 수출실적 인정이 가능한 최소한의 항목을 기준으로 우편물 목록과 전산의 연계를 추진해 왔다. 관세청은 이번 전산연계를 통해 우편물 목록 통관에 대해서도 수출실적 집계가 가능해짐에 따라, 역직구 수출규모 파악이 순조로울 것이기에 이들

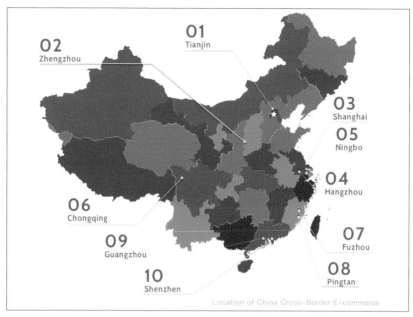

01 Tianjin
02 Zhengzhou
03 Shanghai
05 Ningbo
04 Hangzhou
06 Chongqing
09 Guangzhou
10 Shenzhen
07 Fuzhou
08 Pingtan

Location of China Cross-Border E-commerce

▲ 중국의 보세구 사업은 오프라인의 또 다른 주축인 전자상거래를 융합하면서 한층 진가를 발휘하고 있다.

업체에 무역금융 지원도 가능해지고 부가가치세 환급도 차질 없이 이루어질 것으로 기대된다.

〉〉〉 보세구 종착역은 '자유무역지구 항해'

그러나 보세구들이 일군 중국 경제 발전의 지대한 공로에도 불구하고 항만 과의 연계성이 떨어져 저비용 고효율의 물류서비스 제공이 불가능한 난점이 있었다. 그리고 2004년 12월 11일 중국의 유통시장 개방 이후, 외국기업들 의 무역패턴에 많은 변화가 일어났다. 부언하면, 삼각무역이 큰 비중을 차지 하게 되었지만 기존의 문제점들을 그대로 안고 있어서, 보세구는 사실상 예 전의 매력이 반감된 실정이다.

보세구는 중국 전역에 15개 구역으로 분산된 데다, 각 지역별 특색에 따라 별도 관리하고 있어 통일적 관리의 어려움이 가중되어 왔다. 기존 보세구 제도의 취약점 중 가장 문제가 되는 것은 보세구 내로 반입된 화물일지라도 중국 국경 외로 최종 수출이 되지 않으면 수출로 인정되지 않으므로 매출증치세 면제, 매입증치세 공제 또는 환급 등의 우대혜택을 누릴 수 없고, 보세구 안팎으로의 물류문제 및 국제 외환거래의 불편사항이 많다는 점이 있었다.

이에 보세구역 위안화 외환업무 단일화 시스템을 구축해 위안화 결산, 외환 수납 및 지급 등의 업무 통합력 제고와 중앙은행과 외환 당국의 사후 감독과 관리 등 보세구역 개혁이 중점 거론되었다.

이에 중국 정부는 보세구의 한계를 개선하며 선진화된 물류방식을 도입하고자 특별히 허가한 지역으로서, 보세구 기능과 물류기능이 복합된 '보세물류원구'(保稅物流園區)를 운영하고 있다. 상하이, 다리엔, 칭다오 이외에 텐진, 장자강, 닝보, 샤먼, 선전, 앤티엔항의 8개 지역에 보세물류원구가 있다.

이곳에 조성한 보세구를 창고, 물류 및 중계업무 등을 수행하는 물류 주도형으로 탈바꿈을 시도하고 있다. 이 지역은 중국의 관세 특성상 '국외'로 간주되며 중국의 일반지역에서 이 지역 내로 물품을 반입시키는 경우 수출로 인정되어 증치세의 환급이 가능하다는 점에서 보세구와는 구별된다.

중국 세관이 공포하여 '06.01.01.'부터 시행된 '중화인민공화국 세관의 보세물류원구에 대한 관리방법'에는 이와 관련된 세부적 사항이 잘 명시되어 있다.

외국으로부터 이 지역으로 물품을 반입하는 것은 통관의 이전 단계로서 입항 후 15일 이내에 수입통관신고를 해야 하는 중국 해관법상의 의무를 이행할 필요가 없는 예외지역이다. 이후 이 지역에서 중국 국경 내로 물품을 반입하고자 할 때 수입통관 신고를 할 수 있고, 제3국으로 수출하고자 하면 반송신고를 거쳐 수출하면 되므로 중계무역에 적합한 지역이라 할 수 있다.

이제 중국 정부는 보세구, 그리고 '보세물류원구'의 성공적 운영 축적에 이어 최종 지향점인 자유무역구(Free Trade Zone) 출범에 초점을 맞추고 있다. 2013년 9월 29일 '상하이 자유무역시범구'가 정식 출범했다. 상하이 자유무역 시범구는 기존보다 더욱 진전된 선진적 경제 시스템이다. 바야흐로 중국 경제와 금융이 글로벌 스탠더드 완결판에 매우 근접한 것이다.

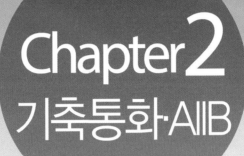

Chapter 2
기축통화·AIIB

'위안화 기축통화' 역사적 편입 대분수령

1980년 이후 35년 만에 위안화 SDR '극적 편입'
달러와 유로, 파운드와 엔화 이어 세계 5대통화

2016년 中 주도 아시아 국제금융기구 AIIB 출범
'위안화 국제화' 청산은행신설, 통화 스와프 체결

Chapter 2

기축통화·AIIB

◀2015년 11월 30일은 국제통화기금
(IMF)이 위안화를 기축통화의 한
주축인 SDR(특별인출권)로 편입을
결정한 역사적 분기점을 이룬 날이었다.

>>> 위안화! 초유의 SDR 편입체제

2015년 11월 30일은 국제통화기금(IMF)이 위안화를 기축통화의 한 주축인
SDR(특별인출권)로 편입을 결정한 역사적 분기점을 이룬 날이었다. 바야흐
로 중국의 위안화는 미국 달러, 유로, 영국 파운드, 일본 엔화와 함께 명실상
부한 세계 5대 통화로 급부상하게 되었다.

기축통화는 국제 거래를 할 때 기본이 되는 화폐로 IMF가 새로운 국가의 화
폐를 편입시킨 것은 지난 1980년 이후 35년 만으로, 위안화의 SDR 편입은

IMF 실무진의 준비가 완료된 2016년 10월부터 본 궤도에 오르게 되었다.

1969년 IMF에서 창설된 특별인출권 기반 통화인 SDR은 국제 준비통화인 금과 달러의 문제점을 보완하기 위해 도입한 '제3의 통화'로서 IMF 회원국 이 담보 없이 외화를 인출할 수 있는 권리를 부여하여 외환위기를 겪는 각 회원국의 부족한 외환보유액을 상쇄하는 금융제도이다. 세계 제2위의 경제 대국으로 폭풍 성장한 중국이 제2차 세계대전 이후 미국 달러가 독주해 온 국제 화폐 질서에 대항할 수 있는 대 발판을 마련한 셈이다. 중국이 기축통 화에 첫 도전장을 내민 것은 2010년이다. 당시 IMF는 "위안화는 주요 통화 와 자유로운 교환이 원활하지 않는 등 외환시장에서 '통상적 거래'가 불가능 하다."며 신청을 기각했다.

5년마다 SDR 편입을 심사하는 IMF는 2015년 상반기만 해도 부정적 시각이 우세했다. 하지만 중국이 위안화 기준 환율 산정방식에 시장환율을 반영하 는 등 금융시장 자유화 조치들을 구체화 하면서 분위기는 반전되었다. 결국 IMF는 2015년 11월 13일 위안화의 SDR 편입이 적절하다는 판단하에 "집행 이사회에 위안화의 SDR 편입을 제안하기로 했다."는 요지의 실무 보고서를 발표하면서 위안화 SDR 편입을 기정사실화했다.

◀ 국제준비자산으로 '황금 종이' 으로도 불리는 SDR은 오랫동안 달러화, 유로화, 엔화, 파운드화 등 4종의 화폐로 구성되었다.

국제준비자산으로 '황금 종이'으로도 불리는 SDR은 그동안 달러화, 유로화, 엔화, 파운드화 등 4종의 화폐로 구성돼 있었다. 비록 막차를 타게 되었지만, 위안화의 편입 비율은 10.92%로 정해졌다. 이는 달러화(41.73%)와 유로화(30.93%)보다는 낮은 것이지만 엔화(8.33%)와 파운드화(8.09%)보다는 높은 것이다. 이제 위안화는 세계 3대 기축 통화의 반열에 오르게 된 셈이다.

현재 전 세계 외환보유고에서 기존 4종류의 SDR 통화가 차지하는 비중은 92.9%에 달한다. IMF가 위안화를 기축통화로 편입시킨 것은 편입 통화의 수를 16개에서 5개로 줄인 1980년의 결정 이후 처음으로 이뤄진 SDR 통화군에 대한 큰 변화이다.

SDR 편입으로 위안화가 기축통화로서 위상이 제고될 것이라는 점은 자명하다. 저우샤오촨(周小川) 중국 인민은행장은 "위안화의 SDR 편입 후 5년 안에 위안화의 완전태환과 자유로운 사용을 가능케 할 방침"이라며 "2020년까지 세계 무역 결제액의 33% 이상이 위안화로 이뤄질 것"이라는 낙관적 전망을 피력했다.

위안화의 SDR 편입이 중국의 금융시장 개방을 가속화하는 촉진제가 될 것은 분명하다. 그리고 중국국제금융유한공사(CICC)는 "중국 경제가 지난 2001년 세계무역기구(WTO) 가입을 통해 세계 제2의 경제대국으로 도약했듯, 위안화의 SDR 편입을 계기로 중국 금융의 글로벌화에 따른 위안화의 국제화가 가속화할 것"이라고 확신한다. 더욱이 각국 중앙은행과 국부펀드, 글로벌 투자 기관들이 위안화 자산 비중 확대에 나서면서 위안화 수요는 한층 확충될 것이 기정 사실화 된다.

'악사인베스트먼트'(Axa Investment)는 전 세계 각국이 외화보유액 중 위안화 자산의 비중을 매년 1%씩 늘릴 경우, 앞으로 5년간 6,000억 달러 상당의 위안화 수요가 파생될 것으로 예측한다. 여기에 덧붙여 그동안 달러화와 엔화를 준비 자산이나 결제 수단으로 사용해 온 아시아 국가들이 엔화 대신에 위안화로 대체할 가능성도 분명 상존한다.

중국은 우리 전체 수출의 4분의 1을 차지하는 만큼, 위안화의 SDR 편입은 중장기적으로 호재가 될 가능성이 충분하다. 위안화 결제가 늘어나면 달러 편중에서 벗어나 환율 변동에 유연하게 대처할 수 있기 때문이다.

〉〉〉 아시아인프라투자은행(AIIB) 역사적 출범

중국이 기축통화의 반열에 오르게 된 소식을 전하기가 무섭게 또 하나의 낭보가 날아들었다. 중국이 아시아 경제를 선도하는 신주축이라 할 수 있는 국제금융기구 '아시아인프라투자은행'(AIIB, Asian Infrastructure Investment Bank)이 2016년 1월 16일 개소식을 통해 출범을 알렸다.

AIIB는 2013년 10월 시진핑(習近平) 중국 국가주석이 동남아시아를 순방하며 창설을 직접 제안하였고, 1년 후인 2014년 10월 24일 아시아 21개국이 500억 달러 규모의 아시아인프라투자은행(AIIB) 설립을 위한 양해각서(MOU)에 서명했다.

2014년 10월 당시 MOU 참여 국가는 중국, 인도, 파키스탄, 몽골, 스리랑카, 우즈베키스탄, 카자흐스탄, 네팔, 방글라데시, 오만, 쿠웨이트, 카타르, 인도네시아를 제외한 아세안(ASEAN, 동남아국가연합) 9개국 등 총 21개국이었다.

인도네시아는 2014년 11월 25일 가입 승인을 받았다. 서방국가 중에는 2015년 3월 12일 영국이 주요 7개국(G7) 가운데 처음으로 중국이 주도하는 AIIB 가입을 공식 선언했고 이후 프랑스, 독일, 이탈리아, 스위스, 룩셈부르크, 한국 등이 추가로 가입의사를 밝힘으로써 2015년 3월 31일까지 AIIB 가입 신청서를 제출한 국가는 48개국에 다다랐다. 우리나라의 경우 미국과 중국의 이해관계 사이에서 미루다 2015년 3월 26일 AIIB에 공식으로 참여 의사를 밝혔다. 현재 미국, 일본 등은 가입 의사가 매우 희박한 상태이다.

드디어 2016년 1월 16일 57개국이 참여한 가운데, 중국 주도하에 아시아 지

▲ AIIB의 투자 범위는 중국과 중앙 아시아를 중심으로 교통, 통신·IT, 에너지, 토목 등으로 폭이넓다

역 개도국들의 사회간접자본 건설지원을 목적으로 설립된 국제 금융기구 AIIB가 공식 출범식을 가졌다. 본부는 중국 베이징에 위치하며, 총회, 이사회, 사무국으로 구성된다.

중국은 참가국 중 가장 높은 AIIB 출자비율(지분율) 30.34%와 투표권 26.06%를 확보해 사실상 주요 안건에 대한 거부권을 확보했다. 대한민국도 57개국 중 중국, 인도(8.52%), 러시아(6.66%), 독일(4.57%)에 이어 5번째로 높은 지분율(3.81%)에 37억 4,000만 달러를 배분받았다. AIIB 초기 투자재원은 회원국들의 납입자본금과 채권 발행을 통해 마련된다.

초기 자본금의 대부분을 중국이 투자하여 500억 달러 규모로 시작된 AIIB의 총 자본금은 각국의 투자를 받아 1,000억 달러까지 늘린다는 계획이다.

중국은 AIIB의 출범에 앞서 미국이 세계은행(WB), 아시아개발은행(ADB) 등을 통해 세계 금융질서를 주도하는 현실에서 미국의 전통적 우방인 대한민국, 영국 등의 참여까지 이끌어 내며 새로운 금융질서 재편을 선도할 능력이 상당하다는 것을 검증받은 셈이 되었다.

빠른 의사결정 구조를 바탕으로 철저하게 수익성이 있는 프로젝트를 지원하는 게 특징인 AIIB의 투자 범위는 중국과 중앙아시아를 중심으로 교통, 통신·IT, 전력 등 에너지, 건축, 토목, 상하수도, 농촌개발, 수자원 등으로 폭이 매우 넓다. 한편, 이사회에서 4분의 3 이상의 의결을 받으면 비회원국 지원도 가능하다.

AIIB의 경쟁 상대로 꼽히는 아시아개발은행(ADB) 회원국이 67개국임을 감안하면 규모 면에서 손색이 없다는 평가이다. 또한 AIIB는 미국과 일본 주도의 세계은행(WB)과 아시아개발은행(ADB)을 견제하려는 성격이 농후하다. 1966년 창설돼 그동안 아시아에서 사회기반시설 자금을 지원해 온 ADB는 일본과 미국이 각각 1대, 2대 주주로 15.7%와 15.6%의 지분을 보유하고 있다.

▲ 브릭스 신개발은행에는 브라질, 러시아, 인도, 중국, 남아프리카공화국 등 5개국이 회원으로 참여한다.

특히 일본은 미국의 전폭적인 후원에 힘입어 초대부터 현재 나카오 다케히코 총재까지 9명의 총재 모두를 배출하면서 ADB를 장악해왔다. 그리고 중국은 현재 세계 2위 경제대국에도 불구하고 ADB에서 중국의 지분은 6.47% 밖에 되지 않아 발언권은 미미한 편이다.

기존 국제금융기구 내의 지분이 미미했던 한국의 AIIB 가입은 국제적 금융 위상을 높이는 호기이기도 하다. 더욱이 아시아개발은행(ADB)에 따르면,

아시아 지역의 인프라시설 투자 수요가 2020년까지 매년 7,300억 달러에 달하는데, 한국은 AIIB 가입국으로서 우리 기업들에게 새로운 활로를 제공할 것으로 보인다. 그리고 최대 교역국인 중국과의 관계가 더욱 공고해져 중국의 충분한 제반 지원이 기대된다.

중국이 무역 강대국에 이어 금융 강대국으로의 부푼 야망은 여기에 머무르지 않는다. 중국은 이미 2015년 7월 브릭스(BRICS) 5개국의 신개발은행(New Development Bank, NDB) 설립 협정을 주도한 바 있다. 2016년 4월부터 본격적 활동에 나설 것으로 알려진 브릭스 신개발은행에는 브라질, 러시아, 인도, 중국, 남아프리카공화국 등 5개국이 회원으로 참여하고 있다. 초기 자본금은 1,000억 달러로 본부는 상하이이다.

이와는 별도로 중국은 브릭스 회원국과 함께 1,000억 달러 규모의 위기대응기금(Contingent Reserve Arrangement, CRA)도 설립할 계획이다. '미니 IMF'라 부르는 CRA에는 중국이 410억 달러, 러시아와 브라질, 인도가 각각 180억 달러, 남아프리카공화국이 50억 달러를 출연한다.

▲ 브릭스 신개발은행(New Development Bank, NDB) 초기 자본금은 1,000억 달러로 본부는 상하이이다.

중국은 아시아인프라투자은행(AIIB) 출범, 위안화의 SDR 편입이란 양대 목표를 달성했다. 2016년 중국 주도로 출범한 다자간 금융기관인 아시아인프라투자은행(AIIB)이 위안화 SDR 편입과 결합되면 엄청난 시너지 효과를 발휘하며, 달러의 패권에 대항할 경제블록의 싹을 틔울 수 있을 것이란 전망이 지배적이기에 위안화의 국제적 지위는 한층 강화될 것이 확실하다.

중국은 AIIB 창구를 통해 아시아 지역을 중심으로 위안화의 국제화를 실현한다는 목표를 적극 추진 중이다. AIIB 인프라 건설에 중국의 국유기업들이 진출하면 당연히 위안화의 결제 범위가 확대될 것이다. 중국 정부는 글로벌 금융위기 이후 위안화의 무역 결제를 확대하고 위안화 표시 채권을 발행하는 등 자국 통화의 국제화를 적극 추진해왔다. 이제 중국의 위안화 국제화는 강력한 시동을 걸 조짐이 역력하다.

아시아 국가들과 중국·홍콩 간 무역거래에서 결제통화로 사용되는 위안화 비중이 일본 엔화, 홍콩 달러를 제치고 1위로 부상했다. 2015년 5월 28일 벨기에 브뤼셀에 본부를 둔 국제은행간통신협회(SWIFT)에 따르면, 아시아 국가들이 중국·홍콩과 무역 거래 시 위안화 결제 비중이 3년 전의 2012년 7%에서 31%로 확대되면서 가장 많이 사용되는 화폐로 자리 잡았다. 특히 중국과 한국, 싱가포르, 대만, 필리핀 등 5개국 간 위안화 결제 비중이 총 결제액의 50% 이상을 차지했다.

이는 중국 인민은행이 2014년 한국을 비롯하여 호주 시드니, 말레이시아 쿠알라룸푸르, 태국 방콕 등 11곳에 위안화 청산결제은행(元化 淸算決濟銀行)

을 설치하는 등 위안화 국제화에 박차를 가하고 있기 때문이다.

청산은 거래계약 체결 후 거래 참가자 간에 차액을 계산해 결제를 위한 최종 포지션을 확정하는 것이다. 결제는 이렇게 청산 작업이 끝난 후 실제로 돈이 오가는 것을 뜻한다. 한국은행은 중국 중앙은행인 인민은행과 청산결제은행 지정을 위한 업무협약(MOU)을 맺었으며, 인민은행은 교통은행 서울지점을 청산결제은행으로 지정했다.

또한 국제은행간통신협회(SWIFT)에 따르면, 2014년 12월 기준으로 위안화의 국제 결제 비중은 2.17%로 세계 5위다. 종전 7위에서 캐나다 달러와 호주 달러를 제친 것이다. 2012년 20위에 비하면 15계단이나 높아졌다. 2014년 지역별 대중 거래(홍콩 포함)에서 위안화 활용 비중은 전반적으로 상승 추세인데, 특히 중남미(66%)와 중동(58%)에서 비중이 매우 높은 편이다.

러시아, 베네수엘라, 브라질, 인도, 몽골, 이란, 나이지리아, 케냐 외에도 최근 영국이 위안화를 외환보유액으로 편입하였다. 또한 SWIFT는 "캐나다가 아메리카 대륙에서 위안화 결제 및 거래의 중심지가 되고 있다."고 말한다. 캐나다에서는 2015년 4월부터 중국·홍콩과의 무역 거래 시 결제 수단으로 위안화를 사용하기 시작하면서 달러 다음으로 위안화가 활발히 사용되고 있다.

무역결제에서 중국의 위안화가 일대 도약을 이룬 가운데, 또 하나의 위안화 국제화의 추진축은 중국이 다수의 국가(지역)들과 맺은 통화스와프 결실이다. 2008년부터 2014년까지 중국은 한국을 포함한 총 28개 국가와 통화스와프 계약을 체결했으며, 그 규모는 총 3조 1,000억 위안에 달한다.

위안화 국제화는 해외직접투자(ODI)를 통해서도 가속화되고 있다. 인민은행이 위안화 ODI를 허용한 첫 해인 2011년 ODI의 5% 수준인 201억 위안이 해외에 투자됐다. 2012년엔 이 규모가 304억 위안으로 불어났다. 주로 홍콩과 싱가포르 등 화교권 국가에 집중됐다.

중국은 개인의 해외직접투자도 2015년 상반기에 허용 방침을 공식화 했다. 이는 리커창 총리가 국무원 상무회의에서 공식 언급한 사안이다. 개인의 해외직접투자가 개시되면서 위안화로 개인이 직접 해외에 투자하는 실행 방안이 기정 사실화 된 것이다.

그러나 여전히 미국 달러화와 유로화가 국제통화 시스템을 지배하고 있다. 달러화는 모든 (SWIFT) 결제의 44.6%를 차지하고 있으며 유로화는 28.3%를 차지한다. 영국 파운드화는 3위로 7.9%를 담당하고 있다.

위안화가 기축통화로 자리매김하려면 다수 국가가 사용하는 소위 네트워크(Network) 효과를 발생시켜 거래비용을 줄여야 하며, 각 국가가 위안화를 보유함으로써 가치를 보전할 수 있어야 한다.

또한 ▲ 통화가치의 안정성 ▲ 전 세계 외환시장에서의 거래 규모 ▲ 결제통화로서의 거래 규모 ▲ 각국 경제 규모 ▲ 자본시장 개방수준 등 다섯 가지 기준을 고려할 때, 국제사회가 중국을 신뢰하고, 기축통화국으로서의 책임과 의무를 다할 수 있어야만 한다.

Chapter 3
무역 최강국

활화산 '상품 교역·수출' 세계 최정상

2013년 상품교역, 2010년 이후 수출은 세계 챔피언
2014년 구매력평가 기준 GDP 미국 제치고 1위차지

2009년 위안화 무역결제 허용 이후 매년 30% 신장
한중 원화·위안화 직거래시장 쌍방 개설 '신 이정표'

Chapter 3

무역 최강국

▲ 수출의 경우 2010년 이후에는 중국이 미국과 독일을 추월하면서 수출 1위 자리에 요지부동이다.

〉〉〉 '상품 무역규모' 미국 앞질러 세계 1위로

21세기 격동의 세계는 중대한 변화의 단계에 진입하고 있다. 그 중핵에는 중국의 거대한 경제력이 포진한다. 중국의 경이적 경제 추진력이 한층 돋보이는 것은 미국 경제의 장기 침체, 재정 고갈로 인한 유럽 선진국들의 경기불황과 일본의 무기력한 장기불황에도 아랑곳 없이 약진을 거듭하고 있기 때문이다. 이들 선진국들의 경제는 불황의 소용돌이에서 탈출하지 못하고 있지만 중국은 거침없는 지속적 성장으로 세계 경제의 흐름을 쥐락펴락하고 있다.

이는 중국 무역 규모가 세계의 무역 거래의 엔진으로 날개를 단 것이 생생하게 입증된다. 중국은 2013년 상품 교역 규모에서 미국을 제치고 처음으로 세계 1위로 등극했다. 중국 상무부는 2014년 3월 1일 홈페이지에서 "중국이 2013년 세계 제1의 상품 무역 대국이 됐다."고 당당하게 공포했다.

중국 상무부는 세계무역기구(WTO) 사무국의 자료를 인용하여 2013년 중국의 상품무역 전체 규모는 4조 1,600억 달러로 수출은 2조 2,100억 달러, 수입은 1조 9,500억 달러를 달성했다고 밝혔다. 중국의 수출입 총액이 4조 달러를 돌파한 것은 이번이 처음이다. 2013년 누적 무역흑자액은 2,598억 달러이며, 중국과 동남아시아국가연합(ASEAN·아세안)의 무역은 10.9%, 미국과 유럽연합(EU)과의 무역은 각각 7.5%, 2.1% 늘었다. 홍콩과의 무역은 17.5%나 급증했다.

지난 2012년 미국에 불과 156억 달러가 부족하여 무역총액 2위를 차지한 중국이 2013년에는 최초로 미국을 제치고 세계 1위로 올라선 것이다. 미국 상무부 사이트는 2013년 미국의 상품무역 규모는 3조 8,839억 달러로 명시하고 있다. 다만 상품과 서비스 무역을 합친 규모로는 여전히 미국이 중국을 앞서 1위를 고수하고 있다. 두 항목을 합친 미국의 무역 규모는 5조 162억 달러이며, 중국의 경우는 4조 6,996억 달러로 미국과는 불과 3,166억 달러 차이이다.

특히 수출의 경우, 2010년 이후에는 중국이 미국과 독일을 추월하면서 수출

1위 자리에서 요지부동이다. 2000~2012년 연평균 수출 증가율은 중국이 19.2%로 미국(5.9%) 독일(8.1%) 한국(10.2%) 등 보다 월등히 높다.

▲ 중국은 주체하기 힘들 정도의 무역흑자의 문제를 해결하기 위한 방편으로 위안화 국제화를 추진해 왔다.

세계은행은 이미 2011년 구매력 평가(PPS) 기준으로 중국의 국내총생산(GDP)은 미국의 87% 수준에 달한다는 보고서를 내놓았는데, 2014년 10월 9일 국제통화기금(IMF)은 구매력평가(PPP) 기준에서 중국 GDP가 미국의 17조 4,160억 달러를 능가한 17조 6,320억 달러를 달성했다는 놀라운 뉴스를 전한다.

이제 미국과 용호상박 대접전을 치루고 있다. 일본은 지난 1968년 독일을 제치고 세계 2위의 경제대국으로 올라서 40년 넘게 2위 자리를 지켰다. 중국은 10년 전에는 경제규모가 세계 7위였으나, 2007년 독일을 제치고 3위로 올라섰고, 2010년에는 일본을 제치고 불과 4년 만에 2위로 올라섰다.

2010년 GDP는 미국 14조 6,241억 달러, 중국 5조 7,451억 달러, 일본 5조 3,909억 달러의 순이었으며, 2012년에는 1위 미국 15조 6,096억 달러, 2위 중국 8조 3,760억 달러, 일본은 5조 9,809억 달러에 이르렀다. 2014년에는 미국은 17조 4,163억 달러, 중국은 10조 3,554억 달러, 일본은 4조 7,698억 달러에 달하면서 중국이 일본의 2배 이상을 앞지른 것이다. 이렇듯, 중국은 무역규모 1위(2013년), 수출액 1위(2010년 이후), 2014년부터 구매력 평가 (PPS) 기준으로 모두가 1위라는 경이적 신장세를 일구었다.

〉〉〉 무역흑자 타개…위안화 국제화 시동

중국의 세계 최대 수출국 명성에는 분명 명암이 존재한다. 천문학적 무역흑 자가 무역마찰뿐만 아니라 환율문제 등 수많은 딜레마 파생의 주범으로 중

▼ 국제통화기금(IMF)은 구매력평가(PPP) 기준에서 중국 GDP가
미국의 17조4천1백60억달러보다 앞선 17조6천3백20억달러를
달성했다는 놀라운 뉴스를 전한다.

국 경제의 큰 복병이다. 이에 중국은 주체하기 힘들 정도의 무역흑자의 문제를 해결하기 위한 방편으로 위안화 국제화를 추진해 오고 있다.

2009년 7월 1일부터 처음 시작된 상하이(上海)·광저우(廣州)·선전·주하이(珠海)·둥관(東莞) 등 5개 도시와 홍콩·마카오·아세안(ASEAN) 간에 실시된 위안화를 이용한 무역결제가 그것이다. 이후 위안화 무역결제는 베이징 등 20개 성·광역시와 전 세계로 실시지역과 대상이 확대됐다. 이에 따라 현재 위안화 무역결제는 아시아 지역을 중심으로 대세로 자리 잡았다.

중국은 2009년 위안화에 대한 무역결제를 허용한 이후에 매년 30%에 육박하는 신장률을 보여 왔다. 2014년 7월 6일 한국금융연구원은 국제은행간통신협회(SWIFT)를 인용해 2014년 4월 현재 '무역·금융·지급결제'에서 위안화가 쓰이는 비중이 1.4%로 7위를 기록했다고 밝혔다. 위안화는 지난 2010년에는 35위에 머물렀으나 불과 4년 만에 약 30계단이나 올라서는 기염을 토하고 있다.

이중 무역 부문에서 위안화는 2013년 12월 이후 유로화를 제치고 2대 무역통화 지위를 유지하고 있는데, 위안화 비중은 8.7%로 미 달러(81.1%)에 이어 2위를 기록했다. 2014년 4월 현재 무역 교역에서 유로화가 차지하는 비중은 6.6%이며 일본 엔화(1.4%), 영국 파운드화(0.3%) 등이 뒤를 잇고 있다.

스탠다드차타드(SC)은행은 2020년이면 위안화 비중의 수치가 28%에 이를 것으로 보고 있다. 또한 지난 2012년만 해도 대중국 거래 때 위안화로 직접 결제하는 비중이 10% 이하인 나라가 아시아 26개국 중 19개국이었는데, 2015년에는 위안화 직접 결제 비중이 10% 이하인 국가는 9개국으로 줄었다.

중국의 위안화 국제화 전략으로서 위안화의 자본시장 개방도 점차 확대되고 있다. 2010년 7월 홍콩에서 위안화 금융상품 판매가 시작됐다. 위안화 표시 채권의 판매가 시작된 것이다. 중국의 중국은행(Bank of China)은 미국에서 위안화 예금과 송금업무도 시작했다.

위안화의 무역결제는 중국 기업에 이루 말할 수 없는 혜택과 편의성을 수반한다. 중국 기업은 외환거래가 아닌 내국통화로 무역결제를 하게 됨에 따라 별도의 외환관리 전담 인력이나 환전을 위한 서류 준비가 불필요할 뿐만 아니라 환전 수수료 절감 및 환율변동 리스크를 제거해 마케팅에 안정적으로 전념할 수 있는 대 호기를 맞고 있다.

>>> 한국 '중국의 최대 수출국' 대변신

중국은 한국의 경제적 측면에서 매우 중요한 무역 파트너이다. 한국과 중국은 2012년 8월 24일로 수교 20주년을 맞았다. 바야흐로 양국 관계가 성년으로 접어든 셈이다. 양국 교역규모는 수교 당시인 1992년 52억 달러에서 2012년에는 49배인 2,542억 달러로 늘어났다. 같은 기간 동안 한국으로 중국의 수출액은 24억 달러에서 876억 달러로 36.5배 증가하였으며, 한국에서의 수입액도 26억 달러에서 1,666억 달러로 64배 증가하였다.

한국의 대중 투자도 지난 수교 20년 동안 약 20배 증가해 한국의 두 번째 투자 대상국이 됐다. 특히 2013년 한·중 교역에서 가장 두드러진 특징은 한국이 일본을 넘어서 중국의 첫 번째 수입 대상국으로 부상하였다는 점이다. 2013년 1~10월 중 한국으로부터의 수입액은 1,463억 달러로 일본으로부터의 수입액 1,300억 달러를 넘어섰다.

통계기관에 따라 차이는 있지만 한국의 대중 수출은 1992년 26억 5,000만 달러에서 2011년 1,341억 9,000만 달러로 약 51배 증가했다. 대중 수출이 한국 총 수출에서 차지하는 비중도 1992년 3.5%에서 2011년 24.2%로 크게 상승하면서 2003년 이후, 한국은 미국을 제치고 중국의 최대 수출대상국으로 부상했다.

수입도 마찬가지다. 한국의 대중 수입은 1992년 37억 3,000만 달러에서 2011년 864억 3,000만 달러로 약 23배 늘면서 대중 수입이 한국 총 수입에서 차지하는 비중도 1992년 4.6%에서 2011년 16.5%로 상승했다.

대중(對中) 교역규모가 확대되면서 대중 무역수지 흑자는 물론 비중도 계속 증가 추세다. 우리나라는 중국과 교역에서 유리한 비즈니스를 했다. 수교연도를 제외하고 줄곧 흑자를 기록했다. 2011년 대중 무역흑자는 477억 5,000만 달러로, 우리나라 전체 무역수지 흑자(308억 달러)를 크게 넘어섰다. 중국 무역흑자가 다른 나라에서 발생한 적자를 상쇄하고도 남는다.

수출의존도가 높은 한국 경제의 특성을 감안할 때 중국과의 교역규모가 양적으로 크고, 질적으로 우수하다는 건 중국이 그만큼 중요한 시장임을 시사한다.

〉〉〉 한중 '원화 위안화' 직거래 시장 개설

우리나라는 달러 중심에서 위안화 사용이 꾸준히 늘었고, 위안화 무역결제 규모는 약 3년 동안 15억 9,000만 달러에서 2015년 9월 기준 44억 6,000만 달러로 약 4배 늘었다.

한국과 중국이 2015년 10월 31일 합의한 중국 내 원화·위안화 직거래시장 개설은 해외에서 원화 거래가 허용되는 첫 사례로, 원화의 국제적 활용도 제고는 물론 양국 간 교역과 투자를 확대하는 계기가 될 것이 분명하다.

▲ 한국과 중국 양국 정상은 2015년 10월 31일 중국 내 원화·위안화 직거래시장 개설에 합의했다.

중국의 상하이 소재 중국외환거래센터(CFETS)가 직거래시장 개설의 주체이다. CFETS는 중국 내 은행 간 외환거래 중개와 기준환율 고시 등을 담당하는 인민은행 산하 기관이며, 원화·위안화 직거래에는 중국 금융당국에 등록한 금융회사들과 중국에 진출해 있는 한국 금융회사들이 참여할 수 있다.

현재 위안화와 미국 달러화, 유로화, 영국 파운드화, 일본 엔화, 러시아 루블화, 호주 달러화, 뉴질랜드 달러화, 싱가포르 달러화, 말레이시아 링깃화는 중국외환거래센터에서 직거래가 가능하다. 이어 중국 인민은행은 2015년 11월 10일 부터 스위스 프랑화의 직거래도 승인하였다.

한편, 양국은 중국 채권시장 내 한국의 위안화 국채(외평채) 발행에도 합의했다. 위안화 외평채 발행은 최근 위안화의 국제적 위상이 높아지고 있는 것을 고려해 외환보유액 조달·운용을 다변화하기 위한 포석이다.

또한 한중은 위안화 적격해외기관투자자(RQFII) 쿼터 한도도 800억 위안에서 1,200억 위안으로 확대하는 데도 합의했다. RQFII 쿼터는 중국 정부가 외국인 투자자에게 중국 내 주식·채권 등에 직접 투자할 수 있도록 부여하는 한도다. 이에 우리나라는 홍콩(2,700억 위안)에 이어 세계에서 두 번째로 많은 RQFII 쿼터를 보유하게 되었다.

한국 정부는 중국 내 원·위안화 직거래시장 개설은 원화의 국제적 위상이 올라가고 중국과의 무역 거래에서 기업들의 편의성도 높아질 것으로 기대한다. 중국 내 원·위안화 직거래시장 전격 합의는 2014년 7월 한중 정상회담 합의의 후속조치 성격이다. 당시 한국과 중국은 원·위안화 직거래시장을 개설을 추진하기로 하고, 2014년 12월 한국에 우선적으로 시장을 개설했다.

그 이유는 우리나라 외국환 거래 규정에서 역외 원화 거래를 불허했기 때문이었다. 이에 따라 우리나라에 먼저 개설한 후, 원화 국제화 여건이 조성되면 단계적으로 중국에도 개설키로 했다. 중국은 상해에도 동시에 개설되는 것을 원했으나 조금 더 시간이 필요하다는 우리 측 입장이 수용된 것이다.

한국은행에 따르면, 시장 개설 초기인 2014년 12월 8억 8,000만 달러이던 일평균 거래량은 2015년 11월 36억 3,000만 달러로 4배 이상 증가했다. 대기업들을 중심으로 위안화 무역결제를 확대하면서 대중국 무역의 위안화 결제 비중도 2014년 4분기 1%대에서 2015년 3분기 3%대를 넘어서는 등 성공

적으로 정착하고 있다는 평가다

대중 무역 기업들은 그동안 결제 수단으로 98% 이상 달러화를 사용해왔다. 중국 교역업체에 위안화로 지급할 때도 원화를 달러화로 바꿨다가 다시 위안화로 지급해 불필요한 환전 수수료와 환리스크를 부담해야 했으나 직거래가 성사되면서 거래 규모가 급증한 것이다.

현재 중국 청도(靑島) 및 동북지역을 중심으로 원화 환전, 결제 수요가 상당하다. 중국 내 직거래 시장 개설은 원화의 국제적 활용도 제고의 시발점이 될 것이다. 궁극적으로는 세계 시장에서 위안화와 원화의 영향력이 동반 성장하게 되는 것이다.

우리나라로선 외환위기 재발을 방지하는 장치를 마련한다는 측면을 간과할 수 없다. 달러화를 충분하게 갖고 있지 않아도 가장 교역이 많은 나라와 원화로 무역대금을 결제할 수 있어 대외건전성이 높아지게 된다. 이에 전문가들은 한중 간 밀접한 교역, 상호 투자 증가, 국내은행들의 국제 업무 확대 등을 십분 감안하여 위안화 관련 비즈니스 영역을 한층 심화하며 촉진시키는 우리 정부 차원의 협력을 대폭 강화해야 한다고 제언한다.

Chapter 4
전자상거래

황금기 '금융서비스, 물류수송, ICT' 대결합

인터넷 환경의 개선, 스마트폰 사용자 급증
중국 정부의 진흥책에 힘입어 '비약적 발전'

B2C 시장 '텐마오와 징둥닷컴' 두업체 주도
중국, 한류 두터운 소비층 한국관 설치 열풍

중국정부 전자상거래 인프라에 지속적 투자
전통기업들 대규모 진출에 잠재시장 낙관적

Chapter 4

전자상거래

〉〉〉 '전자상거래' 중국의 저력 힘껏 과시

전자상거래는 정보통신 혁명과 정보시스템 기술의 혁신으로 발현되는 최첨단 문명의 새로운 총아로서 인간의 경제생활은 물론 의식구조와 사회구조에 획기적 변화를 초래하고 있다. 21세기 전자상거래 시장은 생산자·중개인·소비자가 디지털 통신망을 이용해 다자간 거래하는 디지털경제를 의미하며, 미래는 실물경제와 디지털경제가 경제활동의 양대 축을 이룰 것으로 전망된다.

특히 전자상거래는 네트워크를 통해 공급자와 구매자를 신속하게 직접 연결하기에 도매점, 소매점 등 중간 유통채널이 필요 없어 상대적으로 초고속 유통채널을 갖게 된다. 기업 활동에 있어 시간과 공간의 제약이 사라져 기업은 24시간 365일 국경 없이 어디서나 상품 판매가 가능하다.

전자상거래는 고효율, 고수익, 낮은 원가, 글로벌화 등의 특장점을 두루 소유하고 있다. 전자상거래는 유연성, 간소성, 즉각적 의사결정이 용이하여 시장 환경 변화에 탄력적으로 대응할 수 있는 특성을 지닌다. 또한 전자상거래는 중소기업이 대기업에 비해 상대적으로 열악한 자금력이나 정보력, 기술력 등의 열세를 만회하고 그들만의 경쟁력을 극대화할 수 있는 해결사 역할 수행에 민첩성을 지닌다.

거래 주체에 따른 전자상거래 유형은 대략 이렇게 구분된다. 기업이 기업을 대상으로 각종 서비스나 물품을 판매하는 방식의 전자상거래인 B2B(Business to Business) 거래, 온라인 쇼핑 몰을 통해 기업의 상품을 개인이 최종 소비재로 구입하는 B2C(Business to Consumer) 거래다. 또 소비자가 상품을 구매하는 주체이자 동시에 공급의 주체가 되는 거래 형태인 C2C(Customer to Customer)가 있다.

그리고 기업의 상품을 정부가 구매하는 기업과 정부간 B2G(Business to Government) 거래, 정부의 서비스를 기업이 제공받는 경우 G2B (Government to Business) 거래가 있다. 이외에도 정부와 소비자간 G2C (Government to Consumer) 거래로 행정 편익 등 정부의 서비스를 개인이 받는 경우로서 정부가 생활보호원금(Welfare payment)이나 세금 환불 등을 온라인으로 처리할 때 활용된다.

◀ 중국 전자상거래에서
두드러지는 특징은 모바일
구매 패턴이다.

>>> 전자상거래의 비약적 발전

중국의 전자상거래 시장은 인터넷 환경의 개선, 스마트폰 사용자의 급증과 함께 중국 정부의 전자상거래 진흥책에 힘입어 소비의 새로운 창구로 확실하게 자리잡고 있으며, 내수시장 활성화의 기폭제 역할을 수행하면서 비약적으로 발전하고 있다.

중국 전자상거래는 모바일이 융합시키고, 지역은 편리성 추구를, 플랫폼은 강력한 유통으로 급성장 중이다. 기술은 고객관리 서비스를 더욱 세분화 시키는데, 이러한 활력 요소들은 중국의 전자상거래 발전과 촉진의 원동력이다. 아울러 전자상거래 시장의 확대에 따른 금융결제 서비스, 물류수송, 정보 통신 기술인 ICT 산업 등 일련의 관련 산업은 중국 전체의 신경제산업을 주도하는 견인차 역할을 하고 있다. 특히 물류산업의 발전은 상품을 더욱 안전하며 정확하며, 신속하게 효율적으로 배송하고 있다.

2015년 8월 4일 인민일보에 따르면, 중국의 2014년 전자상거래 시장규모는 60% 가까이 커진 것으로 나타났다. 중국 국가통계국은 2014년 중국 전자상거래 교역액이 16조 3,900억 위안으로 전년보다 59.4% 증가했다고 밝힌다. 중국 전자상무연구센터(CECRC)의 2014년도 중국 전자상거래 시장 관측 보고서에 따르면, 2014년 B2B시장은 21.9% 성장한 10조 위안 규모였으며, B2C 소매시장은 49.7% 성장한 2조 8,200억 위안 규모였다.

중국의 전자상거래 시장 규모를 개괄하면, B2B가 전체의 74.6%를 차지하며, 기업과 개인 간 B2C와 개인과 개인 간 C2C를 합친 인터넷 쇼핑 시장 규모는 21.0%, 그 외 O2O(Online to Offline) 시장이 4.4%를 차지한다.

중국 전자상거래에서 두드러지는 특징은 모바일 구매 패턴이다. 현재 42.6%의 구매가 모바일에서 이루어지고 있다. 중국은 전자상거래 성장과 맞물려 모바일 결제 도입 속도가 매우 가파른 형국이다. 알리바바의 알리페이는 평상시 거래뿐 아니라 해외여행 중 상품 구입 시에 세금 환급도 애플리케이션으로 간단히 받을 수 있어 중국인 소비 환경에 전방위적으로 파고들고 있다.

중국 모바일 커머스 분야 매출은 2014년도 상반기 532억 위안(한화 8조 9,780억 원)이었으나 2015년 상반기에는 2,542억 위안(한화 42조 9,000억 원)으로 478%나 증가하였다. 중국 전자상거래 시장이 이처럼 급속도로 성장하고 있는 이유는 소비 패턴의 변화와 무관치 않다. 중산층 비중이 확대되면서 통신, 의약, 화장품 등 선택 소비재의 수요가 다양화 되는 데 기인한다. 여기에서 하나의 시사점으로는 중국 전자상거래 대표적 업체인 텐마오와 징둥의 매출액을 결부시켰을 때, 2014년 11월 11일 솔로데이인 '광군절' 1일 매출이 7년 전 중국 전체 쇼핑몰 연간 매출액을 넘어섰다는 것이다.

▲ 개인과 개인 간 C2C 역시 최강자인 알리바바 산하의 타오바오는 글로벌 시장을 지향한다.

>>> 기업 간 B2B, 개인 간 C2C 시장

2014년 중국의 기업과 기업 간 B2B 전자상거래 시장의 영업수익 규모는 전년 대비 24.4% 증가한 255억 위안 규모였다. 시장점유율은 알리바바가 38.9%로 압도적 우위를 점했다. 2위는 상하이깡리엔(上海鋼聯) 18.5%, 3위는 환치오쯔이웬(環球資源) 4.8%, 4위는 후이총왕(慧聰網) 3.78%, 5위는 찌띠엔크찌(集点科技) 1.4% 순으로 나타났다.

개인과 개인 간 C2C 최강자 역시 알리바바 산하의 '타오바오'이다. 타오바오는 '보물을 사다(淘)'는 뜻으로, 모기업인 알리바바 그룹이 만든 C2C 사이트이다. 마윈이 설립한 중국의 알리바바 그룹은 세계 최대의 B2B 사이트로 세계 1위 C2C 기업이었던 이베이(Ebay)의 공격적인 중국시장 진출에도 불구하고, 설립 3년 만에 중국 점유율 95%로 1위 C2C 기업이 됐다.

현재 중국의 C2C 사이트 중 '타오바오'(Taobao)가 완전히 장악하고 있다고 해도 과언이 아니다. 타오바오는 다양한 경로의 온라인 광고와 오프라인 광고를 공세적으로 시행하여 시장 개척을 적극 확대해 나갔다. 타오바오는 '왕왕(旺旺) 메신저'를 만들어 상담 기능뿐만 아니라 소비자들끼리 교류할 수 있는 장을 구축하여 주었다. 오늘날에는 특별한 마케팅 없이도 95%의 점유율을 가진 단단한 기업이 되었다.

살펴본 바, 1999년 첫 시작된 B2B의 최강자 알리바바는 입점 업체에게 수수료를 물리지 않는 기업 친화 전략을 통해 세계 최대 전자상거래 회사로 성장했다. 알리바바는 중소업체들의 제품을 소비자에게 판매하는 '타오바오(Taobao)'라는 C2C 사이트(한국의 옥션과 비슷)와 유명 브랜드 업체 제품을 소비자에게 판매하는 '텐마오'(天猫, T-mal)라는 B2C 사이트를 보유하면서 2012년 중국 전자상거래 시장의 76%를 장악하고 있다. 이외에도 글로벌 전자상거래 서비스인 '알리익스프레스' 등 모든 형태의 온라인 상거래 플랫폼을 갖고 있다.

현재 알리바바 그룹이 중국 내에서 차지하는 비중은 46.6%(알리바바닷컴), 61.4%(텐마오), 80%(타오바오) 등으로 절대적 영향력을 발휘하고 있다. 알리바바는 2014년 9월 미국 나스닥에 상장했으며, 시가 총액은 2015년 5월 기준 2,330억 달러(약 260조 8,435억 원)이다.

▲ 2016년 4월 알리바바의 마윈 회장은 동남아시아 최대 전자상거래 업체인 라자다(lazada)를 전격 인수한다.

알리바바의 마윈 회장은 2016년 4월 싱가포르에 본사를 둔 라자다(Lazada)의 지분 53%를 10억 달러에 인수하여 동남아시아 최대 전자상거래 업체로 급부상했다. 또 2017년 6월 10억 달러를 추가로 투자해 지분율을 83%까지 끌어올렸다. '라자다'는 독일 '로켓인터넷'이 아세안 시장을 겨냥해 2011년 설립한 쇼핑몰로 인도네시아, 말레이시아, 필리핀, 태국, 베트남 등 동남아에 진출하여 '동남아의 아마존'으로 불린다. 라자다를 통한 전자상거래 액수는 연간 13억 6,000만 달러(약 1조 5,500억 원)로 이는 동남아 최대 수치다.

2016년 4월 12일, 블룸버그통신과 중국의 경제매체 제일재경(第一財經) 등

외신은 마윈이 총 10억 달러(약 1조 1,500억 원)를 투자한 라자다의 경영권 확보 뉴스를 전한다. 영국 조사기관인 유로모니터 인터내셔널에 의하면 라자다는 2015년 기준으로 인도네시아(29.2%), 필리핀(34%), 말레이시아(27.9%) 등에서 시장점유율 1위를 기록했다.

중국의 B2B 비즈니스 환경은 글로벌화에 상당한 강점을 지닌 것으로 평가된다. 기업이 인터넷 비즈니스를 글로벌하게 공세적으로 수행하려면 정보, 상거래 대금, 상품이라는 3가지 요소의 국경 간 이동이 자유로워야 한다. 중국의 B2B의 경우, 기업 간에 이미 오프라인 거래에서 글로벌화가 상당히 진행되었다. 또한 기존의 기업 간 오프라인 거래에서 시장의 효율을 개선하여 얻을 수 있는 경제적 이익이 매우 크기 때문에 전자상거래의 B2B의 글로벌화 전망은 매우 밝다 하겠다.

〉〉〉 기업과 개인 간 B2C 전망

중국의 전자상거래 B2C 소매시장 규모는 2011년에 214.3%, 2012년에 106.9%의 고속 성장세 하에, 2014년 12월 기준으로 2조 8,211억 위안을 기

▲ 중국의 B2C 시장은 톈마오(天猫, 티몰)와 징둥의 두 업체가 주도하고 있다.

록했다. 2016년에는 2조 9,000억 위안을 넘어섰다.

그중에서도 특히 모바일의 비중 상승이 두드러졌다. 2012년 중국의 B2C 전자상거래 시장에서 모바일 거래의 비중은 5.23%에 불과했으나, 불과 2년 후인 2014년에는 33%까지 도약하였다. 액수로 보면 2011년 116억 위안 규모였던 중국의 모바일 B2C 전자상거래는 2014년 9,285억 위안을 기록했다.

중국의 B2C 시장은 텐마오(天猫, 티몰)와 '징둥'의 두 업체가 주도하고 있다. 중국 전자상거래연구센터가 발표한 2014년 중국 B2C 사이트 시장점유율에 따르면, 알리바바그룹 산하의 텐마오가 59.3%로 1위를 차지했으며, 징둥이 20.2%로 2위, 전자제품 유통업체인 수닝(Suning)그룹 산하의 '쑤닝이거우'가 3.1%로 3위를 차지했다. 텐마오 및 징둥 양사가 중국 전체 B2C 시장의 79.5%를 점유하고 있는 2파전 양상이다.

▲ 알리바바 그룹 산하로 기업과 개인 간(B2C)을 연결하는 텐마오는 현재 약 4억 명이 이용하고 있다. 오픈마켓 형태로 5만여 기업이 7만여 브랜드 제품을 판매하고 있다.

알리바바 그룹 산하의 텐마오는 현재 약 4억 명이 이용하고 있다. 오픈마켓 형태로 5만여 기업이 7만여 브랜드 제품을 판매하고 있다. 텐마오를 바짝 추격하고 있는 2위 업체는 2003년 설립된 '징둥'(JD닷컴)이다. 2015년 거래액만 4,630억 위안(약 80조 원)에 이른 징둥닷컴은 컴퓨터, 휴대폰, 가전제품, 차량용품, 신발, 의류 등 4,000만 개가 넘는 온라인 제품을 판매하고 있다.

이용자는 4,740만 명 가량으로 텐마오에 비해서는 이용자가 적지만, 징둥은 중국 온라인 쇼핑 업체 중에서 최대 규모의 물류 창고시설을 보유하며 최상의 서비스 품질을 앞세우고 있다. 땅이 넓은 중국에서 3,539개의 배송 거점을 갖춰 익일 배송, 야간 배송, 3시간 내 배송 등 차별화된 배송 서비스를 제공하며 주목을 받고 있다.

징둥닷컴은 2014년 5월 22일, 미국 증시의 나스닥 상장을 통해 17억 8,000만 달러(약 1조 8,300억 원)의 자금을 조달하면서 글로벌 기업으로 발돋움하는 데 성공했다. 징둥닷컴은 기업 간(B2B) 온라인 상거래 플랫폼을 업그레이드해 선보였다. 기존 기업과 소비자 간(B2C) 영역에서 사업을 주로 해왔던 징둥닷컴은 앞으로 B2B 전자상거래 영역에서도 알리바바에 맞서겠다는 각오이다.

또한 징둥닷컴은 중국 최대 소셜네트워크서비스(SNS) 기업과 손을 맞잡았다. 6억 명의 이용자를 자랑하는 위챗을 앞세운 중국 인터넷 거목 '텐센트'(騰訊)가 그 주인공이다.

징둥닷컴과 텐센트는 2015년 10월 17일 베이징에서 전략적 협력 프로젝트 '징텅플랜(京騰計劃)'을 발표했다고 중국 신화망(新華網) 등 현지 언론이 보도했다. 징텅플랜은 양 사의 중문 이름을 한 글자씩 따서 지은 이름이다.

텐센트의 SNS 데이터와 징둥닷컴의 온라인쇼핑 데이터를 통합해 기업을 위한 '브랜드 커머스(品商)'라는 혁신적인 비즈니스 기업 플랫폼을 만든다는 게 징텅플랜의 핵심이다. 브랜드 커머스란 각 기업에게 정확한 타깃 고객 정보를 제공함으로써 기업의 마케팅 효과를 극대화시키는 동시에 고객이 쇼핑 만족도를 높이는 맞춤형 기업 솔루션에 초점을 맞춘 것이다.

기업들은 고객들의 성향을 정교하게 파악하여 자신의 제품을 세일즈할 수 있고, 고객들은 자신에게 필요한 제품의 광고를 받아볼 수 있다. 텐센트는 이미 2014년 초부터 징둥닷컴과 전략적 제휴를 통해 물류·배송·모바일결제 등의 다방면에서 협력해 왔다. 텐센트는 징둥닷컴에 전략적 투자도 진행해 현재 지분 15%를 보유하고 있다. 텐센트와 징둥닷컴의 협력은 분명 중국 최대 전자상거래 기업 알리바바를 겨냥한 것이다.

▲ B2C 기업 텐마오를 바짝 추격하고 있는 2위 업체는 2003년 설립된 '징둥'(JD) 닷컴이다.

2016년 5월 4일 중국 매체 '차이나데일리'에 따르면, 징둥닷컴은 4월 26일 혁신적인 B2B 플랫폼을 만드는 내용을 골자로 하는 사업전략을 발표했다. 징둥닷컴은 기존 B2B 전자상거래 플랫폼의 비효율성, 감시체계 미비, 높은 가격, 자원 낭비 등을 개선하기 위해 빅데이터, 클라우드 컴퓨팅 기술 등을 도입, 조달 프로세스를 더욱 간편하게 구축할 것이라고 밝힌다.

중국 B2C 온라인 쇼핑 시장에서 점유율 3위를 기록하고 있는 중국의 대표 가전유통업체인 쑤닝의 자회사인 '쑤닝이거우'는 독립 쇼핑몰 형태의 온라인 쇼핑 업체로 가전, 컴퓨터, 통신기기 제품 위주로 판매하고 있다. 쑤닝이거우는 업계 최초로 온라인 가격과 오프라인 가격을 동일하게 책정해 고객들을 인터넷으로 맹렬히 흡수하고 있다. 또한 쑤닝이거우는 최근 식품, 도서, 의류, 잡화 등 비전자제품을 추가하여 고객들의 구매 범위를 넓히는 등 운영 방식 및 영역에서도 새로운 변화를 추구하고 있다.

▲ 중국 B2C 온라인 쇼핑 시장에서 점유율 3위를 기록하고 있는 중국의 대표 가전유통업체 쑤닝이거우

〉〉〉 전자상거래업체 한국관 설치 열풍

2015년 초까지만 해도 중국에서 B2C 시장을 주도하고 있는 텐마오, 징둥, 쑤닝이거우 등 3대 메이저 등 중국 내 주요 B2C 사이트에 한국 전용관이 전

혀 없었으나 이제 모두 한국 제품 전용관을 개설하고 한국산 판촉에 적극 나서고 있다.

중국 내 한국관의 연이은 개설은 해외 직구족이 대폭 증가하고 있는 가운데, 합리적 가격에 좋은 품질을 보유한 소비재가 많고, 한류로 중국 내 소비층이 두터워지고 있을 뿐만 아니라 한·중 FTA 발효에 대한 기대 등이 복합적으로 작용한 결과이다.

중국 언론들은 한중 간 전자상거래 급증에 대해 한국 상품의 브랜드력을 꼽는다. 한국 화장품, 의류, 가전, 전자제품, 영유아 제품 등에 대한 선호도가 높았는데, 이는 드라마, 음악 등 한류 열풍에다 우수한 품질을 바탕으로 높은 신뢰도와 좋은 이미지를 구축했기 때문이다.

▲ 중국 최대 B2C 사이트 알리바바 온라인 쇼핑몰 텐마오에 한국 제품을 판매하는 전용관인 '한국관'이 개설됐다.

중국의 최대 B2C 사이트인 알리바바의 온라인 쇼핑몰 텐마오에 한국 제품을 판매하는 전용관인 '한국관'이 개설됐다. 텐마오는 2015년 5월 첫 국가관으로 한국 제품 전용관(현재는 총 16개 나라별 전용관 개설)을 개설했다. 이곳에서는 의류와 식품, 화장품, 영유아용품, 가전제품 등이 인기리에 판매되고 있다.

텐마오 한국관은 한국 업체들이 중국 시장에 진입할 수 있는 플랫폼을 제공하게 되었으며 중국 소비자는 이곳에서 한국 브랜드 제품을 편리하게 구매할 수 있다. 개통식에는 마윈(馬雲) 회장이 방한해 알리바바의 강력한 사업의지를 보여줬다.

B2C 분야 2위 업체인 징둥닷컴은 2015년 3월 코엑스에서 한국관 개통식을 했으며 G마켓, LG생활건강 등이 징둥에 공식 참여하고 있다. 현재 징둥닷컴은 화장품 판매에 최우선 순위를 두고 있으며 휴대전화, IT·디지털 상품, 의류 및 액세서리가 큰 관심을 끌고 있다.

전자제품 유통 강자들도 한국 제품 전용관 운영에 나서고 있다. B2C 분야 3위 업체인 쑤닝은 2015년 5월에 한국관을 개설하여 화장품과 전기밥솥 등을 판매하고 있다.

수입식품을 주로 취급하는 것으로 유명한 온라인 쇼핑몰 기업 '이하오디엔' 역시 한국관을 개설하여 과자, 김, 음료수, 유자차 등 식품을 판매하고 있다. 이하오디엔 회사가 운영하는 국가관은 한국관 이외에 미국관이 유일하다.

>>> 전자상거래 정책 제정 '힘찬 전진'

중국 정부는 전자상거래 관련 정책 제정, 하드웨어와 소프트웨어 개발 및 지적재산권 보호 등 전자상거래 인프라 건설에 지속적 투자를 병행하여 왔다.

2015년 상무부는 5월 15일 '인터넷 플러스 유통 행동계획'을 발표해 인터넷과 유통산업의 융합을 꾀했다. 이 행동계획의 주요 목표는 전자상거래에 O2O 융합을 강화하며 역외 전자상거래와 중소도시, 농촌의 전자상거래를 발전시키는 것이다. 전자상거래를 농촌에 보급시키는 시범구역으로 전국 200개 지역을 선정하는 방안과, 국가에서 60개 거점과 150사의 기업을 육성하는 방안, 역외 전자상거래용 창고를 100여 곳 설치하는 방안 등이 주 개요이다.

전자상거래를 비약적으로 촉진시킬 수 있는 O2O 시장의 발전은 요식업과 관광업 등을 중심으로 갓 싹을 틔운 초기 상태이다. 앞으로 인터넷 쇼핑 콘텐츠가 확대되면서 모바일 인터넷의 비약적 발전에 O2O의 역할은 한층 커질 것으로 예상되고 있다. 이에 중국은 다양하고 폭넓은 전자상거래 관련 입법에 적극 박차를 가할 복안 하에 전자상거래를 신성장동력으로 발전시키고 전통 유통산업의 고도화를 위해 온갖 지원을 아끼지 않을 태세이다.

또한 중국의 전자상거래 기업들은 중국 내 1~2선 도시에 이어 3~4선 도시 등 새로운 시장으로의 확장을 시도 중이다. 중국 현지 전자상거래 시장의 경쟁이 과열되면서 현지 업체들은 시장 점유를 넓히고자 중국 대도시에서 중소 도시로 옮겨 대형 쇼핑몰을 건립하거나 오프라인 상점들과 협력 비즈니스를 추진하는 등 활발하게 움직이고 있다.

이런 흐름 속에서 우리는 중국 전자상거래 시장을 낙관적으로만 볼 것이 아니라, 중국 정부의 정책의 추이 변화도 유심히 지켜볼 필요가 있다. 중국 정부가 '세제 개편안'을 시행하면서 중국 전자상거래 시장이 B2C(기업과 개인 간) 중심에서 B2B(기업과 기업 간)로 빠르게 변하고 있다는 평가가 나온다. 중국 정부가 B2C 해외 직구 상품에 대한 관리 감독을 강화하자 관련 시장은 점차 축소되는 반면, B2B 전자상거래 시장이 이를 대체하고 있다는 것이다.

2016년 4월 8일 중국 정부는 B2C(기업과 개인), C2C(개인과 개인) 해외 직구 상품에 대한 세수 관리를 강화하기 위해 모든 국제 전자상거래를 정부 관리 감독 체제로 편입하는 '신중국 해외직구 세제 개편'을 단행했다.

개편된 세제에 따라 기존 정식 통관 절차를 밟지 않던 국제 특급 우편인 EMS 배송 품목에도 세금이 부과된다. 또 소비자가 중국 해관 전산망과 연동되지 않는 전자상거래 플랫폼에서 제품을 구매한 뒤 배송 업체 주문서·지불서·운송장 등의 전자 데이터를 받지 않으면, 일반 세율보다 더 높은 행우세(우편료)를 내야 한다. 이 규정은 B2C 거래에만 적용된다.

이렇듯, 중국 정부의 전자상거래의 양면정책 하에서 인터넷을 통한 제품 구매 촉진책과 관련된 제반 법규 지정에 힘입어 인터넷쇼핑 환경이 날로 개선되고 있다. 동시에 전통 기업들이 전자상거래 시장으로의 대규모 진출에 따른 중국 서부 및 내륙 지역의 잠재시장 개발은 무척 고무적이다.

OK! CHINA ——————————

Chapter 5
핀테크(上篇)

IT 공룡들 대거 가세…전방위 금융혁신

금융과 기술의 융합…차별화된 '혁신 금융기법'
관련투자 및 거래액에서 전세계 국가 2~3위권

P2P 금융 영세기업 등 금융 소외계층 적극 포용
루팩스(Lufax) 1곳 기업가치만 100억 달러 넘어

핀테크 확산 일등 공신 '제3자 결제시장' 연착륙
알리페이와 텐페이 자국과 글로벌 시장 선봉역

CHINA

Chapter 5
핀테크(上篇)

◀ 중국의 핀테크 산업규모는
관련 투자 및 거래액에서
전 세계 국가 중에서
2~3위를 차지할 정도로
위세가 대단하다.

〉〉〉 중국 핀테크 강국으로 급부상

글로벌 금융시장에서 핀테크(FinTech)가 화두로 떠오르고 있다. 핀테
크는 금융을 뜻하는 파이낸셜(Financial)과 기술을 뜻하는 테크놀로지
(Technology)가 결합된 신조어로서 모바일, 소셜네트워크서비스(SNS), 빅
데이터 등의 첨단 기술을 활용해 기존 금융 기법과 차별화된 새로운 형태의
금융기술의 총아이다.

IT기업들이 온라인 모바일 기반으로 금융시장으로 대거 진출하면서 핀테크의 시장규모 확대는 물론이고 결제에서 대출, 자산운용까지 전 영역으로의 확산이 이어지고 있다. 특히 미국과 영국에서 시작된 핀테크 열풍이 중국에서 갈수록 거세지고 있다.

중국의 핀테크 산업규모는 관련 투자 및 거래액에서 전 세계 국가 중에서 2~3위를 차지할 정도로 위세가 대단하다. 2010년 1월에서 2015년 6월 중 중국의 핀테크 관련 누적 투자 규모는 전 세계 투자 비중이 7%인 35억 달러로 미국(316억 달러), 영국(54억 달러) 다음으로 많다.

오프라인 점포 중심의 전통적 금융기관들은 고객 상담 및 강력한 보안 시스템, 제도권 기관들과의 데이터베이스 연계에 기반을 둔 신용평가 등을 통해 금융 서비스에 필수적인 접근성과 신뢰성을 확보해 왔다. 반면 핀테크 기업들은 기본적으로 창의와 혁신에 바탕을 둔 아이디어와 첨단 기술을 결합해 기존의 금융 질서를 파괴하며, 이전 거래 방식과는 차별화 된 혁명적 형태의 금융 비즈니스 모델을 표방한다.

영국 재무부는 핀테크 시장을 크게 송금·결제, 금융데이터 분석, 금융 소프트웨어, 금융플랫폼 등 4가지 분야로 나눴는데, 핀테크는 소비자 접근성이 높은 인터넷, 모바일 기반의 플랫폼 장점을 적극 활용한다. 인터넷은행, 전자결제대행(PG), 자산관리, 펀딩, P2P(Peer to Peer, 개인 대 개인) 대출 등 다양한 분야에서 대안적인 금융 서비스다.

결제방식도 스마트월렛, 앱결제, 모바일카드, QR코드, 근거리 무선통신기술(NFC) 등 새롭고 다양한 방식으로 빠르게 발전 중이다.

▲ 중국에서 1호 P2P 대출업체는 '파이파이다이'이다.

〉〉〉 핀테크 초석은 'P2P' 금융

개인 대 개인의 금융인 P2P(Peer to Peer)는 2005년 영국의 조파(Zopa)가
세계에서 가장 먼저 P2P 대출업을 시작했다. 조파가 P2P 금융을 개척했을
당시에는 매우 낯선 분야였고, 기존의 대출이 금융권의 업체에서만 받을 수
있었던 것에 반해 개인과 개인이 온라인상에서 거래할 수 있다는 점에서 매
우 획기적인 아이디어였다.

P2P 대출은 중국에서 빅뱅이라고 할 정도로 폭발적으로 성장하고 있다. 중
국에서 1호 P2P 대출업체는 '파이파이다이'이다. P2P대출 업체들은 빠른 성
장세를 보이고 있다. 중국 P2P대출 조사업체인 '왕따이즈지아'에 따르면,
2009년 9개에 머물던 P2P 대출 업체 수는 2013년 800개에 이어 2014년 말
1,570개로 늘었고 거래 금액만 1,390억 위안에 달한다.

중국 P2P금융 전문 업체 P2P0001닷컴의 집계에 따르면, 2013년 12월 하루
평균 13만 6,000명이 대출자와 차입자로 중국 P2P 시장에 참여했다. 글로
벌 데이터 분석업체 CB인사이트에 따르면, 2016년 1분기 현재 존재하는 유
니콘(기업 가치가 10억 달러 이상인 비상장 창업 초기 기업) 154개 중 19개

▲ P2P 대출 업체인 루팩스(Lufax)의 기업가치는 약 100억 달러를
  상회한다.

가 핀테크 업체다.

월스트리트저널(WSJ)에 따르면, 중국의 상하이에 본사를 둔 P2P 대출 업체
인 루팩스(Lufax)의 기업 가치는 약 100억 달러(한화 11조 3,000억 원)를 넘
어섰다. 2015년 4월 한 달 동안 대출액이 550억 위안(약 10조 원)으로, 1년
만에 270% 증가했다. 상하이 시정부의 지원을 받고 2011년 등장한 루팩스
의 투자 펀딩에는 블랙파인 사모투자전문회사(PEF), CDH인베스트먼트 등
유수의 펀드들이 참여했다. 루팩스는 출시 이후 20만 건 이상의 대출을 중
개했고 이를 통한 대출 금액만 25억 달러에 달한다.

중국의 P2P 금융에는 기존 제도권 금융의 진출 또한 활발하다. 중국 증권
망은 2015년 3월말 기준으로 P2P 금융을 통해 유입된 증시 유동성이 200
억 위안(한화 3조 4,900억 원)을 넘어선 것으로 추정한다. 2012년 '평안보
험'(平安保險) 그룹'이 뛰어든 데 이어 2013년 '자오상은행', 2014년 광파증
권(廣發證券), 팡정증권(方正證券), 중신증권(中信證券)이 자회사 등을 통해
P2P 플랫폼을 세웠다.

중국에선 벤처캐피털은 물론 정보기술(IT) 기업 역시 P2P 대출 업체에 베팅하고 있다. 중국 P2P 대출서비스 업체 '지무허즈'(JimuBox)가 2014년 9월 3,700만 달러의 투자를 유치할 때 샤오미(小米, Xiaomi)와 싱가포르 국부펀드인 테마섹(Temasek Holdings) 등이 참여했다. 이렇듯, 중국 기업들의 창업 열풍의 자금원으로서 P2P 금융은 상당한 성과를 올렸다. 더욱이 P2P는 기본적으로 당국의 규제를 받지 않은 것 못지 않게 금융의 소외계층을 끌어안았다는 점이 중국 P2P 금융 발전의 원동력이 됐다는 평가이다.

영세기업과 빈곤층에 자금을 대주는 미소금융의 대안으로 부각되기도 한 P2P 금융을 놓고 일각에서는 중국 증시가 뛰면서 주식투자 자금 대출용으로 변질되고 있다는 시각도 있다. 불법으로 자금을 모집하는 유사수신 행위를 하거나 돈세탁 수단으로 전락했다는 지적에서도 자유로울 수 없다.

이런 상황에서 중국 금융당국도 수수방관하지 않을 태세다. 최소 자본요건 기준을 높여 무분별하게 활동하는 P2P 업체들을 정리할 계획이다. 홍콩 사우스차이나모닝포스트(SCMP)는 중국은행감독관리위원회가 P2P 업체들의 최소 자본요건을 3,000만 위안으로 규정하고, 대출 규모가 보유자산의 10배를 넘지 못하도록 규제를 가할 것이라는 소식을 전한다.

〉〉〉 핀테크의 확산 '제3자 결제시장'

중국에서 핀테크 확산의 1등 공신은 단연 제3자 결제시장의 빠른 정착에 있다. 제3자 전자결제대행(PG)의 시초는 전 세계 최대 쇼핑몰인 이베이(Ebay)에서 1998년 설립한 페이팔(Paypal)이다. 페이팔은 현재 회원수 1억 5,000만 명, 연간 결제액 1,750억 달러 규모로 성장하였다.

'제3자 결제시스템'은 결제 직후부터 물품 배송 기간 동안 구매대금을 보유하고, 구매자가 물건 수령을 확인한 후에 판매자에게 구매 대금을 결제하는 '에스크로 플랫폼(Escrow Platform) 역할'과 제휴 은행 계좌에서 금액을 충전한 이후에 온·오프라인 상점에서 제품과 서비스를 구매하는 '현금(Cash) 역할'을 동시에 수행한다.

중국 초기의 C2C 시장에서 차이나 '이베이 이취(易趣)'의 점유율은 80%로 독보적이었다. 그러나 중국 최대의 전자상거래 업체 '알리바바(Alibaba)'는 등록 판매자에게 판매 수수료 9%를 적용하고, 구매자에게는 판매자와 가격을 흥정하는 아리왕왕(阿里旺旺) 메신저 서비스와 안전한 결제와 물품 배송 보장을 위한 제3자 결제 중개 시스템인 알리페이(Alipay) 서비스를 제공하면서 전세를 완전히 역전시켰다.

그 결과 5년 만에 시장점유율 8%에서 59%로 성장하였으며 일순간 이베이 이취를 제치고 1위로 올라섰다. 현재 중국에서 제3자 결제시장 알리페이인 '즈푸바오'가 48.8%를 차지하며 1위에 올랐고, 텐페이(TenPay)인 '차이푸통'이 19.8%로 2위, 중국 '은련'이 11.4%로 3위, '콰이치엔'이 6.8%로 4위를 기록한 가운데, 중국 최대 검색엔진 바이두의 '바이푸바오' 최대 포털인 시나닷컴의 '시나즈푸(新浪支付)' 등 다양한 인터넷 기반 회사가 제3자 결제시장에 진출 중에 있다.

특히 주목을 끄는 것은 중국 스마트폰 제조업체인 샤오미가 IT 공룡들의 격전지인 온라인 결제 시장에 본격 진출한 것이다. 샤오미는 2016년 1월 말 내몽고 자치구의 결제 솔루션 기업 루이푸통(Ruifutong) 주식의 65%를 사들였다. 그 사연은 대략 이러하다.

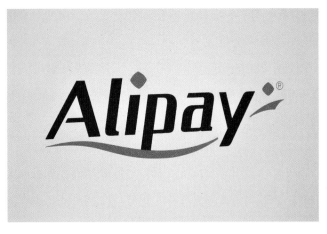

◀ 현재 중국에서 제3자
결제시장 알리페이는
48.8%를 차지한다.

중국에서는 온라인 결제 사업을 위한 라이센스 발급 기준이 매우 까다롭다. 샤오미는 2013년 결제 관련 자회사인 샤오미 지푸 테크놀로지(Xiaomi Zhifu Keji)를 설립해 라이센스를 취득하려고 노력했으나 무위에 그쳤다.

현재 루이푸통은 2011년 중국 중앙은행이 발행한 라이센스를 취득하여 내몽고 자치구에서 온라인 결제 비즈니스를 할 수 있는 유일한 기업이기도 하다. 즉, 우회 전략을 선택한 것이다.

이렇듯 라이센스 획득도 쉽지 않지만 대형 기업 입장에서 자체 결제 솔루션을 구축하는 것보다 이미 기술과 라이센스를 보유하고 있는 중소 규모 기업을 인수하는 것이 보다 더 경제적일 수 있다.

이런 맥락에서 중국의 부동산 거물인 완다(萬達)그룹도 2014년 말 결제 솔루션사인 콰이치안(Kuaiqian Payment)을 인수했다. 징둥닷컴(京東商城) 역시 북경 기반의 결제 솔루션사 '차이나뱅크 페이먼트'를 인수한 바 있다.

〉〉〉 알리바바 독주, 텐페이의 추격

중국 온라인(B2B 포함)에서 제3자 결제시장 규모는 2013년 5조 4,000
억 위안, 2014년 2분기 결제규모는 전년 동기대비 64% 증가한 1조 8,000
억 위안에 이르렀다. 그리고 제3자 결제시장까지 포함한 중국의 온라인 결
제 시장은 2015년 16조 3,600억 위안(한화 약 3,091조 원) 규모로 전년 대
비 104.2% 성장한 가운데, 2018년에는 52조 1,100억 위안(한화 약 9,850조
원) 규모로 커질 것이 확실시 된다.

한편, 중국 모바일 결제 시장 규모는 2011년 12조 원, 2012년 24조 원에서
2014년에는 약 350조 원으로 무려 14배 성장했다. 이는 2014년 중국 전자
상거래 2,200조 원의 15.9%, 중국 소매시장 4,000조 원의 8.7%에 해당한
다. 10년 전만 해도 모바일 결제가 전자상거래의 0.2~0.3%, 소매의 0.1%에
불과했던 점을 감안하면 폭발적 성장세다.

2004년 12월에 중국 최대의 전자 거래 플랫폼인 알리바바닷컴의 C2C(개인
간) 전자상거래 서비스인 타오바오(Taobao)에서 분리해서 현재 세계 최대의
제3자 결제회사가 된 알리페이(즈푸바오)는 2015년 기준으로 중국 제3자 결
제시장의 48.8%, 모바일 결제시장의 69%를 장악하고 있다. 이어 텐센트의
텐페이가 19.8%를 점유한 가운데 추격전을 펼치고 있다. 알리페이는 신용카
드 결제도 가능하지만, 보통은 알리페이 계좌로 현금을 충전해서 사용한다.
알리페이 계좌로 입금된 자금은 마치 가상 화폐처럼 어디에서든 사용할 수
있다. 온라인 결제는 당연하고 모바일 앱을 통해 바코드를 인식하는 방법으
로 교통요금, 공공요금, 오프라인 쇼핑 등 거의 모든 결제를 지원한다.

▲ 알리페이는 2014년 11월 11일 싱글데이 하루 동안 93억달러(10조2천억원) 매출을 올렸다.

현재 알리페이는 등록고객 8억 명, 실이용자 3억 명, 해외의 240여개 국에서 5,400만 명이 애용하고 있다. 결제금액은 하루 평균 106억 위안(1조 2,000억 원)에 이른다. 2013년 11월 11일 중국에서 싱글데이(광군절) 하루 동안 발생한 알리페이 거래액만 350억 위안(한화 약 6조 원)에 달했으며, 2014년 11월 11일 싱글데이에는 거래시작 18분 만에 10억 달러 거래액을 돌파했으며, 하루 동안 93억 달러(10조 2천억 원) 매출을 올렸다.

2014년 3월 말 기준으로 연간 알리페이 결제액은 3조 8,720억 위안(한화 약 656조 5,000억 원)으로 나타났는데, 이는 후발주자인 알리페이가 페이팔을 압도적으로 능가하는 것이다. 2013년 기준으로 하루 평균 알리페이 이용 건수는 1억 8,800만 건, 이 가운데 모바일 결제 대행은 4,518만 건에 이른다.

▲ 텐페이는 모바일 메신저인 웨이신(WeChat)의 중국 최대 인터넷업체 텐센트가 소유

한편, 모바일 메신저인 웨이신(微信, WeChat)과 웹 메신저 QQ 기반의 중국 최대 인터넷업체 텐센트는 2005년 9월 회원 5억 명의 웨이신에 주요 은행 계좌를 연동시킨 지급결제 서비스 '텐페이'(TenPay)를 출시했으나, 결제를 유발하는 촉매제인 전자상거래 부문이 취약해 알리바바와 경쟁에서 밀려 빛을 보지 못했다.

그러나 2013년 8월 모바일 메신저 웨이신에 텐페이를 연동해 '위챗페이' 서비스를 출시했으며, 이를 활성화시키기 위해 세뱃돈이나 축의금을 온라인으로 전달하는 '홍빠오' 기능까지 선보였다. 2014년 5월 전자상거래인 '웨이신 샤오디엔'을 론칭해 맹추격 중에 있다.

〉〉〉 글로벌 알리페이의 경이적 성공

중국 최대의 전자결제 대행서비스인 알리페이(Alipay)는 2003년 10월 출시 이후 약 10여 년 이상의 서비스를 적극 개선해오면서 알리페이 사용자는 폭발적 추세 하에, 그들의 성공 요인은 하나로 꼽을 수 없을 만큼 비약 발전하고 있다.

제3자 결제 시스템을 통해 인증이나 보안코드 등 복잡한 절차 없이 클릭 하나로 알리페이 계정에 돈을 충전하면 전자지갑이 돼 수많은 제휴사에서 결제할 수 있고, 알리페이 계정으로 타인 송금도 용이하며 금융업무까지 가능하다.

알리페이는 꽁상은행과 농업은행, 중국은행 등 국유은행과 일반 민간은행, 지역은행 166개 은행과 제휴를 맺어 알리페이와 은행 계좌 간 현금 이동을 가능하게 하여 송금과 공과금 납부 등을 해결할 수 있도록 하였다. 뿐만 아니라 온라인으로 개인소매와 기업도매 거래 결제는 말할 것도 없고 편의점 이용은 물론 레스토랑, 오프라인 쇼핑몰 등 다양한 제휴 매장에서 알리페이를 신용카드처럼 결제할 수 있다. 이렇듯 신용, 간편, 안전, 무료, 폭넓은 혜택, 중소 도시 소비자를 고려한 현지화 등 알리페이 서비스는 그 위상을 한층 돈독히 하였다.

알리페이의 아우격인 '알리페이 월렛'(Alipay Wallet)은 2013년 11월부터 독립 브랜드로 운영되고 있다. 현재 연간 실사용자 수는 1억 9,000만 명에 이른다. '알리페이 월렛'은 구매 결제, 신용카드 상환, 송금, 휴대전화와 공공서비스 요금 결제 등 기본 서비스 외에 쇼핑몰, 편의점, 택시, 병원 등으로 오프라인 적용을 확대하고 있다.

한편 모바일 영역에서 중국판 카카오톡인 웨이신(微信)은 2013년 10월 24일 백화점 선불카드 기능이 있는 '웨이러푸(微樂付)'를 출시했다. 미리 현금을 충전해놓으면 휴대폰만 들고 쇼핑할 수 있다. 웨이신은 이미 2013년 6월부터 10여개 은행과 제휴해 계좌조회와 송금, 카드조회, 공과금 납부 등이 가능한 모바일뱅킹 서비스를 제공하고 있다.

▲ 알리바바의 알리페이가 중국 핀테크 시장의 최강자로 떠오른 가장 큰 이유에 대해 전문가들은 자체 구축된 대규모 전자상거래 수요를 꼽는다.

알리바바의 알리페이가 중국 핀테크 시장의 최강자로 떠오른 가장 큰 이유에 대해 전문가들은 자체 구축된 대규모 전자상거래 수요를 꼽는다. 알리바바는 1999년 기업 간 B2B모델인 알리바바닷컴에서 시작해 기업과 소비자 간 거래 B2C모델인 티몰, C2C모델인 타오바오, 기업거래에 소비자까지 택배로 연결한 B2B2C모델인 알리익스프레스, 온갖 정보를 제공하는 알리윈(Aliyun)까지 '전자상거래 생태계'를 전방위적으로 구축했다.

이와 연관하여 한 가지 빼놓을 수 없는 것은 알리페이가 중국 사회가 겪고 있는 후진적 구조적 딜레마를 일거에 쇄신시켰다는 점이다. 중국은 현대사회 인프라의 주축인 신용카드가 보편화되어 있지 않아 대부분의 로컬 매장에서 해외 신용카드 사용이 불가하고, 중국 국내용 신용카드도 매번 6자리

비밀번호를 입력해야 한다. 충전 없이 바로 쓸 수 있는 교통카드 겸용 신용카드도 없어서 매번 지하철역을 돌아다니며 충전소를 찾아야 하는 번거로움을 알리페이는 일거에 해소했다.

또한 알리페이는 은행계좌로 돈을 송금하고 언제든지 현금화할 수 있으며, 송금 수수료나 이용 제한 시간이 없다. 은행을 거치지 않고 자유롭게 타인에게 송금할 수 있는 알리페이는, 한국과 달리 중국은 당일 송금이 안 되는 경우가 많고 타행 또는 타 지역 송금이 불편한 데다 항상 사람으로 붐비는 중국 은행 시스템을 생각하면, 매우 획기적 편리함을 제공한다.

특히 친구와 같이 식사를 하고 비용을 나눠 계산할 때, 지인에게 부조금을 보낼 때, 조카 용돈을 줄 때 등등 그 대상이 바로 옆에 있으면 제격이다. 알리페이 앱에서 '땅미엔푸' 메뉴를 실행시킨 휴대폰을 상호 가까이 두면, NFC 기술을 통해 나의 알리페이 계정에서 원하는 금액을 원하는 사람에게 바로 보낼 수 있어 그 편리성은 이루 말할 수 없을 정도이다. 이렇듯, 알리페이가 여러 난제들의 매우 효율적 해결사임이 두루 입증된 것이다.

또한 중국 항저우에서 처음 시작된 콜택시 어플 '콰이디다처'는 앱을 이용해 내가 있는 위치 정보를 보내서 가장 가까운 택시를 예약하고 연동된 택시 계정을 통해 클릭 한 번으로 요금지불까지 끝낼 수 있다. 한편, 알리바바의알리바바의 '콰이디다처'는 텐센트의 '디디다처'와 합병하여 2015년 2월 '디디콰이디'로 새롭게 변신하였다.

그리고 알리페이는 교통서비스도 출시하여 스마트폰 가입자가 앱을 다운로드 받으면 중국 35개 도시 대중교통을 자유롭게 이용할 수 있다. 더욱이 별도의 결제시스템 구축 여력이 없거나 사업 영역이 다양하지 않은 수많은 사이트에서도 알리페이를 자의반 타의반 선택하지 않을 수 없었다. 이에 알리페이는 당당닷컴(dangdang.com) 등 외부 B2C 사이트들과 폭넓은 협력 관계를 구축하고, 강화해 나가고 있다.

알리페이의 글로벌 활용 부문에서도 독보적 역량을 힘껏 과시하고 있다. 알리바바의 글로벌 T몰 등 해외기업의 입점을 대상으로 하는 온라인 쇼핑몰에서 달러 정산이 가능한 알리페이 서비스를 제공하고 있다.

이에 중국에서 비즈니스를 하는 외국인 판매업자는 알리페이 결제 금액 전환과 판매 수수료 부분에서 혜택이 주어지기 때문에 현지 은행계좌를 만들어 알리페이 계정을 사용하는 편이 더욱 유리하다.

또한 중국은 아직까지 수출입 및 외화 송금에 대한 제한과 규제가 있는 국가이기에 수많은 중국 수출업체가 중국식 결제의 불편함을 알리페이로 어느 정도 해소했다. 또한 알리페이 계정을 통해 해외기업도 중국 국내에서 자유로운 수출대금 결제 등 원활한 금융활동을 수행할 수 있게 되었다.

해외 은행 중에는 홍콩 동아은행(Bank of East Asia), 한국의 하나은행 중국 지사, 시티은행, 싱가포르 DBS 등 14곳과 제휴를 맺어, 온라인으로 해외 제품을 구매하는 역(逆)직구족과 해외 오프라인 면세점, 의료 서비스 등을 이용하는 중국 관광객들이 알리페이를 사용 가능하도록 하였다.

그리고 알리페이는 인도 및 싱가포르에 현지인 대상으로 지급결제서비스 시장에도 진출하였다. 뿐만 아니라 해외 이용자들이 알리바바그룹의 전자상거래 서비스를 이용하도록 비자(VISA)와 마스터카드(Master Card) 등과도 제휴를 맺어 중국 내외 알리페이 서비스 이용 채널을 대거 확보하였다.

알리페이는 현재 중국뿐 아니라 34개 이상 국가의 1,500개 사에 해외 결제 환경을 제공하며 2014년 7월부터 글로벌 블루와 협력해 세금 환급 서비스를 시행하고 있다. 중국 고객이 독일, 프랑스 등 50여 개국 5,000여 개 매장에서 구매 후 세금 환급서에 알리페이에 등록된 핸드폰 번호와 개인 정보를 입력하면, 7일 뒤 알리페이 계좌로 입금이 되는 방식이다.

한국의 기업들 역시 중국인 관광객 유치를 위해 알리페이와 제휴를 강화하고 있다. 이미 한국에서도 많은 소매처에서 알리페이 결제 서비스를 제공하는데 중국인 관광객 대상으로 문을 연 2013년 롯데백화점 중국어 사이트가 대표적인 예이다. 알리페이 결제 데이터가 보여주는 소비자 빅데이터는 다가오는 온라인 오프라인 결합의 총아인 O2O 전자상거래 시대에 알리바바가 한 단계 도약할 수 있는 핵심 자원으로 적극 활용될 것이 기정사실화 된다. 전자상거래 과정에서 축적된 정보를 바탕으로, 알리바바가 민간 금융으로 대변신의 폭을 넓힐 수 있었던 원동력은 오랜 기간 전자상거래 서비스업체로써 보유한 방대한 고객 데이터임은 두 말할 것도 없다.

이렇듯 알리페이의 화려한 맹활약에 힘입어 후발 주자인 텐페이의 저력 또한 만만치 않다. 한국의 갤럭시아커뮤니케이션즈는 텐센트(Tencent)의 온라인 결제 서비스 회사 텐페이(Tenpay)와 손잡고 국가 간 결제서비스를 제공한다고 2014년 10월 21일 밝힌 바 있다.

갤럭시아커뮤니케이션즈는 인터파크 INT가 동년 11월 오픈한 중국어 공식

사이트에 텐페이의 국가 간 결제서비스를 제공한다. 갤럭시아커뮤니케이션
즈는 인터파크를 시작으로 홈쇼핑, 온라인 쇼핑몰, 소셜커머스 등과의 제휴
를 통해 텐페이 서비스를 확대한다.

모바일 결제 전문기업 한국의 '다날'은 중국 최대의 전자결제 그룹 텐페이와
계약을 체결하고 세계 최초로 중국 관광객들을 위한 '위챗(WeChat)'의 국가
간 바코드 결제 서비스를 제공한다고 2015년 4월 21일 밝혔다. 이제 한국을
방문하는 '요우커'들은 불필요하게 환전을 하거나 신용카드를 이용할 필요
없이 중국에서 사용하던 스마트폰을 이용해 '위챗 바코드 결제 서비스' 그대
로 국내에서 편리하고 안전하게 이용할 수 있게 됐다.

위챗의 바코드 결제시 '세금 환급 서비스'도 스페인과 독일에서 적용되면서
그동안 세금 환급을 위해 시간을 낭비하고 불편함을 겪었던 현금결제 및 신
용카드 이용자들의 바코드 결제 이용 전환이 기대된다.

▲ 위챗의 바코드 결재시 해외에서 세금 환급서비스도 적용되고 있다.

Chapter 6
핀테크(下篇)

전자상거래 기반 금융진출 이젠 의료까지

두터운 고객층 기반 '다양한 금융상품' 출시
시중은행보다 높은 금리 개인고객 대거흡수

중국정부 전통은행들과 치열한 경쟁 유인책
알리바바와 텐센트 IT기업 인터넷은행 허용

차세대 황금시장 모바일 의료분야 혁신주역
'신수익원 병원제휴' '진료 처방 플랫폼' 구축

Chapter 6

핀테크(下篇)

>>> 인터넷을 뜨겁게 달군 키워드 '리엔지에'

2014년 중국 인터넷을 뜨겁게 달군 키워드 중의 하나인 '리엔지에(연계)'는 '인접하여 이어져 있다'는 의미이다. 인터넷 비즈니스가 사람과 사람을 연결하고, 사람과 물질을 연결하고, 물질과 물질들을 연결하면서 곧 모든 것을 하나로 묶는다는 의미로 해석된다. 특히 이 단어는 거대 IT 기업들이 인터넷으로 모든 것을 하나가 되도록 이어 더욱 더 거대한 시장을 장악하겠다는 야심을 드러낸 것이라는 데 초점이 모아진다. 초대형 인터넷기업의 거목들인 BAT(바이두, 알리바바, 텐센트)는 인터넷사업 영역을 한층 확장시켜 나가며 하나의 커다란 네트워크를 형성해가고 있는 조짐이 역력하다.

선두주자인 알리바바는 제3자 결제 시스템 '알리페이'를 필두로 보험, 은행, 재테크 상품 등 다양한 영역을 선점하고 있으며, 텐센트 역시 QQ와 웨이신(微信)의 사용자를 기반으로 인터넷 금융 영역에 기민하게 진출하고 있다. 검색의 거인 바이두 역시 재테크 상품과 결제 시스템을 출시하며 후발주자로 발 빠르게 시장의 점유율을 높이고 있다.

◀ 중국에서 인터넷 기업 특유의 접근성과 축적된 고객 데이터가 금융에 접목되며 은행 등 기존 금융사의 지위까지 뒤흔드는 형국이다.

〉〉〉 머니마켓펀드(MMF) 운용 열풍

중국에서 인터넷 금융 혁명이 도처에서 확산 추세이다. 전자상거래에서 포털 사이트가 펀드를 팔고, 온라인 쇼핑몰의 머니마켓펀드(MMF)에서 신장세가 괄목할 만하다. 인터넷 기업 특유의 접근성과 축적된 고객 데이터가 금융에 접목되며 은행 등 기존 금융사의 지위까지 뒤흔드는 형국이다. 중국 대형은행들이 국유기업 등을 상대로 한 영업에 안주하는 사이에 인터넷 기업들은 판매 비용의 절감에 따른 장점을 극대화하면서 은행 상품에 비해 높은 수익률과 낮은 진입장벽의 신무기를 구비하고 소비자금융을 공략하고 있다.

이에 전통적 기존 은행들은 초비상 사태이다. 개인의 돈이 인터넷 기업에 새롭게 유입되면서 은행 예금기반이 붕괴되고 예대마진이 줄고 있다. 새로운 사업 환경에 어떻게 적응하느냐에 따라 업계 판도의 지각변동의 대물결이 휘몰아칠 것은 너무도 확연하다.

IT업계의 공룡기업들은 기존 인터넷 영역뿐 아니라 금융영역에서도 치열한 경쟁을 이어오고 있다. 알리바바의 '위어바오', 텐센트의 '리차이통', 바이두의 '바이파', 중국판 트위터인 시나웨이보의 '웨이차이푸' 등 중국형 머니마켓펀드(Money Market Fund)와 더불어 인터넷 민영은행과 소액대출 사업 등 다양한 인터넷금융 영역에서의 진출이 매우 공세적이다.

머니마켓펀드(MMF)의 원류는 미국 이베이의 제3자 전자결제대행(PG)의 근간인 '페이팔(Paypal)'이다. 1999년 페이팔은 잔액으로 남아 있던 자투리 돈을 모아 투자하는 머니마켓펀드(MMF)를 운용하였다. 그러나 2008년 금융위기 이후 MMF 수익성이 급락하여 중단한 바 있다. 당시 미국이 제로금리를 유지했다는 상황을 살펴볼 때, 중국이 급작스런 경기 침체 상황에 직면하지 않는 한 페이팔과 같은 절차를 밟을 것이라는 전망은 기우이다.

페이팔의 첨단 자금운용 노하우 기법을 이제는 중국의 전자상거래업체들이 적극 도입·운용하면서 상당한 수익을 내고 있다. 알리바바닷컴과 산하 '타오바오' 전자상거래는 80% 이상 점유율을 기록하고 있는데, 이런 엄청난 규모의 결제는 다양한 모바일 금융 비즈니스를 태동시키고 있다.

◀ 알리바바를 글로벌 핀테크
리더로 등장시킨 1등 공신으로
'위어바오'를 빼놓을 수 없다.

알리바바(阿里巴巴)는 인터넷 머니마켓펀드(MMF)인 '위어바오'(餘額寶)를 태동시켰고 이어 엔터테인먼트 사업에 투자하는 '위러바오'(娛樂寶), 다양한 정기 자산관리상품 투자가 가능한 오픈형 금융상품 '자오차이바오'를 2014년 출시했다.

여기에서 알리바바를 글로벌 핀테크 리더로 등장시킨 1등 공신으로 '위어바오'를 빼놓을 수 없다. 위어바오의 성공은 너무 경이롭다. 2017년도 1분기 자금 규모가 1조 위안을 돌파하여 세계 최대의 MMF로 부상했다. 알리페이의 활용도가 높아지면서 많은 사람이 큰 돈을 알리페이 계정에 넣어두면서 잔액 활용 방법이 새롭게 시도되었다.

알리바바의 알리페이가 출시한 위어바오의 연간 수익률은 평균 4%선으로 중국은행의 예금 금리 상한선인 3.3%보다 0.7% 포인트 높다. 물론 2014년의 최고 수준인 6.74%에 비해서는 크게 낮아진 편이다. 고객 자금 운용의 묘책으로 알리바바 산하 '텐홍(天弘, Tianhong) 자산관리'가 주도하고 있는데, 중국 최대 자산운용사인 '중국자산관리'의 운영 규모(3,061억 위안)에 육

◀ 알리바바의 고객 자금 운용은 산하 '텐홍(天弘) 자산관리'가 주도하고 있다.

박할 정도로 급성장 추세이다.

위어바오는 수시로 타행 계좌이체도 가능해 인기를 끌며, 2013년 6월 말 출시 즉시 251만 명이던 이용객은 2013년 11월 14일을 기점으로 2,900만 명을 넘어섰다. 폭발적인 반응으로 출시 보름 만에 66억 위안의 자금이 몰렸고, 출시 1년 만인 2014년 6월 2분기에는 가입자 1억 명, 수탁금 570억 위안을 달성했다.

위어바오는 '빠링허우'(八零後·1980년대 출생자)와 '지우링허우'(九零後·1990년대 출생자)가 투자자의 76%를 차지하고 있어 청년층과 노년층의 대결에서 청년층을 대변하는 모습을 보인다. 한 때 7%에 육박하는 수익률로 인터넷 금융상품을 강타한 위어바오의 현재 수익률은 4% 수준으로 크게 하락하였지만, 위어바오가 그동안 높은 수익률로 시장의 환영을 받을 수 있었던 배경에는 일반 개인의 투자가 제한된 은행 간 시장에 투자했기 때문이다.

은행 간 단기 대출금리는 일반 시중 상업은행의 대출금리보다 높다는 장점이 있지만, 기관 투자만 가능하기에 개인 투자자들은 투자가 불가능한 영역

◀ 알리바바 그룹은 '앤트 파이낸셜' 명칭으로 온라인 금융업종에 깊숙이 발을 들여놓았다.

이었다. 하지만, 알리바바는 텐홍자산운용(天弘基金)과 합작을 통해 기관 자격으로 이 영역에 투자할 수 있었고, 대성공을 거두었다. 현재 알리바바에서 개미군단 금융을 자임하고 있는 종합 금융사인 '앤트 파이낸셜'은 2014년 5월 말 중국 증권감독 관리위원회로부터 합작사인 텐홍 자산운용의 지분 51% 인수에 대한 허가를 획득한 바 있다.

다음으로 '위러바오'(娛樂寶)는 기존의 위어바오(餘額寶)와 달리 개인과 개인 간(C2C) '타오바오' 모바일앱을 근간으로 조달한 자금을 신탁상품 발행을 통해 알리바바 자회사인 '알리엔터테인먼트'의 문화사업에 투자한다. 이어서 '자오차이바오'는 온라인 펀드 슈퍼마켓이다. 은행, 보험, 자산운용사 등 각종 금융기관의 상품을 놓고 파는 개방형 투자자산관리 플랫폼으로 만기가 5개월에서 5년 사이의 다양한 금융상품을 판매한다.

알리바바의 신용대출 자회사 '알리샤오다이'는 온라인 쇼핑몰 이용 기록을 근거로 고객에게 신용등급을 부여해 돈을 빌려준다. 1년 이상의 구매 내역과 소비 습관을 근거로 대출액과 금리가 결정된다. 이렇듯, 알리바바는 전자상거래의 독보적 1위 업체로서 탄탄한 고객들을 밑천삼아 온라인 종합금융사의 정상 자리를 넘보기에 이르렀다.

알리바바의 '위어바오'를 견제하기 위한 텐센트의 인터넷 금융은 '자산 운용사'인 '후아시아'(huaxia)와 함께 라차이퉁을 통해 펀드에 투자하는 것이다. 2014년 1월 22일. 텐센트는 모바일 MMF인 위챗 '리차이퉁'을 출시했고, 출시 5개월 만인 2014년 6월 기준 수탁금 10조 6,000억 위안을 달성했다.

중국 검색업체 바이두(百度, Baidu)도 2013년 10월 28일 '바이파(百發) 펀드' 출시 하루 만에 10억 위안을 유치했다. 그러나 첫날 오전 내내 가입한 사람은 아무도 없었다. 바이두의 대대적인 광고 효과로 이용자가 급증해 서버가 다운됐기 때문이다. 오후 2시 30분 접속이 가능해지자 12만 명의 가입자가 몰려 펀드는 20여분 만에 목표 판매량을 채웠다. 판매액은 10억 위안(약 1,740억 원)에 달했다. 바이두가 중국자산관리와 공동으로 내놓은 온라인 '바이파 펀드'의 상품 목표 연간 수익률은 8%에 이른다. 은행이 취급하는 펀드는 최소 5만 위안 이상의 가입액 하한선이 있지만 바이두 펀드는 1위안으로도 투자할 수 있다.

알리바바의 위어바오(餘額寶)와 텐센트의 '리차이통'의 경이적 성공은 중국 금융시장의 비효율성을 파고든 것이 성공의 주요인이다. 형편없는 금리가 불만이었던 중국 전역의 소비자들이 앞다퉈 온라인 금융마켓 가입에 문전성시를 이룬 것이다.

〉〉〉 민간 인터넷 전문은행 출범

알리바바와 텐센트 등 중국 대표 IT기업은 단순히 전자결제 대행회사를 차리는 데 안주하지 않고 정부의 인가를 획득하여 인터넷 전문은행 등 금융서비스에 포문을 활짝 열고 있다.

중국 정부는 2014년 3월과 7월 두 차례에 걸쳐 위뱅크(WeBank)를 비롯한 5곳에 인터넷을 기반으로 한 민영은행 설립을 허가한 바 있다. 중국 핀테크의 선두주자로 온라인 금융 트렌드를 주도하고 있는 알리바바와 텐센트가 민영은행 허가를 받은 것은 중국 금융당국이 중소기업의 자금난 완화, 자금순환 확대 등을 도모하는 동시에 금융개방을 확대해 국유은행 중심의 기존 금융제도를 개혁하는 동력으로 삼기 위한 포석이다.

2015년 1월 중국 최초의 민간 인터넷은행인 '치엔하이웨이중은행'(위뱅크, WeBank)이 영업을 시작하였다. 광둥(廣東)성 선전 첸하이(前海) 경제특구에 소재한 치엔하이웨이중은행은 자본금 30억 위안(한화 약 5,000억 원)으로 설립되었으며, 아시아 최대 인터넷 기업인 '텐센트'가 30%의 지분, 약품의 '바이이예위엔' 투자유한공사가 20% 지분, '리이예' 부동산이 20% 지분, 그리고 그 외 7명의 주주가 30% 지분을 보유한다.

인터넷 기업 텐센트의 IT 기술을 바탕으로 오프라인 방문 없이 온라인, 특히 모바일에서 처리하는 방식으로 운영 영업되는 '위뱅크'는 2015년 5월 15일 무담보 소액대출 서비스를 베타서비스로 출시한 바 있다.

이어 텐센트의 라이벌인 알리바바가 주도하는 인터넷전문은행인 마이뱅크(My Bank)가 2015년 6월 25일 정식 영업에 들어갔다. 중국의 금융감독원 격인 은감회(CBRC)로부터 승인을 받은 5개 민영은행 중 2개의 인터넷 은행이 영업을 개시하게 된 것이다. 알리바바 자회사 앤트파이낸셜(Ant Financial)은 중국 최대 민간기업인 FOSUN(復星, 푸싱) 그룹과 함께 온라인 민영은행인 저장왕상(MyBank) 은행을 출범시킨 것이다.

저장왕상(MyBank) 은행은 온라인 및 빅데이터 분석을 십분 활용해 대출, 신용, 보험, 결제시스템 등 다양한 금융 상품으로 소기업 및 소상공인과 개인 소비자의 금융 관련 서비스에 부응할 방침이다. 인가가 확정된 나머지 은행들은 친트그룹과 화평그룹이 공동으로 설립한 원저우민상은행, 화베이그룹과 마이거우그룹이 함께하는 텐진진청은행, 쥐야오그룹과 메이터스방웨이 그룹이 공조하는 상하이화루이은행 등이다.

여기에서 거듭 주목할 것은 중국 제일의 전자상거래 알리바바 그룹이 온라인 종합금융사로서의 거대한 대변신이다. 2014년 4월 17일 알리바바 그룹은 '스몰 앤 마이크로 파이낸셜 서비스 컴퍼니'(Small and Micro Financial Services Company)의 사명을 '앤트 파이낸셜 서비스 그룹'(Ant Financial Services Group, 이하 앤트 파이낸셜)으로 변경을 공식 발표하면서 온라인 금융 업종에 깊숙이 발을 들여놓았다.

앤트 파이낸셜은 알리바바로부터 별도의 법인으로 독립했어도 알리바바 이사회에 의해 통제된다. 앤트 파이낸셜은 지난 5년 동안 160만 개의 소형기업과 개인 사업자에게 대출을 했으며, 누적 대출액은 4,000억 위안을 넘어선다. 2015년 앤트 파이낸셜의 연간 이용고객은 4억 명을 넘었는데, 그 중 모바일 이용고객이 80% 이상이다.

이제 앤트 파이낸셜은 알리페이(Alipay), 알리페이 월렛(Alipay Wallet), 펀드인 위어바오, 타오바오 금융상품인 자오차이바오, 앤트 크레디트(Ant Credit)와 최근 운영 중인 마이뱅크(MYbank)로 언제 어디서든 모든 금융을 구현하는 다양한 포트폴리오를 촘촘하게 구축하였는데, 최근에는 더방(德邦)증권을 인수하는 등 금융투자업에 본격 진출하고 있다.

2018년 4월 11일 블룸버그 통신은 올해로 예상된 기업공개(IPO)를 앞두고 있는 '앤트 파이낸셜의 기업가치가 1,500억 달러(약 160조 원)에 이를 것'이라고 추산한 바 있다.

중국의 모바일 의료분야는 '차세대 금광'으로 불리며 경제 산업계로부터 주목을 받고 있다. 중국 정보기술(IT) 업체 3인방인 'BAT'(바이두·알리바바·텐센트)는 의료시장에도 적극 진출하고 있다. 이들은 천문학적 인구 규모, 방대한 영토로 인한 병원의 불균형적 분포, 비효율적 의료 전문인력 배치 및 의료 기록 시스템 운영 등의 현재 중국 의료 시스템의 문제점에 획기적인 대항마로서 급성장 중이다.

2014년 5월 알리바바그룹의 금융결제 서비스 자회사인 '알리페이'는 '미래병원계획'을 발표한다. 향후 5~10년 내에 인터넷과 빅 데이터기술을 활용하여 환자 중심의 '모바일 스마트 진찰 플랫폼'을 구축하기로 했다. 2014년 6월에는 텐센트의 메신저 웨이신(微信)이 '통합 프로세스 진찰플랫폼'을 최초로 개설했으며, 2014년 7월에는 바이두와 베이징시 정부가 공동으로 '베이징 건강 클라우드 플랫폼'을 발표했다.

물론 병원 모바일 의료시장 진출은 상당한 도전이다. 의료계는 자원을 독점하고 있기에 협력 추진에 있어서 자세가 고압적이고 양보가 없다. 독점을 타파하고 의료자원의 효율을 최대화하며 세분화하는 것이 과업일 것이다. 일차적으로는 환자의 수고를 덜어주고 진료 시간을 단축하는 것이 주요 목표이다.

이들은 인터넷에 기반을 둔 의료서비스 플랫폼을 구축하고 진료 접수부터 진료, 검사 결과 통보는 물론 처방, 조제, 약품 수령을 네트워크로 연결하는 전자처방 서비스로 의료 프로세스 전반에서 혁신의 분수령을 이루고 있다.

앱으로 처방전을 전송하면 원하는 약국에서 수령까지 가능하다. 먼저, 알리바바 그룹의 알리페이(Alipay)를 통한 의료비 결제, 회원 및 데이터 관리 시스템, 클라우드 컴퓨팅 노하우 등의 첨단기술을 응용한 인터넷 의료 시스템 '미래병원' 청사진을 살펴본다.

현재 '미래병원'은 베이징, 상하이, 항저우, 광저우 등 37개의 병원을 포함하여 25개의 도시에 진출했다. 알리바바의 알리페이를 통해 접수하고 진료비를 납부하는 환자가 하루 1만 명이 넘는다. 알리바바는 이 서비스의 제공 병원을 50개로 확대할 계획이다.

▲ 텐센트그룹은 스마트폰 모바일 메신저 웨이신(微信)의 고객을 기반으로 '위챗페이'를 통해 서비스 영역을 점차 넓혀가고 있다.

알리바바가 개발한 전자처방 플랫폼은 택시 호출 애플리케이션과 원리가 비슷하다. 환자는 스마트 폰으로 알리바바 애플리케이션을 다운로드하고 병원에서 진료를 받은 뒤, 의사가 처방해준 처방전을 병원 정보시스템을 통해 알리바바 전자처방 플랫폼으로 보낸다. 병원 밖에서 약을 구매하고 싶은 환자는 애플리케이션을 통해 구매 신청을 하고, 애플리케이션은 인근 약국으로 내용을 발송해 약을 조제하길 원하는 약국에 접수시킨다.

다음으로 텐센트 그룹은 스마트폰 모바일 메신저 웨이신(微信)의 고객을 기반으로 병원 진료 접수를 받고, 자사의 결제 시스템인 '위챗페이'를 통해 온라인 진료 접수 및 지불, 사후 진찰 서비스를 받게 하는 등 서비스 영역을 점차 넓혀가고 있으며, 1,200개 이상의 병원과 협력을 맺었다.

또한 웨이신은 2014년 6월 30일 광둥성 여성유아보건원에서 웨이신 진료플랫폼 첫 사업을 시작했다. 환자가 웨이신의 QR코드를 스캔하거나 '광둥성 여성유아보건원'을 구독 리스트에 추가한 뒤, 간단한 개인정보를 기록한 진료카드를 등록하면 휴대전화로 진료를 예약하거나 접수하고 진료 비용을 납부한다.

한 발짝 더 나아가 텐센트는 꽈하오왕, 딩샹웬(丁香園)과 협력해 온라인과 오프라인이 결합된 O2O 방식의 진찰 앱인 '즈훼이의료'를 출시하였다.

▲ 포털 사이트의 강자 바이두는 인터넷 의료 산업 관련하여 전략적 투자 계획이 포함된 '건강의 길(健康之路)'을 발표하였다.

인터넷 포털 사이트의 강자 바이두는 인터넷 의료 산업 관련 3가지 전략적 투자 계획이 포함된 '건강의 길(健康之路)'을 발표하였다. 중국 최고의 병원인 301병원과 합작해 공동으로 모바일 인터넷 의료 플랫폼을 설립했으며 바이두닥터 앱을 통한 환자와 의료서비스 간의 연결, 전문 의료 서비스 플랫폼 '이후왕'에 대한 투자 등 서비스 범위를 오프라인으로 넓히는 중이다.

바이두의 스마트 건강플랫폼 '듀라이프'(Dulife)는 든든한 조력자를 만났다. 2014년 7월 23일 베이징 시와 바이두는 일종의 예방치료 개념으로 새로운 건강서비스 모델인 '베이징 건강클라우드' 플랫폼을 발표한다. 베이징 건강 클라우드는 시민이 스마트 혈압계나 심전도 측정기, 스마트 밴드 등 웨어러블 디바이스를 착용해 건강 상태를 실시간으로 모니터링하고, 측정 결과를 클라우드 시스템에 저장하는 서비스다. 의사와 전문가는 클라우드로 전송되는 모니터링 결과를 바탕으로 시민의 건강 상태를 진단해 결과를 알려준다.

바로 앞에서 예시된 바, 결제 서비스나 클라우드는 병원 서비스의 외곽 부분에 개입해 서비스의 최적화를 맡고 있지만 알리바바가 시도하는 전자처방은 의료체계의 핵심을 정조준한다. 아직 인터넷에 기반을 둔 처방전 개방에 관한 정책은 없다. 그럼에도 알리바바는 처방약의 인터넷 판매 시범사업 허가를 받아냈고, 베이징과 허베이성 소재 병원 2곳에서 시범서비스를 하고 있다. 2014년 6월 27일 알리바바그룹과 허베이성 정부는 스자좡시에서 전략적 협력 협정을 체결했는데, 처방약의 인터넷 판매 자격을 초유로 얻어냈다.

알리바바가 추진하는 전자처방 플랫폼은 병원 내부 약국의 역할을 축소하고 병원과 의사, 약국의 이해관계를 축소해 진정한 의약분업 실현의 야망을 꿈꾼다. 이같은 변화는 병원과 의사에게 전대미문의 도전이다. 물론 병원은 이를 원하지 않는다. 병원의 의약품 관련 소득이 알리바바로 분배되는 셈이기 때문이다. 하지만 성(省) 정부가 직접 추진하는 개혁이기 때문에 행정명령이 떨어지면 병원은 따를 수밖에 없다.

사실 중국 모바일 의료 시장에서 가장 중요한 부분은 원격 진료다. 아무리 의료 시설 인프라가 확충된다고 해도 중국이라는 거대한 땅을 다 감당하기에는 턱없이 부족하기 때문이다.

》》》 중국 핀테크의 급속한 성장 동력

글로벌 최대의 인터넷 인구를 소유한 것이 중국에서 핀테크 활황세의 핵심 요인이다. 거대 인구가 흩어져 있을 때는 존재하기 힘든 시장이 인터넷의 발달과 함께 블루오션으로 쇄신될 수 있었고, 핀테크가 잘 자랄 수 있는 토양이 된 것이다. 2014년 상반기 기준 중국의 네티즌은 6억 3,000만 명으로 지난 3년간 약 10.5%, 모바일 네티즌은 5억 3,000만 명으로 약 18.2% 증가했다. 모바일 비중은 83.4%까지 제고된 것이다.

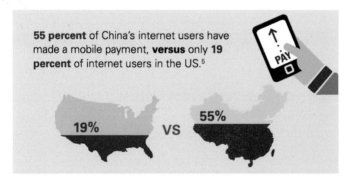

55 percent of China's internet users have made a mobile payment, **versus** only 19 percent of internet users in the US.[5]

19% VS 55%

▲ 중국에서는 인터넷 사용자의 55%가 모바일 결제를 애용하는데 비해 미국에서는 단지 19% 수준에 머물고 있다.

전통적 제도권 금융의 수준이 낙후할수록 오히려 인터넷금융이 꽃을 피울 가능성이 커진다. 중국은 신용카드 시스템, 금융기관 창구·ATM 등 지급 결제 인프라가 미비하고, 상거래 관련 사기가 빈번하여 이를 타개할 현실적 대안으로서 핀테크가 폭넓게 호응을 얻고 있다.

여기에 더해 중국의 핀테크가 성장할 수 있던 배경에는 중국 정부의 절대적 지원이 있다. 거래비용 인하에 따라서 중국의 온라인 소비시장 비중이 2018년 16.6%까지 확대될 것으로 예상되는 가운데, 소비 접근성 개선 등을 통한 내수시장 확대뿐만 아니라 금융혁신 및 신상품 개발 등으로 금융산업의 경쟁력 제고 일환으로 중국 정부가 주도적으로 핀테크 산업 육성에 나서는 것은 매우 고무적인 일이다.

최근 중국 정부는 신성장 동력을 확보하고 전자상거래 시장을 양성화 하기 위해 IT 기업 및 비금융업자의 금융업 진출을 적극 허용하고 있다. 전통 은행들도 치열한 경쟁에서 밀리지 않기 위해 예금 금리의 인상, 경쟁력 있는 신상품 개발, IT업체와의 제휴를 통한 모바일 금융시장 진출 등에 총력전 태세이다. 따라서 핀테크 열풍과 경쟁은 더 뜨거워질 것이라는 시장평가이다.

중국 당국은 핀테크에 대한 규제 완화를 천명하고 제한보다는 지원에 방점을 둘 것을 강조한다. 이에 중국 정부는 핀테크 산업에 대해 사전적 승인보다는 사후적 규제를 선호하는 입장에서 핀테크 산업을 관리하고 있다.

2015년 7월 중국 정부는 소비자 보호 강화 등을 골자로 하는 '인터넷금융의 건전한 발전을 위한 가이드라인'을 발표한 바 있다. 핀테크 산업의 발전에 따른 관련 금융시스템 리스크 증가, 소비자 권익 침해, 불법 금융행위 가능성 증가 등 부정적 측면이 대두되면서 선제적 조처의 일환이다.

2015년 말에는 금융사기 방지, 대출한도 설정, 정보공개의무 확대 등을 골자로 하는 '인터넷 대출정보 중개기관 업무활동 관리 시행법안' 초안을 발표하고 의견 수렴을 진행하여 왔다. 이렇듯, 중국 정부는 직접적 규제보다 관리를 강화하는 방향으로 인터넷 금융과 기존 전통금융의 병행적 건강한 발전을 촉구하고 있다.

Chapter 7
은행업

놀라운 글로벌 성장세…최상위권 대기염

글로벌 5위권 은행 중 4개가 중국은행 차지
1위는 중국꽁상은행 자산 3조 5,000억 달러

기업과 개인금융 서비스 다각화 현지화전략
한국 저금리시장 능동적 유치 '액수만 17조'

CHINA

Chapter 7

은행업

>>> 전 세계 최상위권 독식 기세

2015년 7월 12일 금융권에 따르면, 영국의 국제금융전문지 '더 뱅커'(The Banker)가 우량자본의 크기(Tier1, 기본자본 규모)를 기준으로 글로벌 1천 개 은행을 선정한 바, 상위권에 중국 은행이 다수 포진했다. 상위 10개 중 중국의 은행이 4개나 포함됐고 특히 5위권 내에서는 1위와 2위, 4위를 중국 은행이 차지했다.

1위에는 중국꽁상은행(工商銀行)이 3년째 올랐고, 2위는 중국지엔써은행(建設銀行)이 차지했다. 중국은행(中國銀行)은 2014년 7위에서 2015년 4위로 올라섰다. 순이익 규모를 기준으로 하면 중국꽁상은행을 포함한 중국의 4대 국유은행이 1위에서 4위까지 싹쓸이했다.

미국의 금융정보사 'SNL파이낸셜'은 2015년 8월 3일 '전 세계 은행 TOP 100'을 발표하면서 상위 5위권 은행 중 4개 은행이 중국은행이라고 밝힌다. 자산규모 최대 은행은 '중국꽁상은행'으로 자산가치가 약 3조 5,000억 달러에 달한다. 2위는 2조 8,000억 달러 규모의 중국지엔써은행이 차지했다. 중국꽁상은행의 경우 자산이 영국 GDP(2조 8,500억 달러, 2015 IMF 기준)보다 훨씬 높다. 세계 10대 은행에는 들지 못했지만 중국 5대 은행 중 하나로 위안화에 대한 한국의 청산결제은행으로 지정되어 주가가 급등하고 있는 쟈오통은행(交通銀行)도 빼놓을 수 없다.

2011년 기준 중국 은행들이 벌어들인 순이익은 1조 412억 위안으로 전년 대비 36.3%나 증가했다. 2008년의 5,834억 위안에 비하면 3년 만에 거의 두 배가 늘어난 셈이다. 사실상 금융시장을 독점하고 있는 중국의 은행들은 금리경쟁을 하지 않아 수익은 더욱 급증하고 있다.

현재 중국의 중앙은행인 인민은행은 중국의 1년만기 기준 예금금리와 대출금리를 각각 1.5%, 4.35%로 정하고 있다. 경쟁 없이 3% 이상의 예대마진이 보장되는 것이다. 외국 은행과의 경쟁도 제한적이다. 외국계 은행은 중국에서 1년에 최대 3개까지만 지점을 낼 수 있다.

더욱이 중국 은행들은 최근 몇 년간 빠른 속도로 발전해 왔고, 중소기업 대출의 전문화, 농촌금융 지원, 다양한 금융서비스 지원, 영업서비스 강화 등을 위한 은행 개혁이 진행 중이어서 그 미래는 한층 밝다고 볼 수 있다.

〉〉〉 청나라 말 근대적 은행 태동

중국에서 근대적 의미의 은행의 태동은 청나라 말기부터이다. 1897년에 중국 최초의 은행인 중국통상은행이 설립된 것을 시발로 청나라가 붕괴될 때까지 따칭은행, 쟈오통은행 등 총 16개 은행이 설립되었다. 1912년 중화민국 정부가 수립된 이후 기존의 은행들을 개편하면서 따칭은행을 중국은행으로 개명하였고, 중국농민은행 등 새로운 은행들이 설립되었다.

이어 1948년에 중국 공산당이 전 대륙을 통치하면서 화베이은행, 베이하이은행, 시베이농민은행을 합병하여 중국인민은행을 설립하여 통일화폐(인민폐)를 발행하면서 중앙은행의 역할을 수행하였다. 결국 1949년 중화인민공화국정부의 수립 당시 중국에는 중국인민은행, 중국은행 및 쟈오통은행만 남게 된다.

1954년에 중국정부는 쟈오통은행을 폐쇄하고 중국인민지엔써은행(1996년 중국지엔써은행으로 개명)을 설립하였고, 1955년에 중국농이에은행(農業銀行)을 설립하였다. 그러다가 1957년에 중국정부는 중국농이에은행을 폐쇄하였고, 중국은행을 중국인민은행 국외업무국에 합병하였으며, 중국지엔써은행을 재정부 기초건설사에 합병하였다. 그 이후 중국인민은행은 중국의 모든 은행 업무를 독점하여 중앙은행 겸 상업은행의 역할을 수행하였다.

1979년 이후 중국정부는 중국은행과 중국농이에은행을 다시 설립하였고, 중국인민은행의 상업은행 업무를 분리하여 중국꽁상은행을 설립하였다. 또한 1987년부터 쟈오통은행 등 상업은행을 다시 설립하기 시작하였고, 1994년에 국가의 정책적 대출업무를 수행하는 국가개발은행, 중국수출입은행, 중국농업발전은행을 설립하였다. 1995년에 중국인민은행법과 상업은행법이 공포되면서 중국의 은행들이 법률의 적용을 받기 시작하였다.

〉〉〉 한국에 대대적 상륙 러시

중국 최대 상업은행인 중국꽁상은행을 비롯하여 한국에 진출한 중국계 은행의 한국 시장 공략이 더욱 속도를 내고 있다. 중국계 은행이 한국시장 공략에 시동을 건 것은 양국의 무역규모가 날로 커진 데다 위안화 국제화, 국외투자 활성화 등 중국 정부의 공세적 경제정책과 긴밀하게 보조를 맞추고 있기 때문이다.

한·중 수교 후 얼마 되지 않은 1994년, 중국은행을 시작으로 2012년 1월 농이에은행(農業銀行)까지 중국 5대 은행이 모두 서울에 지점을 냈다. 농이에은행에 이어 중국 10위권 은행인 광따(光大)은행이 추가로 한국시장에 진출했다. 광따은행은 2016년 4월 20일 서울 종로구 선린동에 서울지점을 열고 한국에서의 영업에 첫발을 내딛었다. 금융위 인가를 받은지 넉달만에 이루어진 결실이다. 한국에 진출하는 여섯 번째 중국계 은행이다. 광따은행 서울지점은 향후 예금 및 대출, 무역금융, 국제결제, 외화자금, 채권투자, 역외위안화 송수신 등의 업무를 전담케 된다.

광따은행은 중국 전역에 걸쳐 1,048개의 지점을 갖고 있으며 총자산만도 4,800억 달러(한화 552 조원, 달러당 1,150 원 기준)에 달한다. 국내 금융지주사 중 총자산 규모가 가장 큰 신한 금융지주의 370조 500억 원(2015년말 기준)의 1.5배에 해당한다.

현재 우리나라에는 중국 5대 은행인 중국은행, 꽁상은행, 쟈오통은행, 지엔써은행, 농이에은행과 꽝따은행이 추가로 운영 중이다. 한국에 가장 먼저 발을 들인 것은 중국은행이다. 선발주자인 중국은행은 1993년 서울지점 설립 인가를 받고 이듬해 영업을 시작했다. 2003년에는 안산지점을 개설했고, 2006년에는 대구지점, 2008년에는 서울 구로지점을 열었다.

2010년 기준 중국 내 자산규모 1위 은행인 꽁상은행은 1997년 서울지점을 연 데 이어 2002년 부산지점, 2010년 서울 대림지점을 개설하며 한국 공략에 나섰다. 지엔써은행은 2004년, 쟈오통은행은 2005년, 농이에은행은 2012년 각각 서울지점을 냈다.

현재 중국 은행들은 위안화 예금을 바탕으로 국내의 웬만한 지방은행보다 더 큰 규모로 자산을 늘리고 있다. 은행연합회에 따르면 2014년 6월 말 기준 한국에 진출한 꽁상은행, 중국은행, 지엔써은행, 쟈오통은행, 농이에은행 등 5개 중국계 은행의 지점 총자산은 69조 577억 원으로 전년 동기 41조 6,023억 원보다 66% 성장했다. 이 정도 규모면 지역은행인 대구은행, 부산은행보다 크다.

〉〉〉 세계 1위를 거머쥔 '꽁상은행'

▲ 꽁상은행은 중국 내 1위뿐 아니라 세계 1위를 거머쥔 초대형 은행이다.

꽁상은행은 중국 내 1위뿐 아니라 세계 1위를 거머쥐고 있는 초대형 은행이다. 꽁상은행은 현재 지점만 1만 6,000여 개로 2013년 총자산은 18조 9,200위안(약 3,380조 원)으로 국내 전체은행의 자산을 합친 2,000조 원의 1.5배를 넘어선다.

꽁상은행 서울지점은 2015년 12월부터 국내에서 인터넷뱅킹 서비스를 개시했다. 한국에 진출한 5개 중국계 은행 가운데 인터넷뱅킹 서비스 도입은 꽁상은행이 처음이다. 꽁상은행 서울지점은 중국 기업의 임직원이나 근로자 외에 중국과 금융 거래가 많은 한국 기업과 일반 소비자까지 유치할 복안이다. 꽁상은행은 중개 수수료 등을 받지 않는 대신에 중국 진출을 원하는 한국 기업들에게 운영자금을 대출하거나, 중국 소비자에게 할부금융 서비스를 제공하고 결제 업무 대행으로 수익을 창출할 복안이다.

꽁상은행은 한국 기업과의 거래를 확대하기 위해 전자상거래 시장에도 진출한다. 꽁상은행 본점이 운영하는 '중국꽁상은행 온라인몰 한국관'을 통해서다. 꽁상은행 관계자는 "한국 중소·중견기업이 4억, 3000만 명의 중국꽁상은행 소비자들과 직접 거래할 수 있는 플랫폼이 생기는 것"이라고 단언한다. 화장품 브랜드 설화수를 생산하는 아모레퍼시픽도 꽁상은행과 전자상거래 관련 계약을 체결했다.

>>> 세계 2위에 랭크 '지엔써은행'

▲ 지엔써은행은 한국에서 처음으로 달러 CD를 발행한 중국 금융기관이다.

지난 2014년 영국 금융전문지 더 뱅커(The Banker)가 발표한 세계 1,000대 은행 순위 중 2위에 중국지엔써은행이 랭크되었다. 2013년 10월, 지엔써은행 서울지점은 8,000만 달러의 예금증서(CD)를 발행해 한국에서 처음으로 달러 CD를 발행한 금융기관이 되었다. 또 지엔써은행은 국내에 진출한 중국은행 중 처음으로 서울에 사옥까지 마련했다.

중국의 지엔써은행은 중국의 중앙정부가 최대 지분을 소유하고 있는 중국 4대 국영상업은행 중 하나이다. 1954년에 설립되었고, 본사는 중국의 수도인 북경에 있다. 중국 내 31개 성, 자치구, 직할시정부 소재지 등에 38개 1급 지점이 있고, 그 아래로 16,400여 개의 영업점 및 출장소가 있다. 2005년 4월에 홍콩증권거래소에 상장되었으며, 해외로는 서울을 위시하여 도쿄, 싱가포르, 프랑크푸르트, 요하네스버그 등에 지점을 두고 있다.

최근 지엔써은행 서울지점은 고속성장하에 이윤능력이 일취월장 추세이다. 한국 소재 39개 외국계 은행 종합경쟁력 순위에서 2012년의 22위에서 2014년에는 7위로 껑충 뛰어올랐고, 세전 이익은 4배 가까이 증가했으며, 불량대출은 제로(0)를 유지했다.

지엔써은행 역시 온라인쇼핑몰(buy.ccb.com)을 직접 운영하고 있다. 일평균 방문 건수가 1,500만 건인 대형 쇼핑몰이다. 2014년이라는 비교적 늦은 출발 속에서도 8조 2,000억 원이라는 매출을 기록했다. 중국지엔써은행 온라인쇼핑몰에 한국 뷰티관을 론칭시켜 웨이보와 웨이신, QQ 등 중국의 다양한 SNS를 활용한 마케팅을 통해 한국 뷰티관을 적극 알려 나가겠다는 포부이다.

▲ 중국은행은 한국 최초로 서울에 지점을 설립하였다.

>>> 한국에 최초 설립한 '중국은행'

중국은행은 중국 최초의 은행으로 쟈오통은행(交通銀行), 꽁상은행(工商銀行), 농이에은행(農業銀行), 지엔써은행(建設銀行)과 함께 중국 5대 국유상업은행에 포함된다. 중국은행 서울지점은 중국계 은행 최초로 한국에 설립한 지점이다. 중국은행은 한중 수교를 맺은 1992년 8월 24일 한국에 대표부를 세웠고, 1994년 초 중국은행 서울지점이 개설되었다.

중국은행은 2014년 미국의 경제전문지 '포춘'이 매출액 기준으로 선정한 세계 500대 기업 순위에서 59위를 차지했다. 직원 수는 약 31만 명이다. 중국 대륙을 비롯해 홍콩, 마카오, 대만, 그리고 전 세계 37개국에서 기업금융, 개인금융 등 제반 금융시장 서비스 업무를 맡고 있다. 2013년 기준 총자산 규모는 12조 3,000억 위안이다.

중국은행의 해외 지점 개설도 활발하다. 2009년에는 브라질 상파울루와 모잠비크 수도 마푸토에 지점을 개설했다. 2012년 중국과 대만의 경제협력이 강화되면서 대만에 지점을 개설했고, 말레이시아에 6번째 지점을 열었다. 2013년 포르투갈 리스본에 지점을 개설했으며, 캐나다 몬트리올에 10번째 지점을 열었다.

>>> 위안화 청산은행 '쟈오통은행'

한국 위안화 청산결제은행 창구인 중국 쟈오통은행(交通銀行) 서울지점이 2014년 11월 6일부터 청산은행 업무를 본격 시작했다. 쟈오통은행 서울지점은 2014년 7월 시진핑 중국 국가 주석과 박근혜 대통령의 정상회담을 계기로 원화와 위안화의 직거래 시장이 열리면서 국내 최초 위안화 청산(淸算) 결제은행으로 지정됐다.

▲ 쟈오통은행은 한국 위안화 청산은행으로 유일하게 지정되었다.

중국 본토 밖에서 위안화 결제대금 청산을 담당하는 은행으로 국가 간의 환전소로 기능하며 유동성 관리 등의 역할을 수행하는 청산결제은행은 중국 중앙은행인 인민은행이 하나의 국가당 한 개 은행을 지정하며, 기관투자가만이 청산결제은행을 이용할 수 있다. 개인이 직거래에 참여할 경우, 다른 은행을 통해야 한다. 홍콩, 대만뿐만 아니라 2014년에만 영국, 독일, 한국, 프랑스, 룩셈부르크, 캐나다, 카타르, 말레이시아 등에서 설립이 진행되었다.

쟈오통은행은 한국 국내에 있는 금융기관에 위안화 기반 무역 거래와 자본 거래에 필요한 유동성을 공급하고 실시간 자금 결제 서비스를 제공한다. 이에 쟈오통은행 서울 지점은 국내 위안화 직거래 시장 활성화를 위해 2015년 11월 25일 국내외 60여개 금융사를 대상으로 '위안화 청산은행 인터넷뱅킹 시스템'을 개통하였다.

한편, 2011년 11월 30일 금융위원회는 중국농이에은행(農業銀行)의 서울지점 신설을 인가했다. 농이에 은행은 2011년 6월말 기준 총자산이 1조 7,619억 달러로 영국의 국제금융전문지 '더 뱅커'(The Banker)에 따르면 자산 기준 세계 18위 수준이다.

▲ 농이에은행은 자산 기준 세계 18위 수준이다.

>>> 국내 저금리시장 대대적 공략

중국 은행들은 해외 현지화에 주력하면서 한국의 개인 고객 유치에도 적극 나서고 있다. 한국에서 위안화 예금은 2012년에는 1억 7,000만 달러에 불과했지만 그 증가세가 가파르다. 금융감독원에 따르면, 2014년 7월 말 기준 중국 은행들의 한국 지점들이 유치한 위안화 예금 잔액은 161억 9,000만 달러(17조 1,760억 원)에 달한다. 2013년 말 66억 7,000만 달러와 비교하면 7개월 만에 2.5배나 급증했다.

얼마전만 해도 중국은행과 꽁상은행 등은 위안화 현찰을 일정 금액 이상 예치하면 연 3.3~3.5%(1년 만기 기준)의 후한 금리를 주었다. 국내 은행의 정기예금 금리가 2%대 전후인 점을 고려하면 높은 수준이다. 중국 은행들이 한국의 전체 외화 예금에서 위안화 예금이 차지하는 비중도 2012년 0.4%에 그쳤지만, 2013년 13.8%로 올라서고 2014년 들어서는 25.9%로 치솟았다.

이에 따라 국내 투자자들의 위안화 예금 가입 행렬이 줄을 잇고 있다. 더욱이 2014년 7월 한·중 정상회담에서 원·위안화 직거래 시장 개설이 합의되면서 중국 은행 국내 지점을 통해 대규모로 위안화를 입출금할 수 있는 호혜적 여건이 조성되면서 이런 추세는 앞으로 더 심화될 것으로 보인다.

Chapter8
보험업(上篇)

'신기원' 세계 3위 매머드 시장…1위 석권 목전

초대형 은행들 보험시장에 진입 '시너지 극대화'
내부자원의 이용 효율 높이고 서비스 원가 낮춰

2014년 2조 위안 수입, 세계 3위 거인으로 등극
'2001년 11월 WTO 가입' 역사적 국제경쟁 체제

중국경제 고속성장과 위안화 강세 전망 낙관적
인수합병, 자산운용, 시장진입 탄력적 개혁시동

Chapter 8
보험업(上篇)

중국 보험시장의 괄목할 성장세에 대해 생생하게 알아본다. 먼저 상편에서는 중국 보험시장의 역사적 태동과 발전, 성장 추이, 전환기의 질적 개혁 등을 위시하여 은행업의 보험업 진출까지를 중점 조망할 것이다.

중편에서는 이들 업종을 선도하는 핵심 그룹들의 총체적 역량을 두루 분석하면서 생명보험과 손해보험의 양대 축을 개괄할 것이다. 또한 종합금융으로의 발돋움도 진행형으로 살펴본다. 하편에서는 중국 보험업의 온라인 거래, 자국과 해외의 투자전략 등을 미시 분석하면서 우리의 대응 측면들을 상세하게 조망할 것이다.

먼저, 상편의 서두에서는 중국 보험산업의 괄목할 발전상과 변화상을, 역사적 흐름을 소급하면서 종합 진단한다.

◀ 전문가들은 중국 보험업 미래의 낙관론으로는
중국 경제의 고속성장과 위안화 강세를 꼽는다.

>>> 2001년 WTO 가입 국제경쟁 체제

중국 보험시장은 중화인민공화국 설립 이후 20여 년 동안 단절된 시기를 보냈다. 1949년 중국인민보험공사(PICC, People's Insurance Company of China)가 잠시 설립되나, 중국 정부가 모든 위험을 보장하는 사회보험 체제를 채택하여 1979년까지 업무가 중단되었다. 당시까지만 해도 '보험'이라는 사회적 보장 장치가 사회주의 국가인 중국에서는 별다른 의미가 부여될 수 없었다.

개혁과 개방이 본격화 된 1980년, 국무원의 비준을 거쳐 중국인민보험공사가 부활하면서 PICC는 손해보험 업무를 재개하여 1980년대 후반까지 배타적 독점적 보험사로서의 지위를 구가한다.

PICC 독점으로 많은 폐단을 안고 있던 중국 보험시장은 1988년 국내 경쟁 체제를 도입했고, 중국 국내 보험회사는 1988년 4월, 중국 핑안(平安)보험공사가 국무원의 비준을 거친 가운데 타이핑양(太平洋), 톈안(天安), 따종(大衆) 등이 속속 설립인가를 받아 영업에 들어갔다.

특히 1995년 '중국인민공화국보험법'(中國人民共和國保險法)이 제정되면서 중국 보험산업 성장에 일대 탄력이 붙는다. 1999년 3월, 中國保險그룹(중국인민보험)이 해체되면서 中國人壽(생명보험), 中國人民保險(손해보험), 中國再保險(재보험), 中國保險株式有限公司(종합) 등 4개의 국유보험회사로 재탄생한다. 마침내 2001년 11월 WTO 가입으로 국제경쟁 체제를 맞이하게 됐다. 중국의 역사적 WTO 가입은 중국의 무역·투자관련 장벽을 완화하여 외국 자본과 상품의 접근도를 높여 주었다. 중국 시장규모가 확대되고 시장 유인이 커짐에 따라 다국적 기업의 대 중국 진출에 기폭제 역할을 수행하게 된 것이다.

>>> 2014년 세계 3위 보험시장으로 성장

중국 보험산업의 보험료 수입규모는 1980년 4억 4,000만 위안(약 801억 원)에서 2014년에는 2조 위안(약 364조 원)으로 매섭게 질주하여 세계 3위 보험시장으로 성장했다. 2012년에는 수입 보험료가 세계 4위에 올랐고, 보험밀도(1인당 평균 수입보험료)와 보험침투도(보험료/국내총생산)에서 각각 61위와 46위를 기록하고 있어 발전 잠재력이 매우 충일할 것으로 전망되었다. 2012년 세계 시장에서는 미국·일본·영국이 1~3위, 중국이 4위, 한국은 8위에 랭크되었다.

2012년 중국의 보험자산 운용액은 6조 위안을 넘어서는 성과를 거뒀다. 2012년 전체 수입보험료는 1조 5,488억 위안이었다. 2013년 기준 중국 보

▲ 중국의 보험업은 자국의 경제 성장에 따른 개인소득 증가에 힘입어 2020년을 넘어서면 미국을 제치고 세계 최대의 보험대국이 될 것이다.

험산업의 자산 규모는 8조 3,000억 위안이고, 보험료 규모는 1조 7,000억 위안을 기록했다. 2009년 아시아 보험회사들의 경쟁력 조사에서 50대 생명 보험회사 중 7개가 중국 기업이며, 50대 비생명보험 회사 중 4개가 중국 기업이었다. 중국 보험시장의 급성장과 위안화 강세로 인하여 2009년 아시아 시장에서 보험이익을 기준으로 처음으로 중국이 한국을 제치고 2위를 차지했다. 일본, 중국, 한국이 각각 53%, 16%, 11%를 점유하였다.

비약적 발전의 추세 하에 중국의 보험업은 자국의 경제 성장에 따른 개인소득 증가, 노령화 사회 진입 가속화에 힘입어 2016년 연말 중국 보험산업 규모가 일본을 추월한 가운데, 2020년을 넘어서는 시점에서는 미국을 제치고 세계 최대의 보험대국이 될 것이 기정 사실화 된다.

>>> 중국경제 고속성장과 위안화 강세 뒷받침

전문가들은 중국 보험업 미래의 낙관론의 근거로 중국 경제의 고속성장과 위안화 강세를 꼽는다. 최근 중국 위안화 가치는 승승장구 중이다. 중국 위안화 강세는 시진핑 체제의 경제개혁 조치와 경기부양 기대로 해외 자금이 몰려들고 있기 때문이다. 여기에다 지난 2015년 11월 30일 국제통화기금(IMF)이 집행이사회를 열고 위안화를 달러화와 유로화에 이어 특별인출권(SDR)에 편입시킨 결정은 한층 그 위력을 더한다.

GDP(국내총생산) 대비 수입보험료 비중이 아직까지 세계 평균을 크게 밑돌고 있다는 것이 또 하나의 이유다. 보험산업에서 성장 단계의 핵심 지표인 1인당 보험료를 보면, 중국은 선진국 평균의 5% 수준에 불과하다. 1인당 보험료 수준을 보면 중국은 178 달러로 미국(4,047 달러), 일본(5,167 달러)에 비하면 20배에서 30배 이상 차이로 지극히 낮은 수준이다. 한국의 1인당 보험료도 2,785달러로 중국과는 약 15 배의 차이가 난다.

세계적 재보험사 스위스리(Swiss Re) 역시 2013년 중국 현지시장은 침투도(보험료/국내총생산)가 3.0%로, 세계 평균인 6.3%에 비해 여전히 낮아 성장 잠재력이 매력적이라고 평가한 바 있다. 더욱이 중국 1인당 소득 증가와 보험의 주 고객인 도시 거주 중산층 규모가 지속 확대되는 한편, 정부의 보험산업 육성 정책이 가시화되고 있는 질적 전환점을 감안하면 중국 보험시장이 장기적 성장세임에는 이론이 없다.

여기에다 사회주의 국가보장 시스템 해체에 따라 민영보험 수요가 증대되고 있는 데다 중국인들의 고령화가 진행되면서 의료와 보험 체계를 정비하기 위한 정부의 전향적 대책이 중국 보험업의 르네상스에 큰 힘을 실어주고 있다.

〉〉〉 개혁 가속화 페달, 낙관적 장밋빛

중국 보험감독관리위원회(CIRC)는 2020년 중국 보험료 수익이 4조 5,500억 위안으로 미국 다음으로 세계 2위의 보험 대국으로 도약할 것이라고 내다봤다. CIRC는 이런 야심찬 목표에 빗나가지 않기 위해 보험회사의 수익성과 경쟁력 개선을 위해 보험료, 자산운용, 시장진입의 규제개혁을 진행 중이다. 보험시장 발전이 본 궤도에 오르지 못한 구조적 요인은 사회주의 체제 유지로 인해 보험상품 구매 필요성이 크지 않았다는 것에서도 기인하지만 경쟁 제한, 자산운용에 대한 경직성 등으로 보험산업 발전을 위한 초석이 견고하지 않은 탓이다. 2011년 국제통화기금(IMF)은 중국 금융시장의 안정성 평가를 통해 중기개혁과제로서 보험산업의 재무건전성 규제를 위험기준 지급여력제도로 개편할 것을 권고한 바 있다. 이에 최근 중국 보험시장은 시장경제의 확산과 보험업의 대외 개방 등 급격한 변화에 중국 당국은 보험시장의 지속적 성장세 추진를 위해 전향적으로 나서면서 외형에서 내실 위주 성장을 위해 인수합병과 가격규제 완화 등 다양한 개혁을 동시다발적으로 진척시키고 있다.

그동안 손해보험 이외의 종목에 대해서는 50% 투자 상한을 통해 시장 진입을 제한했다. 그러나 최근 인수합병 개혁안을 통해 동일 종목 내 복수 보험회사 소유를 허용하고, 상하이 자유무역지대에서는 건강보험에 100% 지분 투자를 허용해 외국 보험회사의 시장 진입을 활짝 열어놓았다. 여기에다 기업연금시장 개방, 책임보험시장 확대 지원, 의료보험 부분적 상업화 단행, 자동차보험 강제가입 등의 다양한 조치들을 내놓고 있는 것에서 중국 당국의 혁신적 분위기를 생생하게 감지할 수 있다.

보험업계는 내부적으로 상품구조를 조정하고 판매채널 개혁에도 비지땀을 흘리고 있다. 최근 수년간 중국 보험중개시장은 고속성장을 지속하면서 보험중개회사 수와 등록자본금 규모는 모두 크게 증가했다. 내부적으로는 보험대리인(보험설계사) 제도의 선진성과 겸업대리점의 전문화가 진행됐다. 난카이대학(南開大學) 주밍라이(朱銘來) 교수는 "정부는 건강보험과 연금보험이 독립채산제로 운영되도록 지원하고, 보험종류에 따른 세율을 차별화하며, 보험회사의 지불능력과 서비스에 대한 감독 관리를 한층 강화해야 한다."고 강조한다.

중국은 2013년 8월 대출금리 자유화를 시행했고, 동년 10월에는 대출 우대금리 제도 실시 등 실질적 금리자유화의 수순을 밟고 있다. 중국의 금리자유화로 가장 큰 수혜를 보는 산업은 분명 보험업종이다. 보험업은 현재의 금리를 바탕으로 장기 상품이 설계되고 그것을 기초로 운용되기에, 금리가 자유화되면 회사들의 운용 수익률이 달라질 수밖에 없다. 질적 우위 점유를 위한 치열한 경쟁체제의 예고편인 셈이다.

〉〉〉 대형은행들의 보험업 진입 러시

중국에서 은행과 보험회사는 오랜 기간 협력관계를 유지해 왔다. 그럼에도 기존의 협력관계는 단지 판매채널 이용에 국한된 경우가 다수였다. 그러나 지난 2008년 국무원이 은행업감독관리위원회(은감회)와 보험감독관리위원회(보감회)가 연명으로 요구한 '상업은행의 보험회사 지분투자 문제에 관한 지침 요청'에 호응하여, 2009년부터 상업은행의 보험회사 지분투자를 허용한 이후에 대형 국유은행들이 앞다퉈 보험회사의 지분을 인수하기 시작했다.

고객의 입장에서는 은행과 보험사를 함께 갖고 있는 금융그룹을 통해 토털 종합금융서비스의 혜택을 만끽할 수 있고 동시에 내부 자원이용의 효율을 극대화하고 서비스원가를 낮춰 그룹의 전반적 경쟁력과 경제적 효과를 커지게 했다. 이런 효율성과 편의성이 몇 년 사이 많은 은행에서 보험업에 진입하는 결정적 유인책이라 할 수 있다.

장젠칭(姜建淸) 꽁상은행 이사회장은 보험업종에 진출하는 은행이 제대로 된 이익모델을 만들어 내기 위해서는 리스크 관리능력, 우수한 상품, 그리고 완벽한 판매망 등의 조건을 고루 갖춰야 하며, 그 중에서도 가장 중요한 것은 전국적 판매망이라고 강조한다. 중국 은행들의 보험회사 인수의 지향점은 명료하다. 보험회사 인수를 통해 종합금융회사로 발전해 나가는 것이다.

양 사가 보유한 강점을 활용하면 단기간에 커다란 시너지 효과를 낼 수 있다. 보험회사의 은행지점망 확보가 갈수록 어려워지고 있는 상황에서 은행의 지점망은 무엇과도 비견할 수 없는 커다란 자산이다.

보험사와 은행이 공동으로 신상품을 개발하고 방카슈랑스(Bancassurance) 채널로 고객에게 은행보험상품을 판매하며, 또한 은행과 보험의 상호보완적 역할을 통해 수입원을 늘리고 있다. 쟈우상(招商)은행, 꽝따(光大)은행, 중신스예(中信實業)은행 등이 이런 방식으로 보험사를 설립했다. 중국 5대 은행 중의 하나인 교통은행은 쟈오인캉롄생명(交銀康聯人壽)을 인수했고, 건설은행은 젠신생명(建信人壽)을 설립했다.

▲중국 최대은행인 꽁상은행(工商銀行)이 마침내 보험업 진출을 확정지었다.

중국 최대은행인 '꽁상은행'이 마침내 보험업 진출을 확정했다는 소식이다. 2015년 11월 5일 보감회는 꽁상은행이 중국 우쾅그룹과 프랑스 악사(AXA) 그룹이 보유한 진성생명(金盛人壽) 지분 36.5%를 인수하도록 허용했다. 꽁상은행이 보유한 진성생명 지분은 모두 60%로 늘어나 지배주주 자리를 차지하게 되면서, 진성생명이라는 회사 명칭은 '공은안성생명(工銀安盛人壽) 보험유한공사'로 바뀌었다.

또한 꽁상은행은 2011년 말 공인뤄이신(工銀瑞信) 관리기금공사의 자산규모를 690억 위안으로 늘리면서 중국 최대 펀드회사로 만들었다. 또한 비행기, 선박 등 대형설비 위주의 리스회사를 인수해 역시 국내 최대 회사로 성장시켰다. 이외에도 타이핑생명, AIA, 롄펑형(聯豊享) 등 다수 보험회사의 지분을 보유하고 있다.

▲중국은행(中國銀行)이 한국의 삼성생명과의 합작사 출범을 계기로 중국 전역에서 생명보험 사업을 시작하게 됐다.

중국은행이 한국의 삼성생명과의 합작사 출범을 계기로 중국 전역에서 생명보험 사업을 시작하게 됐다. 합종연횡의 사연을 간략히 설명하면 이렇다. 삼성생명은 기존 중국 합작사인 중항삼성인수가 중국 당국의 인가를 받아 중국은행을 새 주주로 맞이하고 중은삼성인수(中銀三星人壽)로 이름을 바꿔 새롭게 출범했다고 2015년 10월 21일 밝혔다. 삼성생명은 25%, 중국항공은 24% 지분을 공유하면서 중은보험공사는 중항삼성인수의 지분 51%를 확보해 지배주주가 됐다.

총자산 기준 중국 4위 은행으로서 유일하게 생명보험 사업에 진출하지 않은 중국은행은 2014년 총자산 2,500조 원, 순이익 29조 원을 기록했으며, 지점이 만 1,000개, 직원 수가 30만 명에 달한다.

Chapter 9
보험업(中篇)

'생명보험 손해보험' 글로벌 최상위권

생보업계 1위에 '중국 생명' 시장점유율 33%
손해보험 1위에 '중국인민' 시장 점유율 35%

증권도 은행도 다각화 '종합금융그룹 변신'
기업인수 합병, 국내외 공세적 투자 대의욕

노령화 가속화 따라 양로보험 전면실시 목표
근로자 대상 산재·실업·출산보험 '확대 추세'

Chapter 9

보험업(中篇)

중국보험학회는 '중국보험업 경쟁력보고서(2014)'를 발표한 바 있다. 이 보고서는 보험사 운용의 세 가지 효율적 성과를 바탕으로 15개 주요 생명·손해보험사를 분석해 경쟁력 순위를 발표하였다.

지난 2013년 생보 상위 3개사는 중국생명(中國人命), 핑안(平安)생명, 외국계 보험사인 AIA 순서였다. 중국생명은 규모와 효율성에서 각각 1위와 3위를 기록했고, 핑안생명은 규모는 2위였지만 효율성은 1위를 차지했다.

중국은 아시아 50대 손해보험 회사에 15개사를 진입시키면서 수적으로 가장 앞선다. 중국 국내 손해보험회사는 인민(人民)재산보험, 안빵(安邦)재산보험, 핑안(平安)재산보험이 선두그룹을 형성하고 있다.

이에 중편에서는 중국 내 생명보험과 손해보험의 주도 그룹들을 조망하는 한편, 중국 당국의 전폭적 지원 하에 이들이 금융권 진출과 기업 인수·합병·투자까지 아우르면서 글로벌 초대형 기업으로 용솟음치는 거대한 소용돌이 파노라마의 현장들을 주시할 것이다.

▲ 시장 점유율 33%의 생보 업계의 1위인 '중국생명'(China Life)

》》》 생보업계 1위 '중국생명(中國人命)'

중국 상위 10대 생명보험회사 중 자국의 국내사가 8개로 압도적으로 많고, 합자사는 2개 사에 불과하다. 중국 생명보험산업은 2014년 수입보험료 1,770억 달러로, 세계 4위의 시장 규모다.

시장점유율 33%의 생보 업계의 1위인 '중국생명'(中國人命, China Life)은 2009년 기준으로 단기보험 가입자가 연 인원 1억 8,000 만명, 장기보험 가입자는 연 인원 1억 6,000만명에 달하며, 2012년 6월 현재 중국생명과 보험 서비스 계약을 한 총 누계 고객 수는 6억 명이 넘는 것으로 집계된다. 중국 생명의 2013년 매출액은 약 75조 원, 순이익은 약 5조 원으로 추정된다.

중국 최대의 국영보험기업 중국생명은 중국 기업 최초로 뉴욕과 홍콩, 중국 상하이 A주 등 증시 세 곳 모두에 상장한 회사다. 중국 A주 상장 기업 중 시가총액 10위권 안에 드는 중국생명 본사는 베이징에 위치한다. 중국생명보험그룹의 전신은 1949년 설립된 중국인민보험공사로, 1999년 중국생명보험공사로 이름을 바꾼 뒤, 2003년 국무원과 중국보험감독관리위원회의 허가를 받아 다시 재편성해 중국생명보험그룹공사로 사명을 변경했다.

그룹 산하에 중국생명보험이 있고 자회사로는 중국생명자산관리유한공사 등을 거느리고 있는 중국 최대이자 최초의 종합 보험사다. 중국생명자산관리유한공사는 2006년 중국 내 최초의 전문 양로보험사(중국생명양로보험주식유한회사) 설립을 확정지었다. 그리고 양로보험사는 중국생명의 자회사에 편입되었다.

한편, 중국생명보험그룹과 중국재보험그룹은 '전면적 전략 합작 협의'를 맺었다. 두 보험그룹의 재보험 및 생명보험, 비생명보험, 자산운용, 보험중개 등 다방면에 걸쳐 활발한 합작 사업이 기대된다.

◀ 중국 보험업계 2위의 핑안보험그룹은
중국 최대의 종합 금융사이다.

〉〉〉 보험업계 2위 '핑안보험그룹'

중국보험업에서 외자를 도입한 첫 기업인 중국 보험업계 2위의 '핑안보험그룹'은 중국 최대의 종합 금융사이다. 특히 생명보험과 손해보험(재산보험) 등 보험 사업에 주력하고 있으며 신탁과 증권, 은행, 자산 운용, 기업연금 등 다각화한 금융 업무를 일체화한 중국의 대표적 민간 종합금융그룹이다.

핑안보험그룹은 1988년 '선전'에서 사업을 시작해 보험업을 바탕으로 은행과 증권, 투자업까지 사업 다각화를 꾀했다. 현재 전체 사업 부문은 핑안은행이 56.4%로 가장 비중이 높고 핑안생명보험과 핑안손해보험이 각각 34.9%, 4.8%를 차지한다.

수입 보험료로 보면 핑안생명은 중국에서 2번째로 큰 생보사이며, 핑안손해보험은 중국에서 3번째로 큰 손보사이다. 생명·손해보험 부문은 2013년 수입보험료 2,687억 위안(46조 9,929억 원)을 기록해 전체 보험시장에서 점유율 17.8%로 중국생명보험에 이어 2위를 유지하고 있으며, 시장점유율이 상승 추세다.

핑안보험은 업계에서 처음으로 국내외 구급서비스, 약관대출, 생명보험금 사전지급 등 차별화한 서비스를 제공했다. 2015년 상반기 총 수입자산은 326억 300만 위안이며 순익은 22억 5,000만 위안이다.

그룹 산하의 자회사를 통해 중국 전역에 약 8,000만 명의 고객을 보유하고 있으며, 100만개 기업의 고객에게 보험보장과 투자재테크 등 금융서비스를 제공한다. 그룹에 소속된 영업 인원만 20여만 명에 달한다. 아울러 고수익성 상품 판매가 가능한 전속설계사 비중이 90% 이상으로 높고, 민영기업으로서 효율적 경영을 하고 있어 투자수익률이 경쟁사보다 양호하다.

본사는 선전에 위치해 있으며 홍콩증권거래소에 상장됐다. 그룹 산하에는 중국핑안생명보험, 손보사인 중국핑안재산보험, 핑안양로보험, 핑안자산관리유한책임회사, 핑안건강보험, 중국핑안보험해외유한회사, 핑안신탁투자유한책임회사가 있다. 그리고 핑안신탁은 핑안은행유한책임회사와 핑안증권유한책임회사의 주식을 소유하고 있는 대주주이다.

1994년 핑안보험그룹 총수로 입성한 마밍저(馬明哲) 회장은 글로벌 금융 트렌드에 발맞춰 '복합금융·그룹화' 전략을 실천했다. 1996년에는 꽁상은행(工商銀行)의 주강삼각주금융신탁회사를 인수해 핑안신탁으로 개명하는 동시에 핑안증권을 설립했다. 글로벌 컨설팅 회사 맥킨지와 복합금융업을 본격 추진해 2003년 은행 사업에도 진출하면서 현재의 종합금융그룹으로 쇄신되었다. 이제 평안보험그룹은 안정적이며 꾸준한 수익과 함께 글로벌 트렌드에 맞춘 IT 산업에 기초한 신금융사업에 영역과 보폭을 적극 확장 중이다.

▲ 중국 손보업종을 대표하는 기업 '중국인민보험그룹'은 독보적 1위의 손해보험사다.

>>> 손보업종 1위 '중국인민재산보험'

중국 손보업종을 대표하는 회사는 중국인민보험그룹으로 중국 재정부가 1949년에 세운 중국 최초의 전문 손해보험사인 중국인민보험공사가 그 전신이다. 그 계열사인 중국인민재산보험(PICC: People Insurance Company of China)은 손해보험 시장에서 2012년 말 현재 수입 보험료 기준 34.9%의 점유율을 차지하고 있는 독보적 1위의 손해보험사다. 중국 금융회사 중 최초로 2003년 11월 홍콩H주에 상장했으며, 중국인민보험그룹이 75%의 지분을 보유하고 있다.

손보업계에서는 타의 추종을 불허하는 '인민보험그룹'은 계열사로 인민재산보험·인민건강보험·인민생명보험·인민투자보험 등 10여 개의 자회사가 있다. 자동차보험과 기업 재산보험에 주력하는 인민보험 업무는 재산보험·생명상해보험(생명보험&건강보험)·자산관리 부문 등 3개 부문으로 나뉘어 있으며, 기계·선박·화물운송보험 등도 운영한다.

2012년 보험 수입을 기준으로 재산보험, 즉 손해보험이 약 1,930억 위안으로 전체 매출액의 72.9%를, 생명보험이 640억 위안으로 약 24%를, 나머지를 건강보험이 차지한다.

주력사업 부문 손해보험에서는 자동차보험 총수입이 2012년 1,417억 위안을 기록해 약 10.7%의 성장을 기록하고, 상해보험이 21.4% 증가하는 등 전체적으로 11.2%의 성장을 기록했다. 생명보험 분야는 6.4%의 시장점유율을 기록하고 있으며, 건강보험 사업도 장기 성장 동력으로 육성 중이다.

◀ 화재보험사로 시작한 안빵그룹은
보험·증권·은행·펀드 등의 영업을
총망라하는 종합 금융사로 도약했다.

〉〉〉 투자와 인수의 귀재 '안빵보험그룹'

중국 안빵보험그룹(安邦保險集團)은 2004년 베이징에서 설립된 보험사로 역사가 일천하지만 설립 자본금은 5억 위안(한화 874억 3,500만 원)이나 된다.

안빵보험 그룹 회장인 '우샤오후이(吳小暉)'는 덩샤오핑 전 군사위원회 주석의 맏딸 덩난의 사위이자, 덩샤오핑 외손녀 쥐란의 남편으로 중국 정관계에 상당한 영향력을 갖고 있는 태자당 멤버이다. 또 우리나라 동양생명 지분을 인수해 최대 주주가 되면서 비상한 관심을 모았다.

화재보험사로 시작한 안빵그룹은 기업 인수·합병·투자를 통해 보험·증권·은행·펀드 등의 영업을 총망라하는 종합 금융사로 도약했다. 2013년 안빵보험그룹 산하 안빵화재보험 영업수입은 154억 3,200만 위안으로 전년 대비 199.11%가 늘었다. 순이익은 34억 4,000만 위안으로 전년보다 214.73%가 증가해 중국 손해보험 업계 1위를 기록했다.

안빵보험은 대담한 해외투자와 동시에 중국 국내에서도 거침없는 기업 사냥을 진행하고 있다. 민성(民生)은행이 대표적 사례. 안빵보험은 2014년 12월 25일 14.06%의 지분을 확보해 민성은행의 최대 주주가 됐다. 또한 해외 금융·부동산에 공격적인 투자를 이어가고 있는 가운데, 막대한 자금의 출처에 시장의 이목이 쏠린다. 이제까지 해외 투자에 사용한 자금 규모는 453억 위안(약 8조 원)에 달한다.

현재 공식적으로 밝혀진 안빵보험의 총자산은 7,000억 위안 이상이다. 일각에서는 실제 자산이 2014년 연말 이미 1조 위안을 넘어섰다는 추산이다. 2004년 자본금 5억 위안으로 시작한 안빵보험이 불과 10여 년 만에 자산을 1,400배 이상 늘릴 수 있었던 '비결'은 무엇일까?

기업 인수와 합병은 자산 규모 급증의 '일등 공신'이다. 안빵보험이 투자한 기업은 대부분 은행과 부동산기업이다. 부동산기업 투자를 통해 천문학적 토지 확보와 자산가치 보전 및 은행 투자로 주가 상승, 대규모 자금 유통, 금융 사업영역 확대의 포석으로 풀이된다.

안빵보험은 '태생부터가 남다르다'는 견해에는 주요 발기인과 대주주가 자동차 생산, 자동차 판매, 리스 업종에 종사하고 있어 화재보험이 주력인 안빵보험이 '탄생'과 함께 성공을 보장받았다는 분석이다. 안빵보험그룹이 '금수저를 물고 태어난 아기'라는 수사법에 적극 공감이 간다.

안빵보험의 대주주는 자동차, 기간산업, 광업과 부동산 업종의 자금력이 풍부한 대기업이다. 현재 안빵보험은 민성은행을 포함하여 자우상(招商)은행, 중국꽁상(工商)은행, 진롱제(金融街)·진띠그룹(金地集團), 완커A(萬科A), 화예띠찬, 중국뎬젠(中國電建), 지린아오동(吉林敖東), 치샹텅다(齊翔騰達)의 10개 A주 상장사의 대주주다.

투자수익도 자산 증식에 큰 도움이 됐다. 안빵보험이 지분을 투자한 10개 상장사 중 9개 기업의 주가는 2014년 최소 30% 이상 급등하면서 '주식투자의 귀재'라는 별칭을 얻었다. 안빵보험이 보유한 이들 상장사 지분의 시가총액은 1,000억 위안을 훌쩍 넘는다.

우샤오후이 회장과 함께 '안빵보험그룹'을 이끌고 있는 사람은 '천샤오루'(陳小魯) 이사다. '천샤오루' 이사의 부친은 중국 인민해방군을 창건한 10대 원수 중 한 명인 '천 이' 前 공산당 중앙군사위원회 부주석이다. 장인은 '리 위' 前 인민해방군 총참모장이다. 이 밖에도 중국 공산당 상무부 부부장(차관)을 지낸 '롱용투우'(龍永圖) 등이 이사를 맡고 있다.

이들의 인맥 덕에 2004년 창업 이래 '안빵보험'은 공산당 고위층의 도움 없이는 할 수 없는 중국 대도시 도심 재개발 투자, 타금융기업 지분 매입 등을 통해 막대한 돈을 벌어들였다. 2015년 초 자본금 규모는 1조 위안(174조 8,700억 원)에 달한다.

◀ 1991년에 설립된 중국 타이핑양
(太平洋)생명은 민간보험회사로
2013년 포춘 글로벌 500대 기업
중에서 429위이다.

>>> 양로보험 전면실시 박차

1991년에 설립된 중국 타이핑양(太平洋)생명은 민간보험회사로 본사는 상하이에 있다. 2007년 12월 25일에 상하이 증권거래소, 2009년 12월 23일 홍콩 증권거래소에 상장됐다. 타이핑양생명은 생보, 손보, 자산관리, 양로보험, 재보험 서비스가 주요 사업이다. 타이핑양생명은 2012년 수입보험료는 27조원, 투자자산 총액은 103조 위안에 달하며, 2013년 포춘 글로벌 500대 기업 중에서 429위다.

종업원 약 6만 7,000명, 생명보험 모집인 27만 명, 지점 수는 약 5,700개, 개인고객 4,700만 명, 법인고객 285만 개에 달하는 전국 영업망과 다양한 서비스를 제공한다.

중국 보험업계 미래의 낙관적 추세에는 중국 당국의 보험육성정책이 단단히 한 몫 거들고 있다. 중국 정부는 노령화 추세 가속화에 따라 현재 13억 명 이

상이 가입한 기본의료보험 이외에 60세 이상 주민에게 매월 일정액의 양로금을 지급하는 양로보험 가입을 계속 확대해 나간다는 청사진을 제시한다.

현재 중국의 양로보험 가입자는 직장가입자 3억 3,800만 명과 지역가입자 4억 9,900만 명을 합쳐 총 8억 3,700만 명이고 수급자는 2억 2,600만 명이다. 양로보험 가입자를 2020년에는 10억 명으로 확대해 사실상 전면 실시한다는 복안이다.

또한 중국 정부는 도시와 농촌 주민에게 기본의료보험 이외에 중대질병보험을 보급하고, 근로자를 대상으로 한 산재·실업·출산보험도 확대해 나가기로했다. 더욱이 중국 정부는 인구 고령화가 급속하게 진행됨에 따라 노인복지일부를 시장 기능에 맡기기로 했으며, 최근에는 외국인 투자자가 영리 목적의 양로기구를 설립해 운영하는 것을 적극 장려하고 나섰다.

Chapter 10
보험업(下篇)

'막강한 자본력' 앞세워 해외 '투자열풍 러시'

'자동차·양로·책임·재보험' 대혁신 혼연일체
실버산업 투자열기 뜨겁고 '관련 상품 출시'

2012년 온라인 영업 85개사 '놀라운 성장세'
온라인마켓 '자동차 유니버설보험' 주력상품

중국정부 '규제완화 힘입어' 해외투자 촉진
서유럽 미국의 보험·금융 부동산 중점 투자

Chapter 10
보험업(下篇)

>>> 업계는 전문화 주력, 당국은 개혁 박차

중국 보험업 하편인 총괄편에서는 매머드 글로벌 공룡 기업으로 급성장한 보험업종의 전문화·세부화 추세, IT와 결합한 온라인 시장의 급성장, 중국 당국의 보험 활성화 방안과 자국과 해외의 투자 촉진책에 대해 상세히 조망하여 본다.

이제 한층 심화되고 폭이 넓어진 중국의 보험사는 2013년부터 ▲개인금융계좌 손실보상보험 ▲온라인쇼핑 소포배달 손실보상보험 ▲비행기 연착 보상보험 ▲제3자 책임보험 등 다양한 상품을 취급하고 있다.

★ 자동차보험

중국 자동차보험 시장은 2011년 수입 보험료만 3,504억 위안(약 65조 500여억 원)에 달한다. 2007년만 해도 1,434억 위안이던 시장이 4년 사이 136.1% 성장했다. 중국의 매년 신규 차량은 1,300만~1,800만 대로서 한국의 자동차 전체 등록 숫자에 육박한다. 한국은 2013년 6월 현재 1,916만 대가 등록되어 있다.

또한 중국 정부는 자동차보험 개혁에도 박차를 가하고 있다. 특히 베이징 지역은 2014년부터 사고 횟수에 따라 보험료를 차등 적용하고 있는데, 자동차 보험개혁은 규제를 줄이고 평등보다는 경쟁을 촉진하는 방향으로 진행되고 있다.

이런 흐름에 편승하여 해외 손해보험사가 중국 진출을 본격화 하고 있다. 더욱이 2012년 5월초 중국 국무원은 자동차 책임보험 시장을 외국계 손해보험사에 전면 개방하면서 한층 탄력을 얻고 있다. 이전에 외국계 손보사는 선택적으로 가입하는 자동차 임의보험만 판매할 수 있었다. 필수로 가입해야 하는 책임보험 시장까지 개방되면서 외국계 회사도 본격 중국 자동차 시장에 진출할 수 있는 길이 활짝 열렸다.

★ 양로보험

공무원과 직장인의 통합이 주 요체인 양로보험은 개혁 방안이 이미 국무원 상무회의와 중앙정치국 상무위원회 심의를 통과했다. 향후 당정기관과 사업단위는 기업과 동일한 기본양로보험제도를 구축할 계획이다. 덧붙여 중국에서 건강보험은 생보사, 손보사에서 모두 판매 가능한 상품으로 최근 몇 년간 보험 보장기능에 대한 사회적 홍보와 더불어 안정된 성장속도로 발전하고 있다.

★ 책임보험, 재보험

이제 중국 당국은 보험의 사회적 책무에 부응하는 책임보험의 중요성을 재

The Year of the Chinese Investor

Inside the growing wave of investors buying and building in the five boroughs

▲ 중국 보험 업계의 해외 투자는 봇물을 이루고 있다. 2015년 9월 말 누적 기준 중국 보험회사의 해외 부동산 투자금액은 320억 달러로 급증했다.

차 강조하고 있다. 가짜와 부조리가 종식되지 않는 중국 사회에서는 환경오염, 식품안전, 의료책임, 학생안전 등이 커다란 사회문제이다. 의료사고 책임보험은 2015년 말부터 일정 규모 이상의 3급병원에서 의무 실시되었다. 그리고 국무원을 통과한 '식품안전법'에는 식품책임보험에 대한 내용이 담겨 있어 관련 상품 판매가 늘 것으로 예상된다.

다음으로 최근 5년간 중국 재보험시장은 연평균 19.1% 성장했다. 특히 2011년에는 수입보험료 총액이 639억 위안으로 전년 대비 28.9% 증가했다. 중국 재보험산업 경쟁력이 한층 제고되려면 단기 성과 위주의 경영구조를 쇄신하고, 장기적 관점에서 경쟁 우위를 확보해야 한다는 지적이다.

★ 실버산업

중국 보험사들의 실버산업 투자 열기도 뜨겁다. 중국 보험감독관리위원회의 2014년 7월 8일 발표한 '중국보험업 사회책임 백서'에 따르면, 2013년 말 기준 5개의 보험사가 실버타운 프로젝트 11개에 투자하고 있는 것으로 나타났다. 투자 규모는 총 163억 위안(약 2조 7,000억 원)에 달한다. 백서는 2020년 보험업계의 실버산업 직접투자 규모가 4,500억 위안(약 74조 원)에 이를 것으로 추산한다.

양밍성(楊明生) 중국생명(中國人壽) 회장은 2014년 초 "실버산업은 중점 투자사업"이라며 "향후 2~3년 내 중국 주요 도시에 실버타운을 조성하고, 관련 보험상품도 출시할 예정"이라고 밝힌 바 있다. 중국 타이핑양(太平洋)생명 산하의 타이핑 실버산업 투자유한공사는 앞으로 3~5년 사이 200억~300억 위안(약 3조~5조 원)을 투자해 6~10개의 실버타운을 조성한다는 플랜을 공개했다.

〉〉〉 온라인 보험시장 급성장 추세

IT기술을 접목한 중국 온라인 보험시장이 최근 급성장을 거듭하고 있다. 2011년 전체 중국 보험시장에서 차지하는 비중이 0.2%에 불과하던 온라인 시장이 불과 1년 만에 2012년 4.2%로 급성장하였다. 또한 온라인보험 수입 보험료는 2011년 32억 위안에서 매년 199.4% 가량 증가하면서 2014년 859억 위안으로 성장했다.

2012년 기준 중국에서 온라인 영업채널을 도입한 보험사는 생명보험 52개사, 손해보험 33개사 등 모두 85개사에 달한다. 중국보험업협회에 따르면,

2011~2013년까지 3년간 인터넷을 통한 수입보험료는 32억 위안에서 291억 위안으로 10배 가까이 증가했다. 또 같은 기간 인터넷 보험 판매는 고객은 816만 명에서 5,437만 명으로 급증했다.

온라인 마켓에서는 자동차보험 및 선진형 유니버설보험이 주력상품으로 팔리고 있는데, 이들 보험은 다른 보험계약에 비해 상품구조가 간단하고, 수요 역시 높아 인터넷 채널 판매가 용이하기 때문이다.

중국 보험사는 자사 홈페이지와 제3자 전자상거래 플랫폼을 적극 활용하고 있다. 온라인을 통한 손해보험 판매는 90.1%가 보험사의 자사 홈페이지에서 판매됐으며, 생명보험의 94.9%가 제3자 전자상거래 플랫폼에서 판매됐다. 특히 생명보험업계를 중심으로 막대한 회원을 보유한 제3자 전자상거래 업체와 제휴하여 시장점유율을 크게 높이고 있다.

2013년 11월 중국 '핑안보험'은 중국 양대 인터넷 업체인 알리바바의 마윈(馬雲) 회장과 텐센트의 마화텅(馬化騰) 회장과 함께 온라인 전용 보험 '중안보험'(衆安保險)을 설립했다. 지분은 알리바바가 19.9%, 텐센트와 핑안보험은 각각 15%의 비중을 차지한다. 알리바바와 텐센트는 이미 확보한 고객층과 마케팅 채널을, 핑안은 자금과 금융 상품을 제공함으로써 상호 취할 것이 많다는 전망이다. 현재 중안보험의 가입자 수는 2억 명을 돌파했으며, 기업 가치는 현재 약 640억 달러로 평가받고 있다.

특히 핑안보험 마밍저(馬明哲) 회장은 디지털 시대 사업모델 창출에 박차를 가하고 있다. 마밍저 회장은 2010년 7월 보험 가입의 일괄 과정을 전자화 방식의 원스톱 서비스를 구현하는 종합 금융 플랫폼 'MIT' 모델을 출시했다.

▲ 2014년 6월 중국생명은 카타르홀딩스와 공동으로 영국 런던의 우퍼 뱅크스트리트의 지분 90%를 인수했다.

MIT 출시 이후 약 1,300만 명의 고객들이 가입하여 보험 수입을 견고히 했다. 기존에는 보험설계사와 고객, 대리인 등 이들이 하나의 프로세스를 완성하는 데 최대 일주일 시간이 소요되었다.

〉〉〉 국내외 '투자업종 규제 대폭 풀려'

중국 보험업종은 자금운용 채널이 상당히 제한적이고 투자 상품이 단일화돼 있어 위험도가 높은 편이다. 보험 총자산은 주로 은행예금(52.5%), 채권(31%), 기금(6.86%) 등 고정수익자산 비중이 커서 자산증가 속도가 늦고, 거시정책에 쉽게 영향을 받는 약점이 있다. 중국보험감독관리위원회(CIRC)

는 2014년 12월 보험사가 상대적으로 리스크가 높은 창업투자, 사모(私募) 기금 등에도 투자할 수 있도록 규정을 완화해 중소기업과 신생 기업들의 발전을 돕도록 했다. 이제 보험사들은 다양한 자산운용전략을 펼칠 것으로 보인다.

보험자산 운용은 주식시장과 다양한 고위험·고수익 상품으로 많이 이동할 것으로 예상된다. 또한 막대한 자산을 가진 중국 보험사들이 중국 정부의 해외투자 촉진 및 규제 완화 정책에 힘입어 활발한 투자를 감행하고 있다. 특히 해외 투자 규제가 풀린 2013년도 이후 중국 보험 업계의 해외 투자는 봇물을 이루고 있다. 2015년 9월 말 누적 기준 중국 보험회사의 해외 부동산 투자금액은 320억 달러로 2년 전 54억 달러보다 6배 증가했다.

▲안빵보험은 세계적 호텔업체 힐튼 월드와이드가 소유한 120년 전통의 월도프 아스토리아(Waldorf Astoria) 호텔을 블랙스톤 그룹과 거래를 완료한 것으로 알려진다

중국 보험회사는 안정적 수익률 확보와 자산운용 다변화를 위해 해외 부동산을 매입하고 있으며, 최근 매입 횟수가 늘고 투자 규모도 갈수록 커지고 있다. 중국 보험회사가 해외 부동산 투자에 열을 올리는 데는 그만한 이유가 있다. 선진국 부동산은 대표적 저위험 고수익 자산으로 인식되고 있는 데다 안정적인 투자 회수를 확신하기 때문이다. 유로화와 미국 달러화 환율이 장기간 안정세를 유지하고 있는 것도 매력적 흡인 요소이다.

이미 2007년 7월 25일 중국 보험감독 위원회는 인민은행, 외환관리국과 함께 보험자금 '해외투자 허용'의 정식 발표를 통해 보험기구가 자체 보유하고 있는 외환이나 외화를 구입하여 해외에 투자할 수 있도록 허용하는 관련 법률을 발표한 바 있다. 해외투자는 전년도 총자산의 15%를 넘지 않도록 하고, 종전 투자범위를 '고정수익류 상품'에 한정하였던 것을 주식이나 지분 등 '권익류 상품'의 투자까지 확대하였다.

중국 정부의 이런 전향적 조치는 인민폐 절상 압력을 완화하고, 보험기관의 자산 수익성 제고 및 위험분산 등에 기인한 것으로 평가된다. 중국은 2005년 이래 일부 보험기관들에 보험자금의 해외투자 시험운영을 실시하여 상당한 경험을 축적하고 일정한 수익을 제고한 바 있다. 중국 정부가 최근 위안화의 국제화 추진 차원에서 1,700조 원에 달하는 보험자산의 해외투자 규제를 대폭 풀면서 중국 보험사들이 미국과 유럽 등 주요 해외시장에서 부동산 투자가 불붙고 있다.

특히 중국 보험감독관리위원회의 '중국 보험자산의 해외투자 정책 조정안' 최근 발표는 보험 자산의 해외 투자 범위와 보험업계의 투자 자유를 보장하는 내용으로, 보험 자산의 해외 투자 가능 지역을 45개 국가로 확대했다. 현재, 중국 국내 보험회사가 자국의 부동산에 투자할 수 있는 자금 비율은 회사 총자산의 최대 30%로 상승되었다.

또한 해외투자 규정은 보험회사의 해외투자 규모를 2015년 기준 총자산의 15%까지 확대했다. 기존에는 BBB등급 이상의 채권에만 투자할 수 있었지만 새로운 규정은 BBB−이상으로 채권투자 범위도 확대했다. 홍콩 부동산 컨설팅 회사 '디티제트'(DTZ)는 2019년 말경 해외투자금액이 730억 달러를 넘어설 것으로 전망하고 있다.

그리고 초기 홍콩에 집중되었던 투자는 미국, 영국, 호주 등으로 지역을 넓히고 있다. 투자 대상은 오피스빌딩이나 토지거래에 집중됐으나 최근에는 물류기지 및 토지를 건물과 하나로 묶어 매입하는 경우가 늘고 있다.

〉〉〉 해외 부동산 등 투자열풍

중국생명, 중국평안, 안빵보험 등 중국 주요 보험회사들의 해외 부동산 투자 열기는 가열 국면이다. 특히 중국의 양대 보험사인 중국생명 보험과 평안보험은 수천억 원 규모의 미국 노른자위 부동산을 블랙홀처럼 흡수하고 있다.

월스트리트저널(WSJ)은 2015년 4월 7일 중국생명보험과 평안보험이 미국의 대형 부동산개발업체 티시먼스파이어(Tishman Speyer)가 보스턴의 노른자위 지역으로 꼽히는 '시포트 디스트릭트'에 추진 중인 재개발사업의 지분을 취득키로 했다고 밝혔다.

이 사업은 13층짜리 오피스빌딩과 9층짜리 아파트 등을 짓는 복합개발 5억 달러 규모의 초대형 건설 프로젝트다. 보험료 기준 중국 내 1~2위 업체인 중국생명보험과 핑안보험의 미국 부동산에 투자는 이번이 처음이다.

2014년 6월 중국생명은 카타르홀딩스와 공동으로 7억 9,500만 파운드에 영국 런던의 10어퍼뱅크스트리트(10 Upper Bank Street)의 지분 90%를 인수했다. 또한 중국생명은 싱가포르 물류업체 GLP와 글로벌 부동산 시장 공동 진출을 목표로 미국에 부동산 펀드 GLP US를 설립한 바 있다.

중국내에서 핑안(平安)생명보험과 함께 보험과 은행, 투자를 아우르는 종합 금융그룹인 '안빵(安邦)보험'의 글로벌 기업 사냥 역시 무서운 속도를 내고 있다. 안빵은 한국의 동양생명 지분 57%를 1조 1,000억 원에 인수했고, 이어 네덜란드 4위의 국영금융그룹인 SNS 레알의 자회사인 비바트(VIVAT)보험의 지분 100%를 1억 5,000만 유로(약 1,890억 원)에 사들였다. 네덜란드의 보험시장이 성숙되어 있는 데다 비바트 고객층이 안정적이고 브랜드 인지도 또한 80%가 넘어 충분히 승산이 있다 판단하고 있다.

또한 안빵보험은 2015년, 4억 1,500만 달러에 미국 맨하튼 오피스빌딩을 매입했다. 2014년 10월에는 세계적 호텔 업체 힐튼 월드와이드가 소유한 120

◀ 핑안생명은 2015년 3억 2,700만 파운드에 영국의 역사적 건축물인 런던탑(Tower of London)을 사들였다.

년 전통의 '월도프 아스토리아(Waldorf Astoria)' 호텔을 19억 5,000만 달러 (약 2조 1,000억 원)에 블랙스톤 그룹과 거래를 완료한 것으로 알려진다. 블랙스톤 그룹은 힐튼에 대한 지배권을 가지고 있는 모기업이다.

안빵보험은 아스토리아 호텔의 인수 1주일 후에 1세기 역사의 벨기에 피디아(FIDEA) 보험회사 지분을 100% 인수했으며, 2014년 12월 벨기에 델타로이드(Delta Lloyd) 은행도 인수한다고 발표한 바 있다.

2013년 7월 핑안생명은 2억 6,000만 파운드를 들여 영국 런던의 로이즈(Lloyds) 빌딩을 사들인 것을 시작으로, 2015년 3억 2,700만 파운드에 영국의 역사적 건축물인 런던탑(Tower of London)을 매입한 가운데, 미국 부동산기금(BIP)과 손잡고 미국 부동산시장에 진출했다. 이외에도 양광(陽光)보험은 2억 3,000만 달러에 맨해튼 '바카라 레지던스호텔(Baccarat Hotel and Residences)'을 손에 획득했다

이렇듯 중국 보험업종의 의욕적 투자열기와 더불어 글로벌 투자자들은 꾸준히 중국 보험업에 대해 호시탐탐 기회를 엿보고 있다. 외국계 보험회사는 중국 전체의 30%를 차지하지만 시장점유율은 생명보험 5.6%, 손해보험 1.3%에 불과하여 시장 전망성이 여전히 밝기 때문이다.

현 중국의 '외국보험사 관리조례'는 외국 보험사가 중국에 진출하는 조건을 '보험업무경영 30년 이상, 중국내 대표사무소설립 2년 이상, 신청 1년 전 연말총자산이 50억 달러'로 규정하고 있다.

이에 한국의 중국진출 시장 전략은 중국 시장에 진출한 외국 보험사들의 경

험을 연구 분석하여 우리 보험사들의 강점에 대해 정밀하게 분석한 후, 차별화된 시장을 선별적으로 공사할 필요가 있다. 보험산업의 특성상 짧은 기간 내 수익을 내기 어려우므로 합작파트너 선정 시에 과도하게 단기적 성과를 중시하는 업체는 회피하는 것이 바람직하다는 지적이다.

Chapter11
O2O 열풍(上篇)

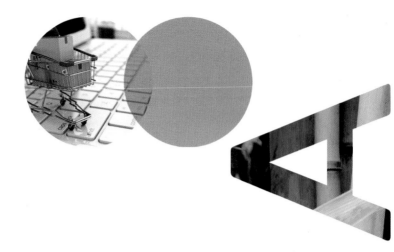

중국 O2O 시장 '2015년 84조' 훨씬 넘어

O2O 플랫폼혁신 콜택시 음식 등 활발한 움직임
전세계 상위 앱스토어, 앱 다운로드 중국 최선두

쇠락의 전통기업 새롭게 변신추구 '부활 신호탄'
거대 전자상거래 업체 경쟁과 '합종연횡 세불려'

Chapter 11

O2O 열풍(上篇)

◀ 중국의 O2O 시장이 무서운 기세로 성장하고 있다. 중국 상무부에 따르면 2015년에 이미 4,600억 위안 (약 84조 2,500억원)을 넘어섰다.

〉〉〉 'O2O 비즈니스' 뜨거운 혁명

핀테크 붐과 함께 조명되는 것이 O2O(Online to Offline 또는 Offline to Online)이다. O2O란 온라인과 오프라인의 융합을 기반으로 하는 비즈니스 모델로서 중국에서 생성된 용어이다. 또한 핀테크 O2O 사업은 IT를 통해 유통과 금융 등 온라인에서부터 오프라인까지의 모든 소비환경을 결합시키는 것을 의미한다.

기업과 소비자간 B2C 특성의 O2O 상거래는 수요자와 공급자를 온라인(인터넷과 스마트폰 등)에서 오프라인(매장)으로 고객을 연결 또는 유치하는 것을 의미하는 신개념 마케팅이다. 한국의 사례를 들면, 쿠팡과 티몬 같은 소셜커머스 앱, 배달의 민족이나 요기요 같은 배달 앱이 O2O 사업의 일종이다.

O2O는 온라인 매장과 오프라인 매장을 일심일체 융합하면서 한 번에 엮는 이른바 '옴니채널'을 잉태했다. 오프라인 매장과 온라인, 모바일을 하나로 연결해 소비자가 마치 한 장소에서 쇼핑하는 듯한 편리함을 주는 '옴니채널'이 거미줄처럼 촘촘하게 구축되고 있다.

중국의 O2O 시장이 무서운 기세로 성장하고 있다. 2011년 500억 위안 정도였던 중국의 O2O 시장 규모는 2015년 상반기 3,049억 위안(55조 7,400억 원)으로 전년 대비 80% 성장했으며, 중국 상무부에 따르면 2015년에 이미 4,600억 위안(약 84조 2,500억 원)을 넘어섰다.

그리고 중국의 모바일 이용자 중 57.5%에 해당하는 6억 1,000만 명이 모바일 O2O 서비스를 이용하는 것으로 나타났다. O2O 구조의 온라인 쇼핑 플랫폼이 많아 모바일이 유용하게 사용되기 때문이다.

대표적인 앱 스토어 가운데 하나인 중국 최대의 스마트폰 제조업체 샤오미는 2014년 들어 콜택시, 재테크, 해외직구, 음식 등 분야에서 O2O 산업이 활발하게 태동한 한 해로 평가하면서, 이러한 변화가 추후 산업 전반에 확산될 것이라 예측했는데, 실제로 다방면에서 변화가 일어나고 있다. O2O 앱 체계의 혁신이 지속적으로 이뤄졌고, O2O 플랫폼을 기반으로 하는 결제 시스템 등이 속속 구축되면서 O2O 혁명이 숨 가쁘게 가속화 되고 있다.

〉〉〉 모바일 '쇼핑·결제서비스'가 촉진

중국 온라인 산업의 성장세가 매섭다. 중국은 2013년에 이미 미국을 초월해 세계 1위 규모의 온라인 시장을 보유하고 있으며, 이를 근간으로 전자상거래 는 물론 O2O 기업도 빠르게 성장하고 있다. 모바일 쇼핑의 성장에 힘입어 O2O 관련 시장 규모 역시 급속도로 확대되고 있다. O2O 비즈니스의 활황 은 인터넷 인구의 확산은 물론 특히 모바일 인터넷 인구의 폭증과 연관된 폭 넓은 소비문화와 밀접한 관련이 있다.

중국 인터넷정보센터(CNNIC)에 따르면, 2014년 12월 기준으로 중국 인터 넷 사용자는 6억 4,900만 명, 인터넷 보급률은 47.9%이다. 또 모바일 인터 넷 사용자 수는 5억 5,700만 명, 모바일 인터넷 보급률은 85.8%에 달한다.

특히 전자상거래 성장은 모바일 결제서비스 활성화와 모바일 쇼핑의 성장이 기폭제로 작용했다. 2014년 중국에서 인터넷 지불결제 규모는 2013년 대비 50.3% 증가한 8조 767억 위안을 기록했다. 중국 시장조사 전문기관 '이관즈 쿠'는 2014년 중국 모바일 인터넷 시장 규모는 2013년 대비 183.8% 증가한 1조 3,438억 위안으로 집계했다. 한편, 2016년 모바일 쇼핑 거래액은 4조 4,726 위안으로 전년 대비 121.6% 대폭 증가하여, 2012년의 619억 위안에 서 2016년에는 65배 가까이 폭증하였다.

중국인들이 갈수록 온라인 구매와 O2O 서비스 활용에 적극적인 것은 소비 욕구 증대, 구매채널 다양화, 소비자간 네트워크 확대 등이 반영된 것이다. 중국의 대표 핀테크 기업으로 알리바바와 텐센트 등 이들 기업의 서비스를 촉진하는 중국 모바일 상용화의 주역인 20~30대 층의 신세대들은 연락수단으로 웨이신(WeChat)을 활용하고, 스마트폰으로 생활 전반의 사항을 모바일로 해결하는 세대다. 바로 이들이 O2O 혁명의 중심축에 포진한다.

지난 2015년에는 알리바바, 텐센트, 바이두 등의 중국 굴지의 IT기업들이 앞다퉈 O2O 시장에 뛰어들었으며, 티몰, 징둥닷컴, 완다몰 등 중국의 유명 오픈마켓들 또한 다양한 O2O 서비스에 사활을 걸고 있다. 결국 소비자의 욕구와 기업들 간의 이윤추구가 절묘하게 맞아 떨어진 것이다.

〉〉〉 전통기업 부활의 극적 신호탄

O2O 서비스는 여러모로 온라인과 오프라인의 한계와 문제점을 일거에 불식시키고 있다. 교환이나 반품이 많은 물건을 매장에서 직접 확인한 뒤 구매할 수 있는 서비스를 제공하는가 하면, 체험관에서 상품을 직접 사용해본 후 QR코드를 통해 모바일에서 구매할 수 있는 시스템이 마련돼 상당한 호응을 얻고 있다.

또한 O2O 체험점에서 제품 및 서비스를 직접 비교할 수 있기에 상대적으로 인지도가 낮은 중국 내외 중소기업들에게 최적의 기회이다. 매장에서 직접 확인하고, 물품은 안전하며 저렴하게 온라인에서 구매하는 새로운 소비패턴을 '쇼루밍 효과'(Showrooming Effect)라고 부른다.

이런 호기와 맞물려 중국의 경기 침체가 장기화 추세로 접어든 가운데, 제조업 등 전통산업 기업들이 잇따라 O2O 시장 진출에 나서고 있다. 왜 이들 기업들은 O2O에 승부를 걸까? 이들은 O2O를 오프라인에서의 사업적 경쟁력과 온라인의 수단적 가능성과 합하여 시너지를 일으키는 일종의 기폭제로 활용하려 한다.

이는 중국 정부의 인터넷 플러스 정책과 비슷하다. 성장 동력이 떨어져가는 구산업의 패러다임에 온라인이라는 산소호흡기를 연결하는 방식이다. 이는 매우 뛰어난 성과를 거둔다. 2015년 한 해 부동산 기업 '완다', 물류기업 '손평', '의류 생산업체 미터스본위(Meters Bonwe)' 등 전통기업들이 대규모 자금을 O2O 서비스에 투입한 것으로 나타났다.

중국 O2O 시장의 성장은 응당 바이두, 알리바바, 텐센트로 대표되는 세계적인 전자상거래 기업으로 성장한 중국 IT 기업들의 활발한 투자에 힘입은 바 크다. 이들 IT 거대 군단들은 정보를 모으고, 그 흐름을 장악하는 일에 모든 O2O 전략을 집결시키는 분위기다. 특히 자금력이 탄탄한 이들 기업군들은 특성별 사안별로 제휴, 인수, 합병, 신설, 지분참여, 플랫폼 연결 등 다양한 전술 전략을 기민하게 접목하면서 O2O 표준화 선봉장의 역할을 적극 자임하고 있다.

일련의 이러한 흐름들은 중국 '사회·정치·경제' 전반을 관통하는 거대한 데이터의 소용돌이 속에서 다가오는 '연결의 시대'에 필요한 핵심이다. 이 과정에서 생태계 확장은 나날이 이어지며, 일종의 견고한 세력권으로 굳어질 가능성이 높다.

바이두(百度)는 '사람과 정보 연결'에서 '사람과 서비스 연결' 전환을 제시하였고, 알리바바(阿里巴巴)그룹의 마윈(馬雲) 회장은 "최근 세상은 지금 IT(정보기술)시대에서 DT(데이터기술) 시대로 급속히 중심 좌표를 이동하고 있다."고 말한다. '텐센트' 역시 '사람과 사람 사이의 연결에서 사람과 서비스

▲ 전자상거래의 대표적 기업 알리바바는 중국 최대의 결제시스템인 알리페이를 바탕으로 O2O 전쟁에 전사적으로 나서고 있다.

간 연결로 전환 되고 있다'는 뉴패러다임을 제시한다.

〉〉〉 천하무적 BAT 그룹 3두체제

바이두(B), 알리바바(A), 텐센트(T)로 대표되는 전자상거래의 거목인 이들 BAT 세 기업은 2015년에 '검색, 전자상거래, 소셜 앱 시장'의 독립적 지위를 보유하면서 자신들의 주요 사업을 O2O에 접목하며 그 야망을 불태우고 있다. BAT 트로이카가 O2O 시장을 두고 경쟁과 합종연횡을 불사하면서 생태계 확장을 위해 또 다른 관련 생태계를 확보하는 O2O 전략에 혈안이다.

중국 인터넷 구매 정보 사이트인 '퇀800'에 따르면, 중국에서 메이퇀, 다중

디엔핑, 바이두 누오미 이 세 업체가 중국 소셜커머스 업계의 '3강'으로 손꼽힌다. 이들 트로이카 체제들은 이 분야에서 합종연횡 이합집산을 거듭하면서 치열한 각축전을 벌이고 있다.(O2O 하편에서 자세히 설명)

전자상거래의 대표적 기업 알리바바는 최근 O2O 전쟁에 전사적으로 나서고 있다. 알리바바는 중국 최대의 결제시스템인 알리페이를 바탕으로 O2O 시장 확대를 꾀하고 있다.

알리바바는 핀테크 O2O사업을 위해 주유소 5,000개를 통째로 인수하기로 했다. 2015년 4월 17일 중국의 한 언론매체가 중국 알리바바 그룹 O2O 사업부는 중국석유화학이 보유한 2만여 주유소 중 5,000곳을 인수한다고 전했다. 이는 중국 현지에서 알리바바 그룹이 O2O사업을 본격화하는 첫 신호라 할 수 있다. 이번 알리바바의 주유소 인수 결정은 오프라인 주유상점까지 알리바바 브랜드를 입점하고, 자체 QR코드를 이용해 IT와 유통·금융을 결합해 모든 소비환경을 알리바바 서비스 권역으로 편입 시키겠다는 것으로 풀이된다.

알리바바는 합작이나 지분 참여가 아닌 소유권을 100% 보유한 2015년 '코우베이'(口碑)라는 생활 서비스 O2O 기업을 설립하였는데, 60억 위안(약 1조 800억 원)을 투자한 것으로 알려진다. 커우베이는 음식배달은 물론 식당 등 각종 예약, 의료 서비스 등의 온·오프라인 시장을 통합한 형태인데, 온라인으로 검색·주문·결제를 완료하면 오프라인으로 상품을 받거나 이용할 수 있다.

자금력이 탄탄한 중국 최대 검색엔진 바이두(百度)는 2015년 음식배달과 오락 서비스 등에 3년간 32억 달러(약 3조 7,516억 원)를 투자할 계획을 밝힌

▲ 자금력이 탄탄한 중국 최대 검색엔진 바이두(百度)는 음식배달과 오락 서비스 등에 앞으로 3년간 32억달러 (약 3조7516억원)를 투자할 계획이다.

바 있다. 또한 바이두는 O2O 전략의 협의 하에 각 분야에 활력을 주는 바이두 직행차를 선보이고, 많은 O2O 회사에 투자하여 바이두 맵 배치에 매우 공세적이다.

2015년 6월, 바이두는 지역 생활 밀착형 O2O앱으로 2014년 3월 인수한 소셜커머스인 '누오미'에 향후 3년간 200억 위안(약 3조 6,000억 원)을 투자하여 유저 친화적 O2O 생태계 구축의 선도주자임을 공표했다. 언제 어디서든 바이두의 누오미는 단체구매, 외출, 온라인 여행, 요식, 영화 등 서비스에 연결할 수 있다.

또한 바이두는 기업을 분할하여 바이두 배송에도 발을 들여놓았으며, 중국 온라인 여행사 시트립(携程)을 인수하여 '중국온라인여행사(OTA)'의 70%의 시장을 장악하였다. 또한 바이두는 자체 운영 및 오픈 플랫폼으로 제품 라인업을 풍부하게 하는 '바이두 맵'은 제1순위를 여전히 안정적으로 차지하고 있다.

텐센트도 위챗이라는 강력한 플랫폼을 기반으로 다양한 기업들과 제휴하며 서비스 영역을 넓혀가고 있다. 직접 투자한 기업인 음식정보 플랫폼 '따종디앤핑'과 배달 앱 '어러머'를 필두로 O2O 시장의 선두자리를 계속하여 지켜나가겠다는 복안이다. 그리고 '따종디앤핑'은 알리바바가 투자한 메이톼과 통합하여 '메이톼디엔핑'으로 새롭게 출발하였다. 또한 최근에는 왕푸징(王府井) 백화점과 제휴하여 상품 바코드를 스캔하면 판매 플랫폼으로 연결돼 제품을 즉각 주문할 수 있는 '웨이신 쇼핑 프로젝트'를 선보였다. 또 맥도날드, 인타이(Yintai) 백화점과 제휴를 맺고 이들의 위챗 계정을 만들어 온라인 쇼핑기능을 제공하고 있다.

◀ 텐센트는 위챗이라는 강력한 플랫폼을 기반으로 다양한 기업들과 제휴하며 서비스 영역을 넓혀가고 있다.

〉〉〉 스타트업 열풍 'O2O 앱' 급증

중국에서는 방대한 지역의 다양한 층을 공략하는 앱 출시의 주역인 스타트업 열풍을 타고 O2O 앱이 급증했다. 미국 경영 컨설팅업체 맥킨지앤컴퍼니는 2015년 2월 조사에서 중국 온라인 소비자의 71%가 O2O 앱을 이용한다는 결과를 내놓았다. 현재 전 세계 상위 앱 스토어 가운데 5개가 바로 중국 기업의 소유이다.

또한 중국의 앱 다운로드 수는 가히 세계 최고의 수준이다. 2014년 중국의 앱 다운로드 수는 1,850억 건으로, 전 세계에서 59%의 비중을 차지했다.

2013년 자국 내 앱스토어 2곳을 인수한 바이두가 가장 많은 앱 다운로드 수를 보유하고 있다. 상위에 오른 또 다른 중국 앱스토어 가운데 하나는 휴대폰 제조업체인 샤오미이다. 이는 중국의 스마트폰 시장이 절대적으로 큰 것과 함께 엄청 많은 앱을 사용하는 중국 소비자의 성향이 한 몫 했다. 영국의 시장 조사 기관 주니퍼 리서치에 따르면, 중국인들은 한 대의 스마트폰 또는 태블릿에 약 90개의 앱을 내려 받는다. 전 세계 평균인 28개보다도 훨씬 많은 숫자다.

주니퍼 리서치는 중국에서 2015년 전체 앱 다운로드 수는 2014년보다 28% 성장한 2,360억 건이 될 것으로 예측한 바 있다. 바이두의 소셜커머스 플랫폼 '누오미' 책임자인 정 량 부사장은 "아직 아무도 깃발을 꽂지 않은 O2O 시장은 블루오션"이라며, "사용자 행동 데이터와 맵핑 툴을 이용해 더 나은 양질의 정보를 제공하면서 소비자의 선택의 폭과 O2O 서비스 품질을 한층 높일 수 있다."고 확신한다.

▲ 우리 세대는 모바일 결제 시장이 모바일 상에서의 결제로만 국한되지 않고 오프라인으로까지
확대되는 O2O 결제 시장의 르네상스를 생생히 목도하고 있다.

〉〉〉 빅뱅 '오프라인 시장 파이를 키워'

우리의 미래는 바야흐로 O2O가 만개하는 시대이다. 우리 세대는 모바일 결제 시장이 모바일 상에서의 결제로만 국한되지 않고 오프라인으로까지 확대되는 O2O 결제 시장의 르네상스를 생생히 목도하고 있다.

ICT(정보통신기술) 업계는 모바일 결제 서비스 시장에 진입하면서 거래수수료 수익 증대와 모바일 커머스 매출 증대를 체득하며 점차 오프라인 상에서의 온라인 결제를 통한 O2O 상거래 확대 가능성을 확인하게 된다. 온라인 시장이 급성장했다 하지만 오프라인 시장에 비해 현저히 규모가 작기 때문이다. 결국 온라인과 오프라인의 대결합은 전체 상거래 시장으로의 확대를 가져온다.

Grand China Belt

▲ O2O 시장이 한층 각광 받게 될 근거로는 오프라인 매장의 활성화가 크게 기대되기 때문이다.

앞으로 O2O 시장이 한층 각광받게 될 근거로는 오프라인 시장의 침체 탈피는 물론 활성화가 크게 기대되기 때문이다. 이는 O2O 결제 플랫폼을 기반으로 다양한 O2O 비즈니스 모델 개발에 ICT기업이 주목하는 배경이다.

온라인이라는 사이버 공간에서는 디지털 흔적(Digital footprint) 기반의 빅데이터 분석이 대세였다면, 점차 현실 공간의 오프라인에서도 어디에서 무엇을 구매하는지의 사용자 정보가 마케팅에 활용될 수 있는 기대 가치가 높아지면서 물리적 흔적(Physical footprint) 기반의 빅데이터 분석이 가능할 것이 확실시된다.

Chapter12
020 열풍(下篇)

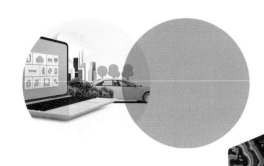

'합병·인수·투자' 몸집 키워 최상의 경쟁력

콜택시 양대산맥 최종 '디디콰이디' 통합 위용
중고차 업종도 '황금시장' 대기업들 속속 진입

요식업 '메이퇀디엔핑' 새출발 거대 공룡 탄생
차량 매년 폭증세 '중고차 O2O시장' 전망밝아

음식배달 부동1위 '어러머' 알리바바 최대주주
'식품업 주류업 세탁업' 신개척지 높은 성장세

▲ 디디콰이디는 알리바바 주도의 '콰이디따처'와 텐센트 주도의 '디디따처'(滴滴打车)가 2015년 2월 디디콰이디로
새롭게 태어나면서 맺은 결실이다.

〉〉〉 황금알 낳는 콜택시 초호황세

중국국제금융공사(CICC)는 우리나라의 콜택시 격인 '좐처'가 기존의 중국 택시업계를 위협하며 향후 시장 규모가 4,200억 위안(약 74조 3,000억 원)을 넘을 것으로 내다봤다. 최근 중국 정부는 좐처에 '인터넷 예약택시(網預車)'라는 새로운 이름을 부여하고 일반 택시, 버스와 함께 중국 내 합법적 대중교통 수단의 하나로 인정하고, 좐처 시장의 활발한 발전 방향을 적극 강구 중이다.

중국의 교통시장은 세계 1위이며, 1억 5,000만 명 이상의 중국인이 모바일 애플리케이션을 통해 택시를 호출한다. 2015년 3분기 중국의 대표적인 택시 예약 서비스 디디콰이디(滴滴快的)가 모바일 예약 차량 시장의 83.2%를 차지하며 압도적인 위세를 과시했다. 중국의 199곳의 도시에서 운영 중인 디디콰이디는 2015년 9월, 10억 달러를 추가로 유치하는 등 총 30억 달러의 투자를 받아 눈길을 끌었다.

알리바바 주도의 '콰이디따처'와 텐센트 주도의 '디디따처'(滴滴打車)가 2015년 2월 디디콰이디로 새롭게 태어나면서 맺은 결실이다. 합병을 통해 과도한 경쟁비용을 절감하고 투자를 유치하는 전략을 펼친 것이다. 중국에서 택시호출 앱 1, 2순위를 다투고 있는 디디따처와 콰이디따처 합병 후 기업 가치는 약 6조 원 가량으로 예상된다.

미국의 실리콘밸리에는 우버(Uber) 택시가 있지만, 중국에는 콰이디따처, 디디따처가 택시앱의 양대 산맥이었다. 두 회사는 각각 알리바바와 텐센트로부터 대규모의 투자를 유치해 치열한 경쟁을 벌인 라이벌이었다. 중국 택

▼ 98개 도시에서 운영 중인 이다오융처는 중국 온라인동영상기업 러스왕(樂視網)이 7억 달러(약 8,000억원)를 투자하여 새로운 전환점을 맞았다.

tech.ifeng.com

시업계에서 이들 양대 산맥은 초대형 규모의 중국시장을 선점하기 위해 막심한 손해를 감수하면서 가격 전쟁을 펼친 바 있다.

디디따처는 2014년 12월, 텐센트와 러시아 사모펀드 DST로부터 7억 달러를, 콰와디따처는 소프트뱅크와 타이거 글로벌(Tiger Global)을 포함하여 투자자들에게 총 6억 달러의 투자를 받은 바 있다. 또한 치열하게 전개되고 있는 시장점유율 싸움을 위해 두 기업은 개인 투자자들에게만 1조 원이 넘는 투자 유치를 이끌었다. 그러던 중 양 사는 2014년 8월에 보조금제도를 함께 중단했고, 급기야 2015년 2월 14일 밸런타인데이에 전략적인 합병을 선언하여 중국 전역을 깜짝 놀라게 했다. "영원한 친구가 없듯이 영원한 적도 없다. 영원한 이익이 있을 뿐이다."는 격언을 새삼 떠올리게 했다.

이제 디디콰이디는 최근 세계 차량공유 업체들과 연합전선을 펼치면서 세계 1위 우버(Uber)에 도전장을 내밀었다. 디디콰이디와 손잡은 기업은 미국의 리프트(Lyft), 인도의 올라(Ola), 동남아시아의 그랩택시(Grabtaxi) 등 총 3곳이다. 고객이 세계 어디서든 접속할 수 있는 플랫폼을 만들 예정이다. 예를 들어, 인도의 올라 유저가 중국을 방문해서 디디콰이디 자동차를 호출할 수 있게 하는 시스템을 고려 중이다.

한편, 중국 온라인동영상기업 러스왕(樂視網·LeTV)과 '이다오용처'(易到用車)가 손을 잡았다. 러스왕이 7억 달러(약 8,000억 원)를 투자해 이다오용처 최대 주주로 올라선 것으로 전해진다. 러스왕은 하루 방문자 수 2억 5,000만 명 이상을 기록하는 중국 최대 온라인 동영상기업이다. 최근엔 전기차, 스마트폰, 스마트TV 등으로 사업을 확장하며 중국 인터넷 업계의 '다크호스'로 떠올랐다.

98개 도시에서 운영 중인 이다오융처는 한 자릿수 시장점유율을 지키고 있는 기업 규모에 비해 엄청난 투자를 받았지만, 모바일 예약 차량 시장의 잠재력이 높다는 시장 가치가 반영되었다는 평가다. 2015년 6월말 기준 중국 좐처 시장에서 이다오융처 시장점유율은 6.3%에 불과했다. 지난 2010년 5월 베이징에 설립된 이다오융처는 그동안 디디콰이디, 우버차이나에 밀려 빛을 발하지 못했다.

이다오융처는 중국 외에도 서비스를 확장하고 있다. 현재 미국 20개 도시에서 영어를 못 하는 중국 관광객들에게 차 예약 서비스를 제공하고 있다. 영어와 중국어가 능통한 기사들을 섭외해 틈새시장을 노린 것이다. 이다오융처는 중국 온라인 여행사 시트립(Ctrip)에서 비행기 표를 구매한 고객을 위해 공항에서 픽업하는 서비스를 제공하고 있다. 시트립은 이다오융처의 투자처이다.

2014년 12월 우버의 중국법인 우버차이나는 중국 최대 검색 업체 바이두(百度)와 지분 투자계약을 체결했다. 현재 우버가 서비스 중인 중국 내 도시는 20 곳이며, 모바일 예약 차량 시장의 약 16.2%를 차지하고 있다.

한국 업체로는 국내 소프트웨어 스타트업 이지식스(Easi6)가 중국 현지파트너사와 함께 홍콩에 합자회사 이지쉐어(Easishare limited)를 설립했다. 이지쉐어의 첫 서비스는 홍콩과 심천을 이동하는 승객과 밴을 모바일로 연결하는 이지웨이(Easiway)다. 이지웨이 밴 탑승객은 홍콩과 심천을 이동할 때 차 안에서 통관 절차를 밟을 수 있다. 이지웨이가 호출하는 밴은 홍콩과 심천에 모두 등록된 차량으로 두개의 번호판을 가지고 있기에 이러한 편리함을 도모할 수 있게 되었다.

〉〉〉 중고차 O2O '새로운 금맥'

중국에서 자동차 시장은 성장이 빠르고 경쟁은 치열하다. 이에 중고차 O2O 사업 역시 급성장하고 있다. 중국에서 중고차 온라인 경매 시장은 새로운 금맥이다. 2013년 중국 승용차 보유량은 약 1억 4,000만 대로 신규 차량은 약 1,800만 대에 이르고 중고차 거래량은 약 500만 대에 이른다.

"온라인에서 옷을 구매하듯이 중고차를 구매한다." 중국 전자상거래 거두와 대형 승용차 판매서비스 업체가 중고차 경매를 온라인으로 옮겨왔다. 감정·경매·지불은 물론 사후 토털 서비스 등을 총망라한다.

2014년 8월 19일, 알리바바(阿里巴巴) 그룹은 광후이(廣匯) 자동차서비스주식회사와 계약을 맺고 중고차 O2O 거래 플랫폼을 구축하였다. 이는 처이파이(車易拍), 여우신파이(優信拍) 등 기존 중고차 전자상거래업체의 뒤를 이어 알리바마 전자상거래와 자동차판매업체의 영역을 초월한 협력이 촉발된 것이다.

이어, 보신(寶信) 자동차그룹의 첫 번째 중고차 오프라인 스토어가 2014년 9월 2일 상하이에 개장했다. 이곳 스토어에는 고급 중고차를 전시할 수 있는 대형 전시관이 있으며, 온·오프라인 경매 시설과 보수 및 리폼 시설이 있다. 온라인 플랫폼인 '치처지에'(汽車街)와 협력하여 보신자동차의 중고차 O2O 사업 모델은 시너지 효과를 창출하게 되었다.

보신자동차 그룹은 중고급형, 고급 브랜드와 초호화 브랜드 위주의 자동차 판매기업으로 중국에서 통틀어 독일의 고급 승용차 BMW의 최대 판매기업이다.

>>> 요식업·배달 서비스 각광

배달 O2O는 전자상거래의 주역 중의 주역이다. 정보 전달 채널, 지불 채널, 물류 채널의 다기능이 인터넷 수단을 통해 전면적으로 거래가 진행되는 총아이다. 배달 O2O의 급신장은 중국 소비자들이 새로운 기술이나 서비스를 얼마나 적극적이고 개방된 태도로 수용하는지의 단편적 실례이다.

요식업계의 O2O 서비스는 현재 방문포장, 공동구매, 요리메뉴 제공, 좌석예약, 음식점 후기 등 다양한 영역에서의 서비스를 제공한다. 요식 업계 O2O 서비스의 시장점유율은 19.93%이다.

중국의 대표적 스마트폰 제조업체인 샤오미(Xiaomi)가 자사 앱마켓에 기반한 자료를 보면, 2014년 4분기 어러머, 메이퇀와이마이(每團外賣), 바이두와이마이(百度外賣), 따오지아메이스훼이(到家美食會), 레스토랑 예약 전문 플랫폼 '인딩찬샤오미수'(訂餐小秘書) 등 요식 O2O 산업은 같은 해 1분기 대비 72배라는 놀라운 성장을 기록했다.

2016년 1월 19일 중국 요식업의 최강자 O2O기업 '메이퇀디엔핑'은 텐센트를 비롯하여 러시아 투자사 DST 글로벌, 즈신캐피탈, 궈카이카이위엔, 진르캐피탈, 바이리기포드(Baillie Gifford) 등으로부터 총 33억 달러의 투자를 유치했다. 이번 투자 금액은 비상장 기업이 유치한 것 중 최고의 금액으로 2015년 콜택시 업계인 디디콰이디(滴滴快的)의 30억 달러 기록을 갱신한 수치다. 이는 세계 O2O 시장에서도 최대 규모이다.

'메이퇀디엔핑'은 2015년 10월, 알리바바가 투자한 메이퇀과 텐센트가 투자

▲ '메이퇀디엔핑'은 2015년 10월, 알리바바가 투자한 '메이퇀'과 텐센트가 투자한 맛집 리뷰업체 '따종디앤핑'이 합병하며 탄생한 중국 O2O 시장의 강자다.

한 맛집 리뷰업체 '따종디앤핑'이 합병하며 탄생한 중국 O2O 시장의 강자다. 이는 중국 O2O 시장 1, 2위 업체의 결합이자 알리바바와 텐센트의 연합으로 시장 이목이 집중됐었다. 파이낸셜타임스(FT)는 메이퇀과 따종디앤핑의 합병회사 가치를 200억 달러로 추정한 바 있다.

통합의 한 주축인 공동구매플랫폼 소셜커머스 기업 '메이퇀'은 스마트폰 앱을 통해 음식, 영화, 상품 등 다양한 제품을 판매하고 있다. 2015년 '메이퇀'은 거래총액 1,800억 위안(약 33조 9,000억 원)으로 누적 가입자 6억 명을 돌파했다. 한편, 통합의 또 하나의 주축인 '따종디앤핑'은 레스토랑 예약, 음식점 등에 대한 리뷰 글을 싣는 중국 최대 맛집 정보 서비스 등 다양한 요식업 O2O 서비스를 제공한다.

2015년 6월 24일 파이낸셜타임스(FT)의 보도에 따르면, 알리바바 그룹의 금융부문 자회사인 안트파이낸셜이 60억 위안(약 1조 1,000억 원)을 투자해 자사 위주의 합작법인 '코우베이'(口碑)를 설립한다. 소비자들은 코우베이를 통해 식당 등 각종 예약을 온라인으로 검색하고 주문과 결제를 할 수 있고, 결제한 상품을 오프라인으로 받아볼 수 있다.

그런데 2015년 11월 24일 중국의 언론 '21세기 경제보도'(經濟報導)는 "메이퇀디엔핑의 주식 7%를 소유하고 있는 알리바바 그룹이 이 지분의 매각을 확정하고 완전 지배 중인 코우베이를 주력으로 하는 독자적 플랫폼을 기정사실화 했다."는 소식을 전한다.

한편, 바이두는 공동구매플랫폼의 대표격인 '바이두누오미'를 운영하고 있다. 리옌홍(李彦宏) 바이두 CEO는 2015년 6월 '바이두 누오미'의 O2O 시장 확대 전략을 공개하고 향후 3년간 200억 위안(약 3조 원)을 투자하겠다고 선언했다. 누오미는 2014년 3월 바이두가 인수한 소셜커머스 업체이다. 이로써 일단 중국의 요식업 O2O는 텐센트의 메이퇀디엔핑, 알리바바의 코우베이, 바이두의 누오미의 3각 분할 구도가 형성되었다. 2014년 인터넷 외식 배달시장 앱의 1위 업체는 점유율 30.58%를 차지한 어러머이고, 2위는 27.61%를 차지한 메이투안와이마이이다. 3위를 차지한 플랫폼은 바이두 산하의 바이두와이마이 앱이다.

◀ 중국 제1의 요지부동 음식배달 서비스
O2O 플랫폼인 '어러머'의 기업 가치는
45억달러(약 5조2,700억원)이다.

중국 제1의 요지부동 음식배달 서비스 O2O 플랫폼인 '어러머'의 기업 가치
는 45억 달러(약 5조 2,700억 원)이다. 전자상거래업체 1위인 알리바바가
어러머에 12억 5,000만 달러를 투자하면서 어러머의 지분 27.7%를 인수하
고 최대 주주로 등극했다고 2015년 12월 25일 중국경제 주간지 '차이신'이
보도했다. 어러머는 텐센트, 징둥닷컴, 다종디엔핑, 세콰이어 캐피탈 등 호
화진영의 투자자로부터 3억 5,000만 달러 규모의 시리즈E 투자 및 중국 최
대 유통그룹인 화리엔 그룹의 자금도 유입된 상태이다.

2009년 4월 상하이 교통대학교 석사과정에 재학 중이던 장쉬하오(張旭豪)
는 학교 친구들과 한국어로 '배고프냐'라는 뜻을 가진 음식배달 O2O 스타
트업 '어러머'를 창업한다. 현재 260개 도시 2,000만 유저와 20만개의 가
맹 음식점을 보유하고 있는 어러머는 4,000여 명의 자체 전문 배송 요원을
보유하고 있으며, 20만 명 이상의 파트타임 배송 요원과 함께 상하이, 베이
징, 광저우 등 25개의 중국 일·이선도시 중심으로 서비스되고 있다. 어러머
는 하루 평균 80만 건의 주문이 발생하는 중이며, 1일 거래액은 6,000만 위
안(한화 약 110억 원)을 넘어섰다. 웹과 모바일에서 주문이 가능하지만 98%
이상이 모바일에서 거래되고 있다.

이들의 강점은 다양한 시도를 통해 고객들의 서비스 만족도를 제고시킨다.
타깃을 학생, 회사원 등으로 분류하고 각각의 수요에 부응하는 서비스 제공
에 심혈을 기울인다. 그들만의 배달원 연계 시스템, 주문 관리 프로그램을
특화하여 신속하고 정확한 배달과 주문이 가능하도록 했다.

이들은 초기에는 식당으로부터 8%의 수수료를 받았다. 그러나 시간이 지날
수록 가맹에 탈퇴하는 식당이 늘어 수수료 수익 모델을 포기하고, 회원 가입

비와 자체 고객서비스 관리시스템을 구축해 식당에 제공하는 방식의 수익모델로 변화했다. 또한 사업의 확장으로 투자를 받고 앱 광고 수익으로 수입 모델 다변화를 꾀했다.

어러머가 학생들을 타깃으로 하는 서비스라면, 직장인을 대상으로 서비스 하는 'Line0(零號線)'라는 O2O 스타트업도 있다. 2015년 초 텐센트로부터 3,000만 달러의 시리즈B 투자 유치에 성공하였으며, 2015년 기존의 음식배달 서비스뿐만 아니라 가맹 식당을 대상으로 식자재 배달 서비스까지 제공하고 있다. Line0의 창업자는 상하이의 평범한 대학을 나오고 호주에서 컴퓨터공학으로 석사과정을 마친 '새내기' 창업자이다.

〉〉〉 '식품업 주류업' O2O 서비스

식품 안전문제가 중국 내 큰 이슈가 되면서 부동산, IT산업 대기업이 높은 브랜드 인지도와 자금력을 기반으로 고가 식품시장에 진출하고 있다.

중국의 세계적 PC 생산기업 레노버, 부동산기업인 헝따(恒大)그룹, 인터넷 동영상 사이트의 LeTV(樂視), 백신 프로그램 개발기업 치후(奇虎)360, 인터넷 포털 사이트 왕이(網易), 전자상거래 기업 징둥(京東) 등 대기업이 가공식품, 농산품, 목축업 시장으로 사업 영역을 확장하고 있다.

특히 중국 IT 기업들 중 레노버는 식품 O2O 서비스 선점에 주력하고 있다. 레노버 측은 2015년 3월 그룹 내 과일유통업체인 쟈워(佳沃)그룹에 O2O 서비스를 전면 도입했다. 온라인 판매 플랫폼을 출범하는 동시에 스마트폰을 통해 과일의 생산지, 종류 등을 확인할 수 있는 안전 먹거리 서비스를 본격

▲ 아이시앤펑은 베이징을 기반으로 하는 식료품 및 잡화 배달 서비스로 2014년 설립됐다.

적으로 가동하기 시작한 것이다.

다음으로 '아이시앤펑'은 베이징을 기반으로 하는 식료품 및 잡화 배달 서비스로 2014년 설립됐다. 아이시앤펑은 신선식품 배달을 주로 다루지만, 그 품목은 각종 소비재로 광범위하다. 사용자가 주문한 시점부터 한 시간 내로 배달이 완료된다는 것이 특징이다.

아이시앤펑의 특징은 자금을 절약하고, 배송 시간을 단축하기 위해 자체 물류 창고 혹은 배달 인력을 보유하고 있지 않다. 이들은 지역 내 개인 골목 상점과 제휴를 맺고 배송을 진행한다. 이러한 전략에 힘입어 아이시앤펑은 다수의 중국 O2O 스타트업이 자금난을 겪을 때에도 건재했다.

앞서 언급된 글로벌 최대 PC 제조업체 레노버가 중국 온라인 주류 배달 서비스에도 투자하며 O2O시장 진출에 박차를 가하고 있다.

▲ 중국 온라인 주류배달업체 져우피앤리(酒便利)는 레노버의 모기업인 레전드 홀딩스로부터 4억위안 규모의 투자를 유치했다

2016년 1월 5일 중국 경제매체 제일재경(第一財經)은 중국 온라인 주류배달 업체 져우피앤리(酒便利)가 레노버의 모기업인 '레전드 홀딩스'로부터 4억 위안 규모의 투자를 유치했다는 소식을 전한다. 져우피앤리는 지난 2010년 출범한 중국 첫 주류 전문 O2O 서비스다. 자사가 보유한 온라인 주문 플랫 폼과 배송망을 통해 주문한 주류상품을 당일 배송한다. 이 업체는 현재 베이 징, 허난(河南) 지역에서 55만 명의 고객을 보유하고 있다.

레노버가 주류 O2O 서비스에 눈독을 들이는 것은 그룹 내 주류 분야인 '바 이져우'(白酒) 사업과의 시너지 효과를 극대화하기 위한 포석이다. 레노버는 지난 2011년 6월 중국 17대 명주 중 하나인 '후난우링져우'(湖南武陵酒)의 지 분 40%를 매입하며 중국 주류시장에 첫 발을 내딛었다. 이듬 해인 2012년

에는 한국에서도 유명한 중국 팔대 명주인 꽁푸쟈져우(孔府家酒)를 인수했
다. 레노버는 반부패 추방운동에 큰 타격을 받은 주류산업에 O2O 등 혁신
서비스를 도입해 새로운 기회를 찾으려 한다.

〉〉〉 세탁업종도 'O2O 성업시대'

중국의 대표적인 세탁 프랜차이즈 '롱창'(榮昌)은 1990년에 세워졌다. 벌써
28년 전의 일이다. 당시 창업 3년 만에 중국 전역으로 프랜차이즈 사업을 확
장하여 현재까지 600여 개 이상의 세탁소를 운영하고 있다.

하지만 지속되는 경쟁과 가맹점 관리 등이 쉽지 않은 현실로 다가오며 롱창
의 창업자 장롱야오(張榮耀)는 2013년 모바일 주문 서비스인 '이따이시'(e袋

▲ 중국의 대표적인 세탁 프랜차이즈 '롱창'(榮昌)은 2013년 모바일 주문 서비스인 '이따이시'(e袋洗)라는
새로운 O2O서비스를 론칭하였다.

洗)라는 새로운 O2O 서비스를 론칭하였다. 세탁에 따른 여러 과정은 과감히 생략하고, 대규모 세탁 공장에서 고객의 주문을 처리하기 시작했다. '이따이시'의 강점은 30년 가까이 쌓아온 업계 노하우이지만, 이들의 '혁신적인' 가격정책이 사업의 핵심으로 우뚝 섰다.

기존의 옷 한 벌 당 가격 책정법이 아닌 한 자루 당 99위안(약 1만 8,000원)이라는 모델을 도입한다. 한 보따리에 들어갈 수 있는 셔츠의 수량은 최대 33개다. 자루 당 가격을 매기는 독특한 시스템으로 이따이시는 저렴한 가격에 서비스 제공은 물론 벌 당 가격을 매겨야 하는 복잡한 과정도 과감하게 생략했다.

이들은 인건비를 줄이기 위해 노령층 인구를 배달 직원으로 채용하고 있다. '이따이시'는 오프라인 거점인 롱창 세탁 체인뿐만 아니라 지역 세탁소와도 제휴를 맺어 업무를 확장하고 있다. 든든한 오프라인 거점을 기반으로 이따이시는 텐센트, 바이두, 매트릭스파트너스로부터 투자를 받았다. 또한 이따이시는 텐센트의 지원으로 중국 내 가장 큰 소셜네트워크인 위챗을 통해 주문을 받고 있다.

롱창에 비해 간단한 사업구조를 가지고 있는 '아이빵'은 동네 골목에 위치한 세탁소와 소일거리를 찾는 가사도우미를 자사 플랫폼에 연계하였다. 소비자들은 '친근한' 동네 아주머니들을 통해 세탁 서비스를 제공받게 되며, 이는 고객들로 하여금 신뢰와 푸근함이라는 가치를 부여하게 했다.

또한 상하이에 위치한 '깐시커(乾洗客)'는 중대형 세탁공장을 통해 접수 물량을 처리하고, 대형 물류회사와 제휴하여 배송에 있어서 '신속 안전' 배달이 장점이다. '깐시커'는 현재 세탁 서비스의 타깃을 고소득층으로 설정하였으며, 향후 중고 명품 판매 및 렌탈 서비스까지 준비 중인 것으로 알려진다.

'롱챵', '아이빵', '깐시커' 등 이들 세탁 O2O 기업은 '종합 가사서비스'로 진출의 폭을 넓힐 복안이다. 가정에서 일어나는 다양한 일들을 조력하는 서비스를 제공하겠다는 청사진이다. '아이빵'은 요리, 바닥청소, 집안 보수공사 등의 서비스도 도입해 사업영역을 넓혀갈 계획이며, 롱챵은 세탁 서비스 이외에도 의류 및 구두 수선으로 사업 확장을 계획하고 있는데, 베이징의 오프라인 매장을 통해 해당 서비스를 시범 제공할 예정이다.

〉〉〉 법인설립도 O2O시대

중국에선 매일 1만 개의 기업이 새로 생기고 1분에 7개의 신규 법인이 등록된다. 그리고 많은 스타트업(창업기업)이 법인 설립에 따르는 행정 절차에 많은 시간과 금전을 할애하고 있다. '치예취날(Qiyequna)'은 O2O에 진입하여 법인설립 대행업체의 문제를 해결하고자 앞장선 기업이다.

기존의 법인설립의 절차를 인터넷으로 옮겨와 알기 쉽게 세분화하였는데, 법인을 설립하려는 사람은 PC, 스마트폰, 그리고 위챗을 통해 법인 설립을 진행할 수 있다. 치예취날과 협력하는 창업기관과 은행, 세무 기장 대행업체는 치예취날의 시스템을 통해 창업자들을 조력한다. 또한 치예취날은 여러 정부기관들과 협력을 맺고, 정부 지원의 다양한 혜택들을 자사 서비스에 융합시켜 놓았다. 창업기업 입장에서는 각급 정부의 정책적 혜택을 받기 위해 별도의 신청절차를 거치지 않아도 되고, 수혜대상으로서 지켜야 할 여러 행정적인 부분들을 신경 쓰지 않아도 되니 금상첨화이다.

치예취날은 현재 상하이에서만 서비스를 제공하지만 향후 광저우, 항저우, 선전 등의 도시로 확장할 계획이며, 전체 시장의 30% 점유가 목표이다.

치예취날의 창업자이자 CEO인 장용핑은 푸단대학에서 마르크스주의 철학을 전공한 석사과정 학생 출신이었다. 이미 창스VC로부터 엔젤투자를 유치한 치예취날의 미래는 밝다. 전통적인 대행 업무에 투명하고, 규범화 된 높은 퀄리티의 서비스를 제공하고 있기에 장기적 성장이 예견된다.

〉〉〉 보석업 이어 마사지 업종까지

중국 대표 가전유통업체인 궈메이(國美)가 귀금속 O2O 시장에 본격적으로 뛰어들면서 그 성공 여부에 시장의 관심이 집중되고 있다. 2014년 3월 궈메이는 '멀티골드(多邊金都)' 온라인 사이트를 개설하고, 2014년 9월 19일에는 멀티골드의 대형 오프라인 매장이 베이징시 시싼환(西三環)에 들어서게 되면서 황금 O2O 시장 진입을 선언했다. 2014년 9월 16일 중국의 언론 '메이르징지신원'(每日經濟新聞)은 아직 O2O 방식을 이용한 중국 귀금속 시장이

▲ 중국 대표 가전유통업체인 궈메이(國美)가 귀금속 O2O 시장에 본격적으로 뛰어들어 성공 여부가 주목된다.

크지 않지만, 시장 우위를 장악한 기업이나 브랜드가 아직 없다는 점도 궈메이의 전망을 밝혀주고 있다고 덧붙였다.

한편, 방문 안마 및 추나 서비스를 제공하는 O2O 기업 '쿵푸베어(功夫熊)'는 인수합병 전략을 취하고 있다. 방문 안마 O2O 서비스는 O2O 분야에서는 시장 형성이 일천한 초기단계이다. 쿵푸베어의 경우, 시장 확장 초기부터 경쟁기업이었던 '투이투이빵(推推邦)', '쏭밍우(松明屋)' '디엔치우샹(點秋香)'을 차례로 인수하면서 매우 공격적이다.

2014년 10월에 정식 서비스를 개시한 '쿵푸베어'는 셴펑화싱(險峰華興)으로부터 엔젤투자 유치에 성공하였고, 2015년 3월에도 '버틱스 홀딩스'로부터 시리즈A 투자 유치에 성공하였다. 현재 베이징, 상하이, 광저우, 선전, 항저우 등 5개 도시에서 서비스가 운영 중이다.

역동적인 중국 경제의 신개척지로서 O2O 영역은 음식, 숙박, 교통, 여행 등 그 분야가 다양하고 스타트업뿐 아니라 대기업의 진출이 활발한 영역이다. 중국의 O2O 시장이 폭발적인 성장을 이루고는 있으나 어두운 면도 존재한다. 최근 중국 쑤투연구원(速途硏究院)의 O2O사용 만족도 조사 결과에 따르면, 4%의 응답자만이 '매우 만족'이라고 답했고, 대부분의 응답자는 개인정보 노출 우려, 낮은 서비스 품질 및 속도, 상품에 대한 신뢰감 부족 때문에 만족도가 '보통' 수준에 머물렀다. 그러나 갈수록 소비자들의 수요가 세분화되고 있기에 O2O 시장 개척도 전망은 한층 밝을 것으로 예상된다.

Chapter 13
포털·소셜미디어

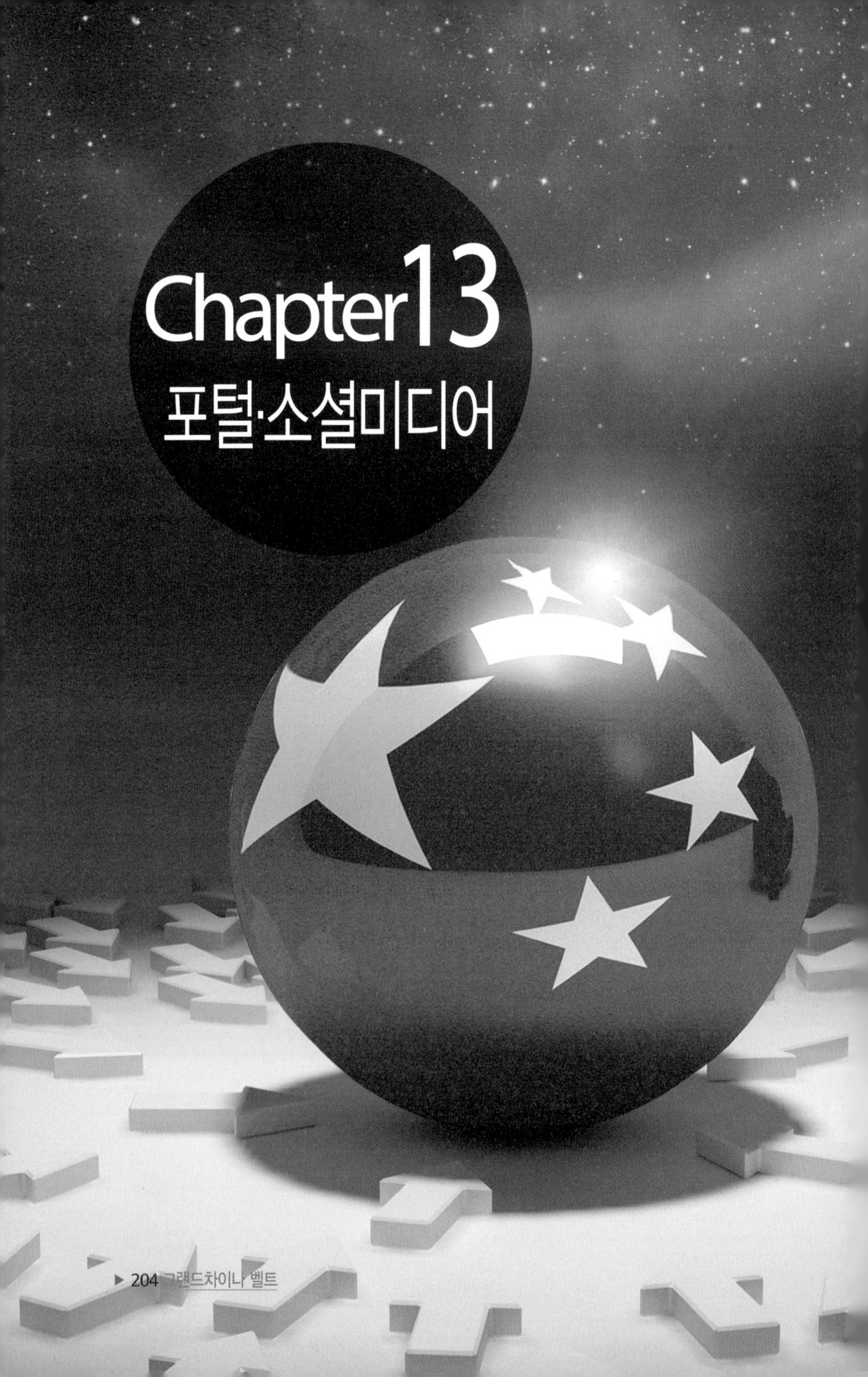

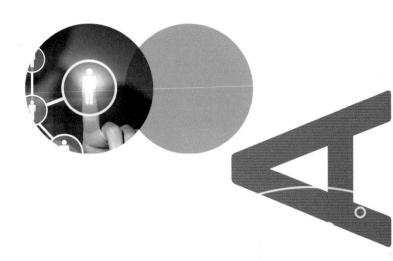

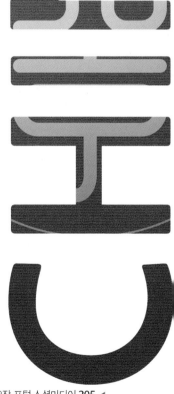

경이적 내수시장…글로벌 기업 대변신'

'바이두' 중국 검색엔진 시장 부동의 1위
무인차 개발 경쟁, 딥러닝에 막대한 투자
모바일 광고시장, 해외 진출에 총력 태세

텅쉰 '메신저 대제국' QQ와 웨이신 소유
글로벌 게임시장에서 매출액 1위 대기염
웨이신 '텐페이'에 연계 지방 공공서비스

웨이보! 중국판 트위터 '마이크로 블로그'
중국 공무원들 개설열풍 '홍보·동향 파악'
알리바바 지분참여 제휴 공동마케팅 전략

Chapter 13

포털·소셜미디어

▲ 바이두의 창업자 리옌훙(李彦宏)은 '검색'이라는 한 우물을 팠다. 이런 차별화 전략에 바이두가 사업초기 다른 중국 IT경쟁업체들보다 우위에 설 수 있었다.

〉〉〉 위풍당당 중국 최대의 포털 '바이두'

구글(google.com)이 세계 인터넷 검색 사이트로 최고지만 중국에서 가장 유명하고 클릭 수가 높은 인터넷 검색 사이트는 바이두닷컴(baidu.com)이다. 4억 5,000만 명의 중국 이용자들이 인터넷 시작화면으로 바이두를 켜놓는다는 의미다. 바이두는 중국 검색엔진 시장에서 75.7%의 점유율을 차지해 1위를 고수하고 있으며, 구글이 19.8%로 그 뒤를 잇고 있어 바이두와 구글의 시장점유율은 95%를 상회한다.

전 세계적으로는 이용자수 2위를 기록한 바이두(百度)라는 이름 자체는 '수

백 번'이라는 뜻이다. 정확한 정보를 찾기 위해 끈질기게 검색한다는 의미다. '바이두' 출처는 중국 송나라 시인 신기질(辛棄疾)의 시, '청옥안·원석'(青玉案·元夕)에서 '사람들 속에서 그녀를 천백 번 찾다가 불현듯 고개를 돌려보니 그녀가 등불 아래 있더라.'라는 구절을 인용하여 고객이 원하는 정보를 천 번이고 백 번이고 찾는다는 의지와 비전을 피력했다.

바이두의 창업자 리옌홍(李彦宏, 1968년생)은 '검색'이라는 한 우물을 팠다. 이 때문에 바이두가 사업 초기 다른 중국 IT 경쟁업체들보다 차별화될 수 있었다. '바이두' 하면 '곰 발바닥'의 이미지가 떠오른다. 바이두 홈페이지에는 'Baidu'라는 영문 위에 파란색 곰 발바닥 로고가 큼지막하게 찍혀 있다. 바이두의 리옌홍이 '가는 곳마다 흔적을 남긴다(승리한다).'라는 바이블 구절에서 영감을 얻어 만들었다는 로고는 눈밭 위를 뚜벅뚜벅 걸어가는 곰을 생각나게 한다.

바이두는 2005년 8월 5일에 미국 나스닥에 상장하였고, 2006년 12월에는 일본에도 진출하여 2007년 3월에 베타 서비스를 시작을 필두로 2008년 1월 23일부터 정식 서비스를 제공하고 있다. 바이두가 뉴욕 나스닥에 상장되었을 때, 발행 당일의 바이두사의 주식은 주당 66 달러에서 시작해 당일 폐장 가격은 122.54 달러로 가파르게 폭등한 가격에 거래됐다. 상장 당일 폐장가격을 기준으로 계산한 바이두사의 시장 가치는 무려 40억 달러에 달했다.

바이두는 2014년 5월 영국계 다국적 마케팅리서치 전문업체인 '밀워드 브라운'(Millward Brown)이 뽑은 글로벌 브랜드가치 100대 순위에서 25위를 차지했다. 바이두는 2010년에는 '페이스북 다음으로 전 세계에서 가장 빠르게 성장한 회사'로 주목받았다.

▲ 바이두는 2015년 5월 딥러닝(deep learning) 분야의 권위자인 앤드류 응(Andrew Ng) 스탠퍼드대 교수를 영입하였다.

〉〉〉 포털을 뛰어넘어 미래산업을 선도

중국에서 바이두는 토털시장의 1인자 자리에만 만족하지 않는다. 미래 산업의 주도권을 선점하기 위한 분주한 모습이 역력하다.

바이두는 자율주행 시스템 분야 라이벌인 구글과 치열한 각축전을 벌이고 있다. 두 회사는 각각 중국과 미국에서 최대 점유율을 자랑하는 바이두맵과 구글맵 기술을 바탕으로 무인차 개발 경쟁을 벌여왔다. 특히 바이두는 2014년 실리콘밸리에 3억 달러를 투자해 인공지능 연구소를 세우고, 무인 자율차 개발에 박차를 가해왔다.

차이나데일리 등 중국 매체에 따르면, 2016년 5월 17일 바이두는 안후이성(安徽省) '우후시'와 무인차 시범운행에 관한 협정을 맺어 중국에서 세계 최초로 무인버스 시범운행에 들어갔다. 고속도로가 아닌 도심에서 무인 대중교통수단이 운행되는 것은 처음이었다. 비상 상황을 대비해 운전사가 탑승

▲ 바이두 홈페이지에는 'Baidu'라는 영문 위에 파란색 곰 발바닥 로고가 큼지막 하게 찍혀 있다.

하긴 했지만 운전대를 잡지는 않았다.

바이두의 창업자 리옌훙은 미래의 황금시장 분야인 인공지능에도 발을 넓히고 있다. 바이두는 2015년 5월 '딥러닝(Deep learning)' 분야의 권위자인 앤드류 응(Andrew Ng) 스탠퍼드대 교수를 영입했다. 앤드류 응 교수는 이전 구글 브레인 프로젝트에 주도적으로 참여했으며, 2013년 설립된 베이징 바이두 연구소와 미국 실리콘밸리 연구소를 총괄한다.

이외에도 바이두는 차량공유서비스 우버(Uber)에 지분투자를 한다고 美 월스트리트저널(WSJ)이 2014년 12월 14일 보도한 바 있다. 바이두의 총투자액은 현금과 비현금성 자산을 합쳐 6억 달러에 달한다. 비현금성 자산에는 바이두가 갖고 있는 온라인 관련 자원일 것으로 보인다고 블룸버그 통신은 전한다.

우버는 2013년 중국에 진출한 후발주자로 현재 8개 대도시에서 영업 중이다. 시장에선 이번 지분투자로 우버가 중국 내에서 사업을 확장할 원동력을 얻을 것으로 판단하고 있다. 2009년 설립된 우버는 현재 세계 250개 도시에 진출했다. 바이두의 우버 지분투자로 중국 3대 IT 기업인 바이두, 알리바바, 텐센트(BAT)가 모두 택시앱 시장에 뛰어들게 된 셈이다.

>>> 특명! 모바일 황금시장을 선점하라

바이두는 중국 현지 사업자들에게 거대한 광고 시장의 홍보대사격이다. 중국시장에 진출하려는 해외 기업들에게 바이두는 전진기지나 다름없다. 중국 시장 진입을 노리는 해외기업들은 너도나도 바이두에 러브콜을 보내고 있다. 이들은 바이두 배너광고를 외부 제휴 사이트에 올리는 비용도 기꺼이 마다하지 않는다. 바이두와 제휴한 외부 사이트는 60만 개에 이른다. 반면 구글의 제휴 사이트는 1만 3,000여 개에 불과하다. 바이두 역시 구글처럼 광고에서 수익의 절반 이상을 올린다. 7조 원이 넘는 중국의 인터넷 광고 시장에서 바이두는 광고 수익만 4조 원에 육박한다.

이제 바이두는 모바일 광고 시장에 박차를 가하고 있다. 중국뿐 아니라 전 세계적으로 모바일 광고 시장의 성장세가 고공행진이다. 전 세계 광고시장에서 TV와 PC에 이어 모바일은 세 번째로 강력한 광고매체가 됐다. 구글의 경우, 중국 모바일 앱스토어 광고는 45% 이상을 장악하고 있다. 구글 서버를 통해 중국인들에게 매일 40억 건이나 되는 모바일 광고가 널리 확산된다. 또한 바이두는 모바일 기반의 개발 성장 가능성에 추진력을 달기 위해 해외 시장 공략에 지대한 공을 들이고 있다. 바이두의 해외 진출 전략은 인터넷 보급률이 40% 미만인 국가들을 집중 공략하는 것이다. 바이두는 이집트, 태국, 인도네시아, 말레이시아, 베트남 등에 이미 진출해 있다.

2014년 7월 브라질에서는 포르투갈어 서비스 검색엔진을 선보였다. 브라질에 빅데이터와 사용자경험(UI)을 연구하는 연구개발센터를 설치하는 복안을 갖고 있다. 또 조만간 아랍어 서비스도 제공한다.

>>> 메신저의 대명사 '텅쉰' 왕국

기업가치 160조 원, 전 세계 8위 기업인 '메신저의 왕국' 텅쉰(Tencent)은 알리바바(阿里巴巴), 바이두(百度)와 함께 글로벌 IT 중국 기업이다. 텅쉰은 대표적 브랜드 QQ와 웨이신(微信)을 소유하고 있다.

2014년 6월 30일 현재 텅쉰제국 QQ의 월간 활성 사용자수는 8억 2,930만 명이다. 모바일 메신저 웨이신의 성장세도 눈부시다. 웨이신과 글로벌 위챗을 통합한 월간 활성 사용자수는 4억 3,820만 명이다. 2011년 QQ 메신저를 근간으로 인지도와 편의성을 극대화한 웨이신은 우리에게 일명 '중국판 카카오톡'으로 잘 알려져 있다. 중국에서 먼저 출시된 웨이신은 2012년 글로벌 모바일 메신저로 탈바꿈을 위해 세계 시장에 눈을 돌리면서 '위챗'(Wechat)이라는 이름으로 바꾸었다.

텅쉰의 블로그형 SNS인 Q존도 규모로는 QQ 못지않다. QQ를 가입하면 자동적으로 개설되는 블로그지만, 현재 월간 활성사용자수는 6억 4,500만 명으로 미국의 페이스북 월간 활성 사용자수(13억 5,000만 명)의 절반 규모로 성장했다.

◀ 텅쉰은 2012년 720억 원을
투입하여 다음카카오의
지분 9.9%를 보유한 2대 주주다.

'중국판 트위터'라 불리는 웨이보(微博)에서는 익명의 사람과도 토론할 수 있지만, 한국의 카카오톡과 카카오스토리를 농축시킨 '웨이신'(微信)에서는 철저히 친구 관계를 맺은 사람들끼리만 소통이 가능하다.

웨이신의 글로벌 버전인 위챗은 해외시장 개척에 속도를 높여 전체 6억 명의 가입자 중 1억 명이 해외 고객이다. 위챗은 이미 30개국에 진출하여 영어, 한국어뿐만 아니라 태국어, 베트남어, 인도네시아어 등 18개 언어를 지원하고 있다.

〉〉〉 텅쉰의 불패신화 'QQ'가 초석

1998년 중국의 '선전'에서 창업한 텅쉰은 구글과 아마존에 이어 세계 3대 인터넷 회사에 오르는 대기염을 토하고 있다. 텅쉰 신화의 시발점이었던 'QQ'는 현재 10억 명의 유저를 보유하여 실시간 정보가 교류되는 메신저 시장의 80%를 점유하고 있는 전 세계 최대의 메신저그룹으로 발돋움했다.

▲ 텅쉰은 마화텅과 장즈둥이라는 두 젊은 해커들 손에서 탄생했다. 사진은 마화텅 회장.

텅쉰은 마화텅(馬化騰, 1971년생)과 장즈둥(張志東, 1972년생)이라는 두 젊은 해커들 손에서 탄생했다. 당시 ICQ라는 이스라엘 출신 개발자가 만든 메신저 프로그램이 해외에서 인기를 끌고 있었는데, 마화텅은 1999년 2월 ICQ를 모방한 QICQ를 만들어 중국내 메신저 서비스 사업을 시작했다.

출시 초기에 OICQ는 중국 내 여러 메신저 서비스 중 하나일 뿐이었다. 마화텅은 극적인 대결단을 내린다. OICQ를 무료로 전환한 것이다. 무료 다운로드에 대한 사용자들의 반응은 폭발적이었다. 서비스 개시 9개월 만에 100만 사용자를 넘어섰고 2001년에는 무려 5,000만 명이 사용하는 인스턴트 메신저로 급성장했다.

1999년 8월 ICQ 서비스를 인수한 미국의 인터넷서비스 회사 아메리칸온라인(AOL)이 QICQ를 상대로 상표권 침해 소송을 제기했다. ICQ와 텅쉰의 OICQ가 상표가 유사하다는 이유에서다. 이 소송에서 패한 텅쉰은 2001년 4월 QICQ를 QQ메신저로 이름을 바꾼다. 가파른 성장 국면에서 주춤하던 텅쉰의 메신저 서비스는 전화위복이 됐다. 오히려 QQ라는 이름이 이용자들의 호감을 사면서 상승작용을 불러일으켰다.

◀ 일명 '중국판 카카오톡'으로 잘알려진 웨이신은 2012년 글로벌 모바일 메신저로 탈바꿈을 위해 '위챗'(Wechat)이라는 이름으로 바꾸었다.

그럼에도 QQ메신저의 급성장에 따른 전사적 대응은 힘이 부칠 수밖에 없었다. 이때 텅쉰에게 구원의 손길을 내민 것은 남아프리카 공화국의 미디어 그룹 내스퍼스(Naspers)였다. 2001년 내스퍼스는 자회사인 MIH를 통해 350억 원을 투자하여 텅쉰의 지분 46.5%를 매입했다. 그리고 2004년 6월 텅쉰은 홍콩 증시에 상장하면서 활짝 날개를 펴게 된다. 현재 텅쉰 내스퍼스의 MIH가 33.73%, 마화팅 회장이 10.16%, JP모건 체이스가 6.83%의 지분을 소유하고 있다.

QQ메신저가 가진 잠재력은 무궁무진했다. QQ메신저가 보유한 플랫폼의 천문학적 규모의 유저풀(User pool)은 그 자체로 무소불위 병기로 돌변했다. 말하자면 QQ를 중심으로 부가적 다양한 수익 모델을 연차적으로 파생시켰다. QQ 메신저를 토대삼은 텅쉰의 기적은 2003년 '텐센트 게임즈'라는 서비스에서이다. 2009년 중국 게임 시장의 양대 산맥이던 샨다(Shanda)와 넷이즈(Netease)를 추월한 후 시장점유율을 30%로 끌어올리며 중국 인터넷 게임의 제왕에 등극하는 분수령을 이룬다.

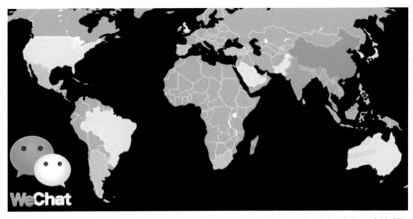

▲ 웨이신의 글로벌 버전인 위챗은 영어, 한국어뿐만 아니라 태국어, 베트남어, 인도네시아어 등 18개 언어를 지원하고 있다.

2014년 매출액 기준으로 전 세계 게임시장에서 가장 많은 돈을 번 회사는 다름 아닌 중국의 텅쉰이다. 텅쉰의 게임부문 매출은 2011년 25억 달러로 세계 6위에 올랐고, 2012년에는 36억 달러로 5위, 2014년 72억 1,100만 달러의 매출을 기록하며 홀로 전 세계 게임매출의 8.6%를 차지하면서 전체 1위에 랭크되었다.

텅쉰은 게임 서비스의 성공을 다른 분야에 전적으로 복제하여 각종 콘텐츠 사업과 검색, 광고, 모바일 서비스, 소셜커머스, 금융 등 인터넷 전 분야 산업에서 인터넷 왕국을 건설하였다.

텅쉰은 중국 2대 온라인 쇼핑몰인 JD닷컴의 지분 15%를 2억 1,400만 달러에 매입했다. 텅쉰은 중국의 옐프(맛집 정보)라고 불리는 디안핑(大衆点評)에도 4억 달러를 투자하여 20%의 지분을 확보했다. 소후(搜狐)의 자회사인 검색엔진 소구(搜狗)의 지분 36.5% 인수에 4억 4,800만 달러를 쏟아 부었다. 텅쉰은 우리 한국 시장에도 깊숙이 침투하여 있다. 텅쉰은 2012년 720억 원을 투입하여 다음카카오의 지분 9.9%를 보유한 2대 주주다. 2014년 3월에는 CJ게임스에 5억 달러를 투자하여 28%의 지분으로 경영권을 확보했다.

글로벌 기업으로 텅쉰의 비약적 성장은 QQ메신저로 확보한 막대한 잠재적 고객을 철저히 관리하고 활용하면서 전폭적 연구개발과 과감한 투자에 힘입은 바 크다. 이제 텅쉰은 대 웅비의 야심작으로 '웨이신' 모바일 플랫폼에 개인 사용자와 모든 서비스가 연결되는 올커넥티드(All-connected) 조기 환경 구현에 박차를 가하고 있다. 텅쉰은 자사의 온라인 결제 시스템인 텐페이(Tenpay)를 연동하여 사용자 일상의 사안들을 웨이신 플랫폼을 통해 일사천리로 해결할 수 있도록 하였다.

2015년 들어 텅쉰은 광둥성(廣東省)의 주요 도시인 선전, 광저우(廣州), 포샨(佛山)을 중심으로 스마트 도시 서비스를 개시하였다. 텅쉰의 모바일 메신저 플랫폼 '웨이신'으로 사용자와 지방 공공 서비스(Local Service)를 연결한다. 웨이신 서비스 설정 화면에서 선전, 광저우, 포샨의 거주 지역 중 세 곳 중 하나로 선택하면 전반적 공공 서비스 기능을 즉각 처리할 수 있다.

▼ 의료진 방문 예약 ▼ 교통량 측정 카메라 기능 ▼ 교통범칙금 납부 ▼ 공과금·과세금 납부 ▼ 장거리 교통수단 예약 ▼ 공기청정도 측정 ▼ 경찰에 사건 신고 ▼ 연간 자동차 등록증 갱신 ▼ 혼인 신고 및 출생 신고 등등 그 혜택은 이루 말할 수 없을 정도이다.

▶ 시나웨이보 차오궈웨이(曹國偉, 1965년생) 회장

〉〉〉 '마이크로 블로그' 1인자 시나 웨이보!

중국판 트위터 웨이보(微博)는 '작다'(Micro)는 뜻의 웨이(微)와 블로그를 뜻하는 보커(博客)의 첫 글자를 합성한 단어로서 영어의 '마이크로 블로그'에 해당한다. 중국의 대형 포털인 시나(sina.com), 소후(sohu.com), 텐센트(qq.com) 등이 동종 서비스를 운영하고 있다. 중국의 인터넷 이용자 73%가 핵심적 정보 수집 수단

으로 애지중지하는 웨이보의 가입자와 사용자 수는 고공행진 추세이다. 현재 웨이보 가입자 수는 약 6억 명에 이르며, 매일 사용하는 이용자는 1억 명을 넘는다.

2016년 2월 28일부터 '웨이보'는 140자 제한을 풀었다. 메인에는 140자만 노출이 되고 '더 보기'를 누르면 나머지 글이 펼쳐지는 방식이다. 이제 웨이보 이용자들은 최대 2,000자까지 작성이 가능하다. 그 중에서 가장 명성이 자자한 것은 중국의 인터넷 포털 사이트 시나닷컴이 제공하는 시나 웨이보 (新浪微博, weibo.com)이다. 2009년 8월 서비스를 시작한 시나 웨이보는 페이스북과 트위터 사용이 자유롭지 않은 중국의 민감한 정치적 현실에서 최대 이용자 수를 자랑한다.

시나 웨이보가 2014년 4월 17일 나스닥에 상장 첫 날 17달러에서 급등세를 보이며, 2016년 7월 15일 시가총액이 100억 달러를 넘어섰다. 시나는 포털

▲ 웨이보의 고속 질주의 비결은 중국 중산층에게 빠른 속도로 보급되고 있는 스마트폰이 일등공신이다.

사이트를 기반으로 소셜미디어 사업 기반을 튼튼하게 다졌다. 이제는 소셜미디어 사업이 포털 사업보다 규모 면에서 훨씬 커졌다.

시나웨이보 차오궈웨(曹國偉, 1965년생) 회장은 "웨이보는 시나닷컴의 부속물이 아니라 독립적 매체이며 웨이보를 통해 언제, 어디서, 어느 누구와도 커뮤니케이션을 할 수 있는 놀라운 시대가 다가왔다. 웨이보는 획기적 서비스를 제공하면서 중국 내 수억 명에 달하는 네티즌의 라이프 스타일을 새롭게 변화시키고 있다."며 웨이보가 이미 독립 매체로 성장했음을 시사한 바 있다.

웨이보의 고속 질주 비결은 대략 두 가지다. 중국 내에서 세계적인 SNS 서비스인 페이스북과 트위터를 제대로 사용할 수 없는 게 하나고, 또 다른 하나는 인구 대국에서 나오는 엄청난 숫자이다. 더욱이 중국 중산층에게 빠른 속도로 보급되고 있는 스마트폰은 웨이보에 힘찬 날개를 달아주고 있다.

웨이보에 대해 중국 정부는 이중적 정책을 펴고 있다. 우선 웨이보 활용 정책이다. 중국 공무원들 사이에선 웨이보가 선택이 아닌 필수다. 중국의 고위 관리들은 네티즌과의 소통 수단으로 경쟁적으로 웨이보를 개설하고 있다. 중국 국가행정학원이 조사한 '2012년 중국 정무(政務) 웨이보 평가' 보고에 의하면, 중국 각 당정기관과 고위급 간부들이 실명으로 개설한 웨이보 계정은 모두 17만 개나 된다.

또한 웨이보는 중국에 만연한 공무원들의 부정부패를 척결하는 효자로서의 첨병 구실을 톡톡히 수행하고 있다. 웨이보는 그간 세간의 소문으로만 떠돌다 사라지던 '제보'들을 인터넷 공간이 제공하는 익명성과 구체성을 활용해

▲ 2009년 8월 서비스를 시작한 시나 웨이보는 페이스북과 트위터 사용이 자유롭지 않은 중국의 민감한 정치적 현실에서 최대 이용자 수를 자랑한다.

사회적으로 공론화 시켰다.

>>> 중국 소비문화 촉진 가속화 '웨이보'

웨이보가 중국의 소비문화에 미치는 영향력이 막강하다. 웨이보를 통해 실시간으로 제품에 대한 피드백이 매우 왕성하다. 중국 기업들은 웨이보를 통해 할인 쿠폰을 제공하거나 체험 마케팅을 시행하는 등 이른바 '웨이보 홍보 마케팅'에 적극적이다. 중국에서 웨이보는 소위 '왕홍'(網紅) 현상을 촉발시키고 있다. 왕홍은 온라인상의 유명 인사를 뜻하는 중국어 왕뤄훙런(網紅絡紅人)의 줄임말로 인터넷을 뜻하는 '왕'(網)과 인기가 높다는 의미의 '홍'(紅)이 결합하여 태동된 신조어이다.

이들 왕홍은 소셜 네트워크의 주축인 스마트폰을 이용한 1인 미디어를 통해 중국 젊은이들 사이에서 크게 인기를 얻고 있다. 일명 스타가 된 이들은 상업 자본과 만나 광고, 전자상거래 영역 등으로 활동 범위를 넓히면서 영향력과 몸값을 엄청 높이고 있다.

왕홍들이 가진 경제적 잠재력과 파급력이 커지면서 '왕홍 경제'라는 새로운 용어도 등장했다. 왕홍들이 팬들을 통해 창출하는 경제적 가치가 높아지면서 이들의 마케팅 파워를 활용하려는 기업들이 가파르게 늘고 있다. 실제로 중국에서 왕홍 경제는 온라인 쇼핑몰, 인터넷 게임, 모바일 메신저 등에서 빠르게 확산되며 웬만한 콘텐트 이상의 경제적 파급 효과를 발휘하고 있다.

▲ 텅쉰의 웨이보와 시나 웨이보는 소셜미디어의 양대산맥이다

이런 절호의 기회를 중국 최대의 전자상거래 업체인 알리바바가 놓칠 리 없다. 알리바바는 텅쉰이나 바이두에 비해 다소 약세로 분류되던 소셜미디어 분야에 대대적 반격에 나선 형국이다.

2013년 4월 29일 알리바바 그룹은 시나웨이보 서비스의 지분 18%를 5억 8,600만 달러에 인수하는 계약을 시나웨이보의 모기업인 시나 코퍼레이션 (시나닷컴)과 체결하였다. 알리바바는 웨이보에 대한 지분을 30%까지 올릴 수 있는 옵션도 챙겼다.

이어 2014년 1월 7일 양 사는 공동발표회를 열어 협력 체제 구축에 나섰다. 시나웨이보 모바일 앱과 알리바바의 결제시스템 알리페이(Alipay)가 손을 잡고, 시나웨이보와 알리페이 계정의 쌍방 연결, 웨이보 내에서 물건 구매

가능. QR코드를 통한 상호 연결하는 신개념 결제 서비스를 선보인 것이다.

알리바바의 웨이보 지분 인수는 특히, 경쟁업체 텅쉰의 웨이신을 다분히 의
식한 행보이다. 2015년 11월 5일 알리바바는 동영상 플랫폼 '유쿠 투도우
(Youku Tudou)'를 인수하여 영상부문에서도 공세적 스탠스를 취하고 있다.
'유쿠'와 '투도우'라고 잘 알려진 이 회사는 유튜브 접속이 어려운 중국에서 가
장 활성화된 대규모 동영상 포털 사이트이다. 유쿠 투도우의 시장 가치는 48
억 달러(한화 약 5조 4,000억 원)다. 이전 2014년 알리바바의 마윈회장은 '차
이나비전 미디어 그룹'을 804만 달러(한화 약 91억 8,000만 원)에 인수해 '알
리바바 픽쳐스'란 이름의 영화·텔레비전 콘텐츠 회사로 탈바꿈시킨 바 있다.

입체적으로 심층 조망한 바 텅쉰, 바이두, 알리바바 등 중국 ICT 기업들이
급성장한 배경은 진정 무엇일까? 제1 원인은 중국의 방대한 내수시장과 주
체할 수 없는 자본력에 있다. 중국 인구는 13억 명 이상이다. 초기에 굳이 글
로벌 진출에 사활을 걸지 않아도 자국의 내수시장을 장악하고 이어 내수시
장에서 비축한 경쟁력을 주 무기로 기업공개(IPO)를 감행해 막대한 자본을
확보하고, 이를 도약대로 활발한 해외진출에 나선 연쇄 전략이 주요했다.

Chapter14
사물인터넷

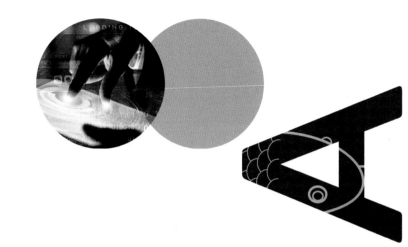

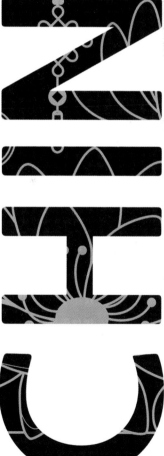

민관 혼연일체…2020년경 900조 원 시장

자금과 기술, 인적자원 모두 비약적 성장
사물인터넷 클러스터·시범단지 조기구축

가전·통신업체 주도 제조업과 융합 추세
기업들 사물인터넷 '독자적 플랫폼 박차'

Chapter 14

사물인터넷

▲ 사물인터넷은 사람과 사물이 모두 인터넷으로 연결돼 상호 데이터를 송수신하여 정보를 수집하고 소통할 수 있는 차세대 디지털 기술의 총아이다.

〉〉〉 '2009~2013년' 연30% 성장세

정보통신기술(ICT) 업계는 '혁신'이 최대의 화두이다. 혁신의 중심에는 '사물 인터넷'(Internet of Things, IoT)이 자리매김한다. 사물인터넷이란 사물에 센서를 부착해 인터넷으로 실시간 정보를 주고받는 기술 또는 환경을 말한다.

사물인터넷은 사람과 사물이 모두 인터넷으로 연결돼 사람과 사물, 사물과 사물이 상호 데이터를 송수신하여 정보를 수집하고 소통할 수 있는 차세대 디지털 기술의 총아이다. 인터넷이 연결된 스마트 전자기기는 매우 유용하고 편의성 있게 애용되지만, 사물인터넷은 이보다 한 걸음 진일보해 최종적으로는 사람의 관여 없이 사물들끼리 정보를 주고받아 사람이 생활하기 편리한 최적의 환경을 스스로 구현한다.

사물인터넷에는 스마트 기능을 갖게 되는 블루투스(Bluetooth), 근거리무선 통신(NFC), 센서 데이터, 네트워크가 핵심 기술로 활용된다. 이 기술은 산업에 새로운 성장엔진을, 개인에게는 지금껏 누릴 수 없었던 편리한 삶을 제공할 것으로 기대된다. 미국 '포레스터 리서치'(Forrester Research)는 향후 '사물 인터넷'이 창출할 산업 가치는 인터넷의 30배에 달할 것이며, 2020년에는 전 세계 네트워크화 기기의 수가 500억개에 연결될 것으로 전망한다.

미국 IT업체 '시스코 시스템즈'(Cisco Systems)는 차세대 산업을 이끌 핵심이자, 인터넷에 이어 제2차 디지털 혁명이라 할 수 있는 사물인터넷의 경제적 가치가 전 세계적으로 2013년부터 2022년까지 10년간 14조 4,000억 달러(한화 약 1경 6,000조 원)에 달할 것으로 예상한다.

각국 정부는 사물인터넷 사업을 적극 육성하고 있다. 중국 사물인터넷 시장 규모 역시 질적 양적 모두 가파른 상승세를 타고 있다. 중국 사물인터넷 시장 규모는 오는 2020년 경에 5조 위안(한화 약 900조 원)에 달할 것이라는 전망이다. 중국 꽁신뿌(工信部)에서 발표한 자료를 분석한 '중국 사물인터넷 시장 동향'을 보면 2009년에서 2013년 사이 중국 사물인터넷 시장의 연 평균 성장률이 30% 이상에 달한다.

2010년 중국 사물인터넷 시장의 규모는 전년 대비 18% 증가해 2,000억 위안을 넘어섰으며, 2011년과 2012년에는 각각 30%와 39%의 높은 연간 성장률을 기록했다. 2011년 2,627억 위안(약 45조 9,882억 원) 규모였던 중국 사물인터넷 시장은 이듬해인 2012년에는 3,650억 위안(약 63조 8,969억 원)을 기록했다.

2013년에는 지속적 성장세를 구가하며 시장 규모가 4,896억 위안 규모에 이르렀으며, 2015년에는 7,500억 위안(약 131조 2,950억 원)을 상회했다. 이는 2012년의 무려 두 배가 넘는 규모로서 2020년에는 1조 위안(약 170조 원)을 돌파할 것으로 전망됐다. 이제 중국 시장에서 사물인터넷은 컴퓨터, 인터넷, 모바일 통신 등의 단일 시장규모를 넘어선 것이 기정사실화 된다.

▲ 중국 사물인터넷 시장 규모는 2020년경에 5조 위안(한화 약 900조원)에 달할 것이라는 전망

〉〉〉 정책적 지원에 총체적 역량

중국은 다방면으로 사물 인터넷 정책적 지원에 총체적 역량을 집결하고 있다. 핵심 기술과 주요 공통기반기술 분야에서 혁신적 성과를 이루며, 센서에서 응용에까지 이르는 완전한 산업 사슬을 구축하고, 글로벌 경쟁력을 갖춘 기업 육성에 박차를 가하고 있다.

중국의 사물인터넷 부흥정책은 2006~2020년 국가중장기 과학기술발전계획에 편입되면서, 2009년 정부가 중점 육성 계획을 발표한 이래 괄목하게 성장하여 자금·기술·인적자원 모두 새로운 비약적 성장을 일구었다.

2009년 8월 7일 '원자바오' 전(前) 총리는 사물인터넷을 국가 과학 연구의 중점분야로 발전시키기 위해 간즈종궈(感知中國)의 개념을 제창하면서, 사물인터넷 국가 산업망 구축을 위한 네트워크 정보센터인 '간즈종궈센터'를 장쑤성(江蘇省) 우시(無錫)에 설립하고 '강력한 스마트 그리드(Strong Smart Grid)' 라는 실사구시 정책을 수립했다.

2010년 3월에 사물 인터넷 산업은 처음으로 정부 업무보고에 포함되었으며, 2010년 10월 국무원은 '전략적 신흥 산업 육성과 발전 가속화에 관한 국무원의 결정'을 발표하며, 사물인터넷을 비롯해 차세대 정보통신기술(ICT)을 7대 전략 신흥 산업 중 하나로 확정했다.

중국은 국가의 12차 5개년 개발 계획(2011~15년) 기간에 사물인터넷 개발과 육성에 적극 박차를 가해 왔다. 특히 자금 부분에서는 2010년 5월 18일 따탕띠앤씬그룹(大唐電信集團)과 장쑤사물인터넷 연구발전센터, 우시궈리

앤그룹(無錫市國聯發展集團), 우시 신취 혁신창업투자그룹(新區創新創業投資集團)이 공동으로 총 규모 50억 위안의 '중국 사물인터넷산업 투자기금'을 조성하였는데, 이는 2011년 '12.5 계획 요강'을 통해 사물인터넷 핵심 기술 연구개발(R&D) 및 중점 분야 최초의 사물 인터넷 산업 기금이다.

중앙정부 지침 아래 전 부서별 추진 정책이 명료화된 시점은 2013년 9월이다. 구체화한 사물인터넷 발전 10대 액션플랜에는 각 기관별 목표, 업무 분장, 일정 등이 확정됐다. 국제 표준화에서 중요한 역할을 하는 동시에 공공 안전, 환경보전, 교통, 농업, 임업 등 분야별로 사물인터넷 응용을 촉진하겠다는 야심찬 마스터플랜이 담겼다.

중국은 특히 사물인터넷 표준협회를 설립하고, 중국 개발표준을 국제적으로 홍보하며, 표준의 개발을 주도하고 있다. 중국 공업신식화부(工業和信息化部)는 사물인터넷 표준화 작업에서 센서, 전자태그(RFID), 통신 프로토콜, 인터넷 관리 분야를 중점으로 49개의 국가 표준을 마련했다. 중국은 네트워크 계측 구분 방식에 따라 사물인터넷 세부업종을 '감지계층' '전송계층' '데이터계층' '응용계층'으로 대분류하고 이를 바탕으로 20개 소분류 업종으로 나눴다.

중국 내 양쯔강 삼각주, 주강 삼각주, 보하이(渤海) 연안, 중서부 지역 등을 중심으로 4대 사물인터넷 클러스터가 형성돼 있고, 우시, 충칭(重慶), 황저우 등지에서 3대 국가 산업 시범 단지가 구축돼 있다. 현재 중국 동부 연해 지역을 중심으로 사물인터넷 산업이 활성화되고 있다. 주요 도시로는 베이징(北京), 상하이(上海), 쟝쑤, 저쟝(浙江), 우시, 선전 등이 있다.

중국 정부는 운송·전기·공공 안전·환경 요인 등에 관한 정보를 수집하는 저장 및 분석하는 스마트 도시 프로젝트 시범사업을 위해 베이징·광저우·항저우·상하이 등 202개 도시를 선정한 바 있다.

그리고 서남부 지역의 '산시성'은 중국 내 과학연구 교육시설과 신기술 산업의 요충지로서, 사물인터넷 시범단지로 최적화 된 환경을 십분 활용하는 가운데, 사물인터넷 산업 발전이 가파른 상승세를 타고 있다.

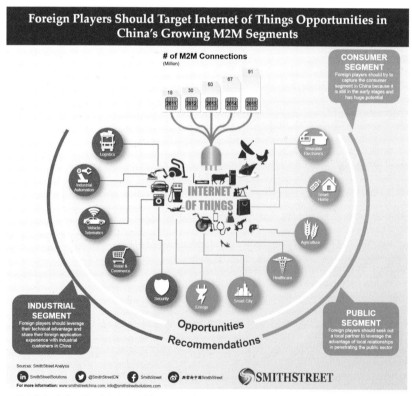

▲ 중국은 국가의 12차 5개년 개발 계획(2011~15년) 기간에 사물인터넷 개발과 육성에 박차를 가해왔다.

>>> 독자적 플랫폼 개발에 박차

중국에서 사물인터넷이 확대될 수 있는 강력한 요건으로 강한 경제, 한 걸음 앞서는 정부 투자 및 국제적 파트너십의 조합을 꼽는다. 중국 정부는 연구·개발(R&D) 투자와 더불어 시장 개방을 통해 퀄컴(Qualcomm), 인텔, IBM 등 해외 대형 사업자들이 현지 기업과 제휴하는 형태로 사물인터넷 산업 역량 강화에 적극 조력하고 있다.

더욱이 사물인터넷의 심화를 가능하게 한 요소는 기업과 소비자 모두에게 호혜적 혜택을 제공하는 정부의 집중 전략, 각 부문 간 긴밀한 협력이다. 이렇듯 중국 정부의 사물인터넷 산업 지원정책이 잇따라 발표되면서 매력적 투자대상으로 급부상하고 있다. 근거리 무선통신 칩(Chip), 통신모듈(Module), 네트워크 설비가 사물인터넷의 수혜 대상이다.

아직은 보안, 교통, 전력이 가장 큰 비중을 차지하지만 사물인터넷의 발전과 밀접한 관련이 있는 반도체, 스마트폰, 통신서비스 등의 산업이 급속도로 확장될 것으로 예상된다. 여기에 물류, 모바일 결제, 첨단 의료기기, 자동차 및 공장자동화, 농작물 수확량 증진 등에서 사물인터넷 기술이 광범위하게 활용될 것으로 보인다.

중국은 자국 내 주요 이동통신 사업자들과 국영기업 및 정부가 상호 협력하여 비교적 짧은 기간에 사물인터넷의 발전을 위한 초석을 다졌다. 중국의 하얼빈이나 상하이 등은 교통 정체로 유명한 도시다. 점차 더 많은 사람들이 도시로 유입되고 있고, 중국 내에서만 매년 평균 2.5개의 도시가 출현하고 있다. 이와 같은 상황은 사물인터넷이 발전해야 하는 필요성을 제시한다.

에어컨과 같은 전자제품에 연결된 사물인터넷은 공해 방지와 에너지 소비를 줄일 수 있고, 가로등에 설치된 센서 네트워크와 최신 교통 정보를 제공하는 스마트폰 앱은 교통 정체에 최상의 해결책이다.

중국 도시의 사물인터넷 활용 사례를 보면, 상하이(上海) '푸동국제공항'은 무선 센서 네트워크를 도입, 침입 탐지 시스템 건립에 3만여 개의 센서 노드 (Sensor Node)를 사용했다.

▲ 중국에서 사물인터넷이 확대될 수 있는 강력한 요건으로 강한 경제, 한 걸음 앞서는 정부 투자, 국제적 파트너십의 조합을 꼽는다.

지난시에 위치한 '위안보위안'은 가로등 무선 조명시스템을 채택했다. 우한시는 스마트 도시 건설 프로젝트의 일환으로 사물인터넷과 클라우드 컴퓨팅을 활용해 오수처리 운영·관리 종합 플랫폼을 설치했다.

현재는 중국 정부의 주도하에 사물인터넷이 응용되고 있지만 점차 '기업주도'로 전환될 전망이다. 중국의 사물인터넷 산업은 정보통신산업이나 첨단

장비제조업 기업들이 앞장서서 적극 주도하고 있다. 선박, 자동차와 같은 교통수단 및 가전제품에 센서를 부착하거나 스마트폰에 연결해 데이터를 주고받는 등 사물인터넷 기술은 기존의 전통적인 제조업과 융합한 형태로 발전하고 있다.

기존의 사업방식인 동종 기업 간 중심 방식에서 자동차 메이커 및 웨어러블 회사 등 이종 업종 회사와의 협업을 통한 보다 정교한 소비자 중심 방식으로 이동하고 있다. 이들 업체는 연결의 혜택을 다양한 기계·차량·장치에 제공하기 위해 공급업체 및 제조업체와 국내외적으로 파트너십을 맺고 있다.

통신장비는 화웨이(華爲), 쫑싱(中興, ZTE), 따탕(大唐), 파이버홈(烽火通信, Fiber Home), 중티앤(中天科技, ZTT), 헝통(亨通光電), 광쉰테크(光訊科技), 싼웨이(三維通信, Sunwave)가 주도하고 있다. 네트워크 운영업체는 차이나 모바일(中國移動), 차이나 텔레콤(中國電信), 차이나 유니콤(中國聯通) 등 중국의 3대 통신업체들이 사물 인터넷의 응용에 있어 핵심 역할을 수행하고 있다.

2010년 12월, 충칭시(重慶市) 난옌(南岸)에 '중국 국가 사물인터넷산업 시범기지'가 설립됐다. 이미 이곳에 중국의 3대 통신회사가 자사의 사물인터넷산업기지를 설립했고, 마이크로소프트와 베이따팡정(北大方正), 칭화통팡 등 중국의 대표 IT 기업 40여 개가 입주했다. 중국 IT기업들 중 텐센트는 대만 폭스콘과 스마트카를 개발하기로 했고, 바이두(百度)는 자체 개발한 무인자동차를 선보일 계획으로 협력할 자동차업체를 찾고 있다. 알리바바도 2014년 7월 상하이 자동차와 스마트카 시장 진출을 선포했다.

▲ 사물인터넷에서 통신장비는 화웨이(華爲)가 주도하고 있다.

가전제품 산업은 현재 사물인터넷 기술이 가장 활발하게 응용하고 있는 분야이다. 샤오톈어(Little Swan)는 2009년부터 전력망의 상태와 시간대별 전기가격 파악, 세탁기 운행상태 조정 기능이 포함된 지능형 에너지 저(低)소모 사물인터넷 세탁기를 생산하고 있다.

하이얼(Haier)은 2010년 상하이 엑스포 기간에 화상통화, 정보검색, 동영상 등 다양한 기능을 탑재한 사물인터넷 냉장고를 선보였다. 2014년 10월, 중국의 스마트폰 업체 샤오미는 네 종류의 스마트홈 기기를 공개하며 시장에 뛰어들었다. 샤오미가 공개한 기기는 가정용 웹캠인 '샤오미 스마트 캠', 원격제어 기능으로 예약한 시간 동안 전원을 공급하며 차단할 수 있는 '샤오미 스마트 콘센트'를 비롯해 'E-light 스마트 조명', '샤오미 스마트 원격조정센터' 등이다.

민간 사업자들은 '유비쿼터스' 고성능 연결을 넘어 플랫폼을 표준화하고,

비즈니스 프로세스를 단순화하며, 보안과 인증 그리고 결제 등의 부가가치 서비스를 제공하기 위해 긴밀히 협력하고 있다. 더욱이 중국은 소프트웨어 부문에서 구글과 MS 등 해외기업 종속성을 벗어나기 위해 오픈 소스를 활용해 2012년에는 PC용 '기린(Kylin)', 2013년에는 모바일용 운영 체제 COS(China OS)를 개발했다. 중국 정부는 COS를 개선해 활용 범위를 모바일에서 사물인터넷으로 확대할 계획이다.

실제 최근 중국 기업들은 모바일·사물인터넷 시장을 겨냥해 OS 개발에 나서고 있다. 샤오미는 안드로이드를 응용한 자체 OS '미유아이(MIUI)'를, 텐센트는 화웨이, 레노버, 퀄컴과 협력해 모바일OS 'TOS+' 개발에 심혈을 쏟고 있다. 알리바바는 2015년초 자체 전자상거래 서비스를 내장한 모바일 OS 'YunOS'를 출시하여, 스마트폰 업체 메이주(Meizu)와 협력해 완성도를 높일 계획이다. 이와 같이 중국 기업들의 모바일 운영 체제 OS는 경쟁과 협력을 통해 갈수록 품질이 높아지고 있다.

중국은 이제 신흥국까지 손을 뻗치고 있다. 아시아·태평양 지역에 사물인터넷 플랫폼을 구축해 전 인류의 40% 가량인 27억 명을 단일 디지털시장으로 묶겠다고 공언했다. 중국 당국은 2015년 3월 상하이에서부터 영국 아이리시해(Irish Sea)까지 유럽과 아시아를 '하이테크 벨트'로 묶는 뉴실크로드 정책을 발표한 바 있다.

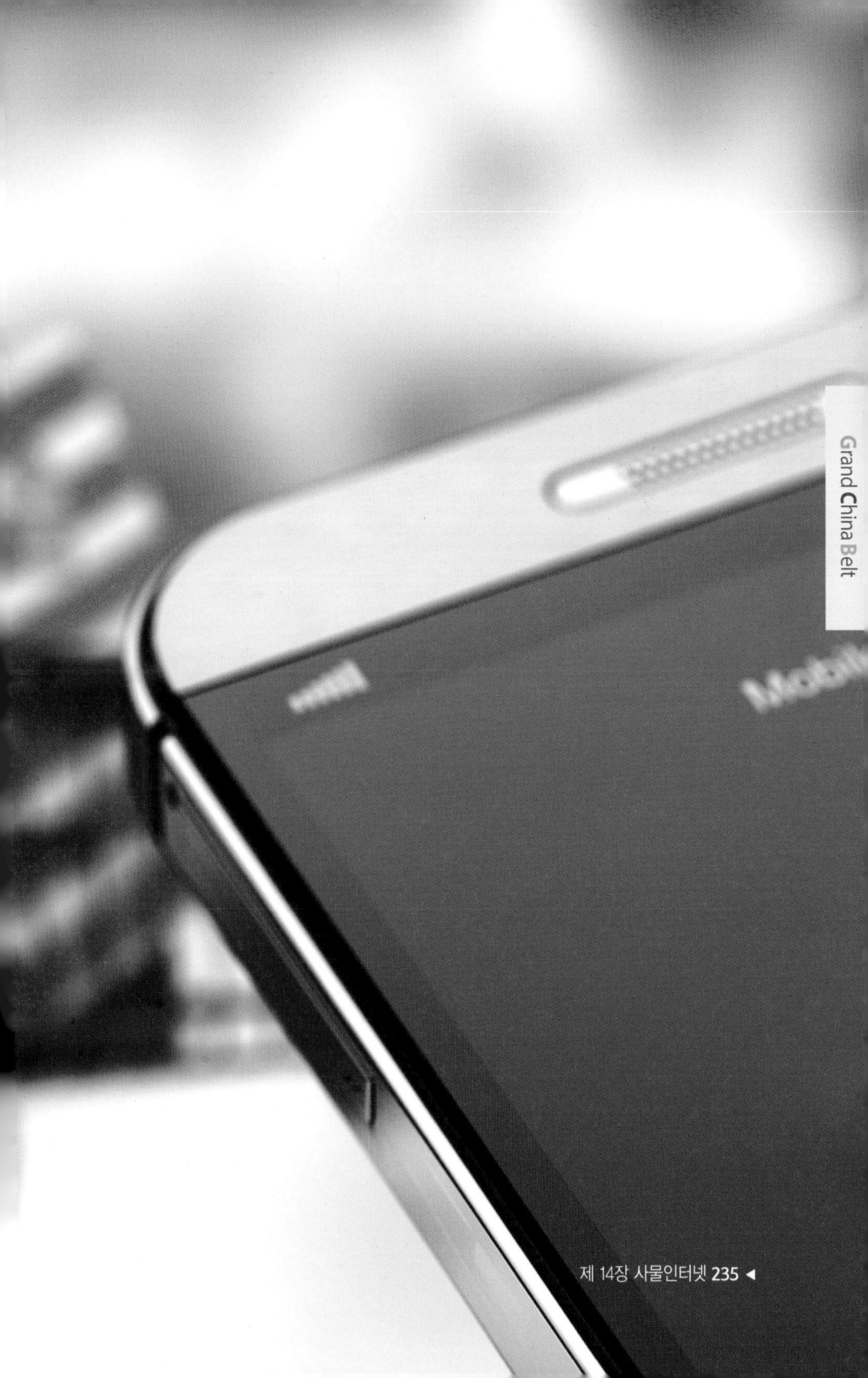

Chapter 15
통신·가전(通信·家電)

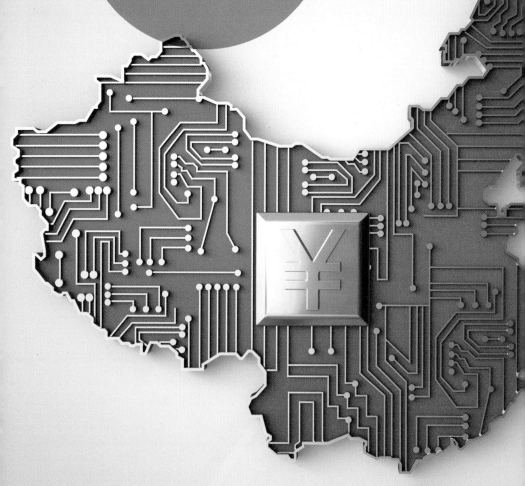

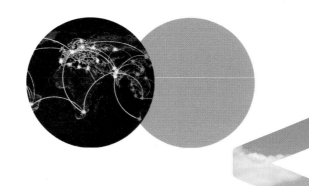

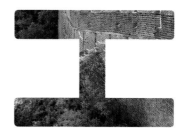

'고객중심주의 글로벌 전략' 연착륙

샤오미 중국서 스마트폰 3대업체 급부상
대부분 제품 전자상거래 통해 직접 판매
투자업체 샤오미 브랜드로 전 세계 유통

'경이적' 화웨이 세계 2위 전자·통신기업
중국 최대 특허 보유, 스마트폰 세계 3위
순환 CEO 제도 종업원 지주제 문화 정착

하이얼 세계 1위 백색가전업체 등극 기염
美가전 GE 전격 인수 프리미엄 시장 진입
온라인쇼핑몰 유통혁신, 해외현지화 박차

Chapter 15

통신·가전(通信·家電)

〉〉〉 중국 최대의 스마트 제조업체 샤오미

2016년 1월 26일 한국은행 조사국이 발표한 '한·중 경쟁력 분석 및 향후 대응방향' 보고서에 따르면 한국과 중국의 IT 기술력 차는 단 1.8년에 불과하다. 그중에서도 한국의 세계적 경쟁력 총아인 스마트폰 시장에서 중국의 맹추격이 바로 목전이다. 조만간 중국이 세계 스마트폰 시장의 45%를 차지할 것이라는 예측이 나올 정도로 그 기세가 예사롭지 않다.

중국 최대의 스마트 제조업체인 샤오미(小米, Xiaomi)는 중국말로 좁쌀이라는 뜻으로, 겉치레보다 실용을 중시하는 기업의 지향점을 담았다. 샤오미는 신속한 혁신과 혁신적 소프트웨어에 집중한 덕에 2013년 3.0%였던 시장점유율이 2014년 11.0%로 급성장하면서 설립 4년 만에 중국 시장에서 삼성전

◀ 샤오미는 설립 4년 만에 중국 시장에서
삼성전자와 레노버(Lenovo)에 이은
스마트폰 업계 3대 메이저에 등극했다.

자와 레노버(Lenovo)에 이은 스마트폰 업계 3대 메이저로 순식간에 떠올랐다.

2016년 1월 15일 린빈 샤오미 사장은 중국판 트위터 웨이보를 통해 샤오미의 2015년 스마트폰 판매 실적이 7,000만 대라고 발표했다. 2014년 한 해 동안 샤오미의 스마트폰 판매량은 전년 대비 227% 증가한 6,112만 대, 매출액은 135% 급증한 743억 위안(약 13조 1,800억 원)으로 놀라운 성장세이다.

샤오미 제품을 구매하는 소비자 사이에서 저가 중국 제품에 대한 우려는 찾아보기 어렵다. 샤오미의 급성장 비결은 타 스마트폰 메이커에 비해 크게 뒤지지 않는 성능에 3분의 1 정도의 압도적 싼 가격으로 스마트폰을 공급하기 때문이다. 샤오미는 2011년 9월 안드로이드 기반 독자 운영체제(OS) 기반으로 개발된 MIUI가 탑재된 저가 스마트폰 미원(Mi-One)을 출시하면서 언론에 알려지기 시작했다. MIUI라는 이름은 "Me You I"의 발음과 유저 인터페이스(User interface)의 약자로 통용되는 UI에서 따온 것이다.

〉〉〉 '샤오미 생태계' 꿈꾸며 전방위 투자

2010년 설립된 샤오미는 2014년 자금을 조달할 당시 11억 달러(한화 1조 2,000억 원)가 유입 된 가운데, 460억 달러(한화 50조 5,000억 원)의 가치 평가를 받았다. 투자사로 올스타인베스트먼트(All-star Investment), DST,

GIC, 호푸펀드(Hopu Fund), 윈펑캐피탈(Yunfeng Capital)이 참여했으며, 이 중 윈펑캐피탈은 '알리바바 홀딩스' 계열 투자사이다.

샤오미는 중국 기업과 고객 간 B2C 이커머스 회사들 중 세 번째로 큰 규모를 자랑한다. 연간 거래액은 100억 달러(한화 10조 7,750억 원)에 이른다. 스마트폰은 샤오미라는 기업에서 빙산의 일각에 불과하다. 비즈니스 모델에서 스마트폰은 수익을 내기 위한 상품이라기보다 유통 채널일 뿐이다.

소프트웨어 전문가 레이쥔(雷軍 Lei Jun, 1969년생)이 주축이 되어 설립한 샤오미는 스마트폰과 모바일 액세서리 제조로 출발해 TV, 공기청정기, 에어컨 등 가전제품으로까지 사업 영역을 확대했다. 현재 다루는 물건은 1,000종류에 달한다. 알기 쉽게 단적인 예를 들어본다. 샤오미 등 다른 이동통신 단말기 업체 간 비교는 마치 애플과 오렌지(이동통신기업) 격이다. 애플과 삼성, 화웨이와 레노버에게 단말기는 곧바로 수익과 직결된다. 그러나 샤오미는 그 이상을 뛰어넘는 비책이 생생히 감지된다.

샤오미는 모바일이라는 분야를 초월하여 약육강식 대접전이 치열한 전자상거래 시장에 씨앗을 뿌리고 있다. 2016년 2월 29일 '레이쥔 샤오미' 회장은 베이징에서 열린 신상품 발표회에서 스마트폰으로 설정을 제어할 수 있는 전기밥솥의 출시를 선언했다. 쌀 바코드를 스마트폰으로 촬영하면 최적 설정을 취사에 적용한다. 샤오미는 전기밥솥에 가전제품을 연상케 하는 '미자'(米家)라는 새로운 브랜드를 붙였다. 샤오미가 앞으로 자체 '생태계'를 통해 투자한 기업의 제품에 마케팅에 사용될 공통 브랜드이다.

샤오미는 제품군에 관계없이 기술력 있는 중국 벤처 기업들을 사들이거나 투자하는 방식으로 '샤오미 생태계'를 구축하고 있다. 이들 기업의 우수한 제품에 샤오미 브랜드를 달아 전 세계에 유통시킨다는 게 샤오미의 빅플랜이다. 파트너들과의 협력을 기반으로 스마트 생태계를 구축하려는 샤오미의 행보에 가속도가 붙었다. 샤오미는 생태계에 도움이 되는 스타트업(창업 기업)들에 대한 지속적인 공격적 투자도 예고해 주목된다. 샤오미는 이미 20개 이상의 스타트업에 투자한 상태다.

샤오미가 투자한 29개 기업은 '제로베이스' 상태에서 인큐베이팅한 '창업 투자'이다. 여기에서 연매출이 1억 위안(약 180억 원)을 넘는 기업만 7곳에 이르고, 특히 이 가운데 2개 기업은 연매출이 10억 위안(약 1,800억 원)을 넘는다.

2014년 12월 샤오미는 중국 가전제품 제조사 메이디(美的) 그룹에 2억 300만 달러를 투자했다. 이에 앞서 2014년 초 온라인 엔터테인먼트 담당부서를 신설했으며, 기업용 서비스 진출과 개발 생태계 구축의 전주곡으로서 킹소프트(金山) 클라우드 서비스에 10억 달러(한화 약 1조 775억 원)를 단계적으로 투자하기로 했다.

▲ 소프트웨어 전문가 레이쥔(雷軍)이 주축이 되어 설립한 샤오미

>>> 샤오미의 독특한 마케팅 전략

샤오미는 전통적 마케팅과 유통 관행이 가져오는 재무적인 부담을 회피하고 효율적 판매 촉진을 위해 인터넷에 전력투구한다. 다른 경쟁업체와는 달리 샤오미는 광고에 돈을 쓰지 않는다. 인력과 유지 비용이 드는 대형 매장도 없다. 샤오미는 대부분 제품을 전자상거래를 통해 일반 사용자에게 직접 판매하고 있다. 샤오미는 자체 온라인 스토어 운영뿐만 아니라 B2C 쇼핑몰인 알리바바의 티몰에도 입점하여 있다. 이렇듯, 판매를 전량 온라인에서 흡수하기 때문에 판매 담당 부서 직원은 10여 명에 불과하고, 가격을 타 업체에 비해 대폭 낮출 수 있다.

샤오미는 전국에 451개의 서비스센터를 운영하고 있는데, 비교적 작은 이 서비스센터들은 그저 대형 쇼핑몰 한 곳에 자리한 전자제품 매장의 한 코너일 뿐이다. 그로 인해 샤오미는 부동산 부대 비용을 절감할 수 있었다.

이와 함께 샤오미의 마케팅 전략은 매우 질서정연하다. 샤오미는 사전 주문을 통해 몇 주 단위로 제한된 물량만 풀어놓는 마케팅을 고수하고 있다. 한정판은 신속한 매진으로 재고가 최소화 되어 초과 생산의 문제점을 간단하게 해소한다. 더욱이 샤오미는 온라인에서 스마트폰을 주력으로 판매하면서 소셜 커머스를 새롭게 활용했다. 샤오미는 특히 중국에서는 웨이보(Weibo)를 해외시장에서는 페이스북과 트위터 등 각 시장에 적절하게 반응하여 왔다.

샤오미는 웨이보를 통해 판매 홍보에만 그치지 않고 중국 시장의 주 관심사인 핵심 토픽들을 게시하고 공유하면서 친화력을 배가하고 있다. 또한 샤오미는 제품 하나하나에 각기 다른 웨이보 계정을 사용하여 최적의 결과를 이끌어낸다. 샤오미는 총 10개의 메인 웨이보 계정이 있으며 가장 인기 많은 샤오미 모바일의 웨이보는 1,100만 명이 넘는 팔로워를 자랑한다.

샤오미는 2014년 9월 중국 산업정보기술부(MIIT)의 가상이동통신망 (MVNO) 사업권까지 획득했다. 한편, 샤오미는 사업 모델을 브라질, 멕시코, 러시아와 동남아시아 등 10여 곳의 해외 시장 개척으로 확대할 계획이다.

◀ 화웨이는 통신장비업체로 출발하여 스마트폰사업으로 확장해 글로벌기업으로 성장한 중국의 대표적 전자·통신 기업이다.

〉〉〉 화웨이! 통신장비 세계 2위 경쟁력

화웨이(華爲)는 중국 인민해방군 장교 출신 사업가인 '런정페이'(任正非 Rezhengfei, 1944년생)에 의해 1987년 중국 '선전'에서 설립된 회사이다. 우리말로 화위(華爲)의 회사 명칭은 '중화민족을 위하여 분투한다.'는 뜻을 담아 '화웨이'라고 명명하였다.

'중국의 삼성'으로 불리는 화웨이는 통신장비업체로 출발하여 스마트폰사업으로 확장해 글로벌기업으로 성장한 중국의 대표적 전자·통신 기업이다. 통신장비 분야에선 스웨덴 에릭슨(Ericsson)에 이어 근소한 차로 세계 2위를 차지했지만 순익 면에서는 에릭슨을 제쳤다는 평가이다. 특히 해외에서 순익이 총 수익의 66%를 차지할 만큼 세계 시장에서 경쟁력과 인지도를 갖추고 있다. 화웨이는 유무선 통신장비에서부터 통신 솔루션과 단말기까지 통신에 관한 모든 제품을 취급한다. 지금은 모바일 영역으로도 사업을 확장해 성공을 거두고 있다.

화웨이는 통신사업자들로부터 3G폰 제작 요청을 받아 화이트라벨 공급자로서 휴대폰을 공급해왔다. 그러다 2010년부터 화웨이의 브랜드로 스마트폰을 출시했다. 스마트폰 사업 진출 뒤 3년 만인 2013년 경쟁자인 샤오미와 레노버 등을 제치고 삼성전자와 애플의 뒤를 이어 세계 스마트폰 시장 점유율 3위에 오를 정도로 고속 성장했다.

국내에는 샤오미가 더 알려져 있지만 글로벌 시장에서는 화웨이 위상이 더 높다. 중국에서는 스마트폰을 놓고 샤오미와 화웨이 중 누가 진정 지존인가 하는 갑론을박이 한창이었다. 양측 모두에 일리가 있다는 평가이다. 2015년 샤오미의 중국 내 스마트폰 출하량은 약 7,000만 대였다. 화웨이는 이보다 적은 6,300만 대였다. 하지만 해외시장 출하분까지 합치면 1억 900만 대로 엄청난 숫자이다. 중국 시장만 놓고 보면 1위는 샤오미가 맞지만 글로벌 기준에서 중국 업체 중 1위는 화웨이가 정답이다.

〉〉〉 투자와 연구의 거인왕국 '화웨이'

1987년 자본금 2만 1,000위안(365만 원)과 직원 5명으로 출발한 화웨이의 2014년 매출액은 394억 달러(약 15조 원)에 달한다. 전체 직원 수만 15만 명에 이르며, 170여 개 나라에 통신 인프라를 공급하고 있다.

통신 인프라가 낙후된 러시아, 동남아시아는 물론 중동, 남미 등 신흥시장을 공략해 성공을 거두고, 2005년 유럽에 진출했다. 또한 화웨이는 경쟁 업체인 에릭슨, 시스코(Cisco) 등이 환경이 척박하다는 이유로 거들떠보지도 않은 히말라야, 아프리카 오지도 마다하지 않고 달려가 통신 인프라를 구축하고 시장을 개척했다.

화웨이 창업자 런정페이는 경영에서 항상 두 가지를 강조한다. 바로 기술개발과 고객 중심주의다. 화웨이는 자체 기술로 성장의 기반을 다졌다. 중국의 다른 통신기업들이 해외기업과 합작을 통해 기술을 이전받았던 것과 달리 화웨이는 처음부터 원천기술 개발을 위해 분투했다.

화웨이는 LTE보다 1,000 배 빠르며 초당 10기가바이트 전송이 가능한 5G 개발에 나서고 있다. 화웨이는 통신장비 업체들 가운데 5G 관련 특허에서 최대 보유자이다. 이렇듯, 전문가들이 꼽는 화웨이의 폭풍 성장 비결은 과감한 연구·개발(R&D) 투자다. 지난 10년간 190억 달러를 R&D에 투자했다. 화웨이 직원 17만 명 중 절반이 넘는 7만 6,000명이 R&D에 종사하고 있다. 화웨이는 매년 매출의 10%가 넘는 금액을 R&D에 투자한다. 화웨이의 매출액 대비 R&D 비중은 2013년 기준 12.8%를 기록했다.

화웨이는 현재 전 세계 수백 개 대학과 협력 관계에 있으며, 자사의 사업 방향과 일치하기만 하면 전폭적 지원을 아끼질 않고 있다. 현재 전 세계에 16개 연구개발센터, 28개 공동혁신센터, 45개 교육센터를 운영하고 있다. 이러한 투자 덕분에 화웨이는 2014년 세계 최다 특허 출원 기업으로 등극했다. 중국에서만 4만여 개의 기술특허를 보유하고 있으며, 발명 특허가 90%를 차지한다.

▲ 화웨이 창업자 런정페이는 경영에서 항상 두 가지를 강조한다. 바로 기술개발과 고객 중심주의다.

〉〉〉 고객중심주의 전략으로 대호평

화웨이는 기술 개발에 심혈을 기울이는 것 그 이상으로 고객에게 지대한 관심을 기울인다. 사업 초기부터 전화 한 통이면 밤낮 가리지 않고 달려가 문제를 해결해 주는 고객 중심주의 전략으로 호평을 받았다.

화웨이는 고객 중심주의 전략의 근간으로 늑대처럼 생존하고, 거북이처럼 목표에 집중하며, 코브라처럼 끊임없이 '조직을 움직인다는 동물'로 상징되는 독특한 기업문화를 만들어냈다. 늑대문화란 생존과 관련된다. 늑대는 후각이 민감하다. 빠르게 변하는 환경에서 놀라운 적응력과 위기관리 능력을 갖추고 있다.

화웨이의 또 다른 동물철학은 거북이 정신이다. 거북이는 느리지만 목표를 정하면 꾸준히 집중하고 헌신하여 달성하는 동물이다. 그럼에도 코브라처럼 머리를 들어 전략적 기회를 포착할 수 있어야 한다는 것이다. 바로 이점을 화웨이는 본받으려 한다.

화웨이는 조직관리 부문에서 코브라의 특성을 강조한다. 코브라의 머리는 끊임없이 움직여야 하고 몸의 모든 관절이 물 흐르듯 연결돼 있다. 화웨이는 코브라처럼 기민하게 문제점을 발 빠르게 파악하여 대응하는 체계를 조직관리에 대입했다.

다른 기업에서 볼 수 없는 것은 화웨이의 기업경영 강점은 집단지성의 순환 CEO 제도이다. 런정페이 회장과 3명의 CEO를 중심으로 13명으로 구성된 '최고임원조직관리팀'(EMT)에서 화웨이의 중요한 의사결정을 전담한다. 이사회의 감독 아래 최고경영자(CEO) 순환제는 궈핑(郭平), 호우쿤(胡厚崑), 슈쯔준 등 세 명의 CEO가 6개월씩 순환하며, 나머지 두 명은 주요 의사결정에 집중한다. 런정페이는 CEO 한 사람에게 집중되던 권력을 분산해 변화에 기민하게 적응할 수 있었다.

화웨이는 철저한 실력주의 보상 원칙을 견지한다. 22세의 천재 신입사원이 입사 1주일 만에 아무도 풀지 못한 네트워크 전송 방식 관련 문제를 해결하자 제품 개발팀장으로 즉각 승진시킨 스토리는 여전히 신화처럼 회자된다. 또한 화웨이 직원들이 일에 전폭 매달리는 열정의 배경에는 종업원 지주제로 운영되고 있다는 점이 크게 작용하고 있다.

전체 직원들 중 절반에 가까운 인원이 자사주를 보유하고 있다. 설립자인 런정페이의 지분은 1.4%에 불과하다. 모두가 주인이기에 회사의 발전에 적극 매진한다. 화웨이는 창업한 지 30년이 되어 가지만 아직까지 기업공개를 하지 않았다. 업계에선 화웨이의 상장 여부가 여전히 초미의 관심사다.

▲ 중국 최대 가전업체 하이얼은 냉장고, 에어컨, 세탁기 등의 백색가전과 텔레비전, 컴퓨터 등을 세계 165개국 이상을 대상으로 생산·판매하고 있다.

〉〉〉 하이얼! 세계 제1위의 백색 가전업체

중국 최대 가전업체 '하이얼'은 1984년 산둥(山東)성 칭다오(青島)에 세워졌다. 현재는 냉장고, 세탁기 등의 주방용 가정제품과 텔레비전, 에어컨, 컴퓨터 등을 세계 165개국 이상을 대상으로 생산·판매하고 있는 글로벌 굴지기업으로 도약한 중국 가전업계 1인자로서 전 세계의 주목을 받고 있다. 하이얼은 10대 글로벌 혁신기업에 유일하게 들어간 중국 업체이기도 하다.

중국 생활 가전시장에서 30% 이상의 높은 시장 점유율로 1위를 지키고 있는 하이얼은 '저가'로 경쟁력을 높이고 '기술력'도 갖추면서 2009년부터 냉장고, 세탁기, 전자레인지, 에어컨 등 세계 백색가전(白色家電) 시장에서 부동의 1위를 지키고 있다. 국제 시장조사기관 유로모니터(Euromonitor)에 따르면, 하이얼은 2013년 세계 백색가전 시장점유율 9.7%를 기록하며 5년 연

속 1위를 차지했다. 세탁기, 냉장고의 시장점유율은 각각 19%, 16%로 독보
적 수준이다.

홍콩 증시에 상장된 하이얼 일렉트로닉스(Haier Electronics)와 상하이 증
시에 상장된 모기업 '칭다오하이얼'의 매출 총액은 2014년 기준으로 250억
달러 규모에 달한다. 2백 40개 이상의 자회사, 30개 이상의 설계 센터, 제조
기반 및 거래 업체를 보유하고 있으며 전 세계 도처의 직원 수가 5만 명 이
상의 하이얼 그룹은 해외진출에 속도를 올리면서 미국, 유럽, 동남아시아는
물론 남미와 중동지역까지 손을 뻗치고 있다. 최근에는 스마트TV와 사물인
터넷 플랫폼 등을 출시하며 신사업 확대에도 속도를 내고 있다.

〉〉〉 다윗과 골리앗 승부 GE 전격 인수

'하이얼'은 2016년 1월 미국의 130년의 유구한 전통을 지닌 제너럴 일렉트
릭(GE)의 미국 공장과 연구·개발, 글로벌 물류 채널을 54억 달러(약 6조
2,600억 원)에 인수하며 세계 가전업계를 놀라게 했다. 특히 하이얼은 2014
년 스웨덴 일렉트로룩스(electrolux)사가 GE를 33억 달러에 인수하려다 미
국 반독점 규제로 무산된 바 있는데, 여기에 20억 달러나 더 얹어 인수했다.
2015년 12월 GE가 가전 사업부 매각을 추진하자 유럽과 한국, 터키, 중국
기업들이 인수 의사를 밝혔는데, 최근 10년 사이 세 번째 추진한 매각에서
극적 성사된 것이다.

미국 시장점유율이 고작 1%대인 하이얼이 미국 시장점유율 15% 안팎인 GE
인수를 통해 단번에 LG전자와 삼성전자를 제치고 2위로 뛰어 올랐다. 2014
년 기준 북미 가전 시장점유율은 1위 월풀(14%), 2위 LG전자(12%), 3위

GE(10%), 4위 삼성전자(9%) 순이었다. 이번 인수는 하이얼이 중국 중저가 가전 이미지를 벗고 해외 프리미엄 가전 시장에 본격 진출한다는 의미를 갖는다.

일본 산요(SANYO)와 GE까지 인수하며 세계 최대 가전사로 도약할 발판을 마련한 하이얼은 향후 GE 브랜드를 그대로 사용하기로 했다. GE가 갖고 있는 브랜드 이미지를 십분 활용하겠다는 것이다. 하이얼은 특히 인수·합병(M&A)에서 오랜 경험을 쌓아왔는데, 1990년대에는 주력 사업이던 중국의 냉장고 시장이 포화하자 사업 확장을 위해 인수·합병(M&A)을 전개했다. 1992년부터 1998년까지 20개 이상의 기업을 인수하면서 사업 다각화로 위기를 극복했다.

▲ 장루이민 회장은 하이얼이 생산하는 가전제품의 품질과 가격 경쟁력 일체를 확보하는데 전념하여 세계 유수의 가전 기업으로 키워냈다.

〉〉〉 '일관된 노력' 기술혁신과 유통혁신

하이얼의 장루이민(張瑞敏, Zhang Ruimin 1949년생) 회장은 중국에서 존경받는 기업인으로 꼽힌다. 장루이민 회장은 하이얼이 생산하는 가전제품의 품질과 가격 경쟁력 일체를 확보하는 데 전념하여 세계 유수의 가전 기업으로 키워냈다.

장루이민 회장은 '소비자는 항상 옳다.'라는 경영철학을 바탕으로 고객의 요구 파악에 주력하고, 이를 제품에 신속하게 반영하여 판매 상승을 이뤄냈다. 하이얼의 단적인 성공 사례로서 농민들을 위한 고구마 세탁기를 발명해 엄청난 성공을 거두었고, 또한 물 낭비를 줄이는 '꼬마신동'이라는 1.5kg의 작은 세탁기를 개발하여 중국의 세탁기 시장에서 파란을 일으켰다.

하이얼은 기술 혁신의 도입·활용 또한 매우 적극적이다. 1985년 독일의 가전·장비 제조기업 립헬(Liebherr)과의 합작투자를 성사시킨 이후, 일본 미쓰비시, 네덜란드 필립스, 이탈리아 멀로니(Merloni)와 기술 제휴에 박차를 가해왔다. 하이얼 그룹의 기술 혁신의 강력한 의지는 7,000개 이상의 특허를 취득한 데서 확인할 수 있다.

하이얼의 최대 경쟁력은 거대 제조 기업임에도 벤처 DNA를 품고 있다는 점이다. 하이얼은 1998년 수직적 부서 체계를 수평적 사슬 형태로 변경했고, 2002년에는 모든 직원이 기업가로서 회사의 파트너 역할을 수행하는 '초소형회사'(Mini Mini Company) 개념을 도입했다.

또한 하이얼은 철저한 현지화 전략 실현에 총력전 태세이며, 해외법인을 설립하며 가격 경쟁력을 확보해 해외시장 진출에 공세적이다. 세계 61개 나라에 무역회사를 세우고 8개의 디자인센터와 29개의 제조시설, 16개의 공업단지를 운영하고 있다. 최근에는 태국의 방콕을 동남아시아 에어컨 생산 및 판매 허브로 결정하고 아시아 시장 확대에 초점을 맞추고 있다. 하이얼의 2013년 해외시장 매출규모는 295억 달러에 달했지만 아세안 및 일본 시장의 총

매출액은 11억 달러에 불과하여 충분한 승산이 있다는 판단을 하고 있다.

장루이민 회장은 하이얼의 생산과 유통, 배송까지 일원화하는 시스템을 구축하여 경영의 효율화에도 심혈을 기울이고 있다. 하이얼은 중국에서 1만여 유통점을 소유하고 이를 통해 하이얼의 가전제품을 직접 판매한다. 하이얼은 비용절감을 위해 최근 물류회사를 인수하며 판매에 이어 배송까지 일원화했다.

하이얼의 또 다른 경쟁력은 데이터와 네트워크를 통해 고객과 소통하고, 사업 모델의 최적화에도 심혈을 기울이고 있다. 하이얼은 최근 온라인 쇼핑몰로 유통망을 넓히고 있다. 하이얼의 온라인 매출은 무려 24배 성장했다.

2013년 9월 하이얼은 자체 설립한 온라인 쇼핑몰 '하이얼상청'(海爾商城)을 통해 신제품 출시, 맞춤형 제작 등 차별화된 서비스로 중국 전역의 2,558개 구(區) 현(縣) 지역을 아우르면서 고객 유치에 나서고 있다. 2014년 8월에는 B2B(기업 간) 전자상거래 플랫폼인 쥐상후이(巨商匯)도 설립했다.

이렇듯 하이얼 그룹은 자국 시장은 물론 세계 시장 확장을 위한 글로벌 브랜드 개발을 비롯한 모든 비즈니스 전략과 혁신을 지원할 견고한 요새 구축에 혼신의 힘을 다하고 있다.

Chapter16
항공·군사·우주

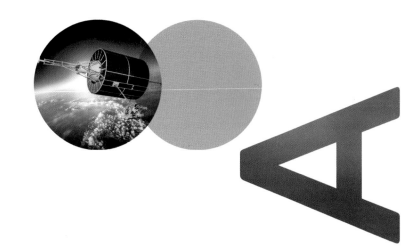

'천문학적 투자…일취월장 미국 러시아 전전긍긍'

미국과 유럽 독식 '민간항공기 시장 도전장'
중형 ARJ21, 중대형 C919 출시 '맹추격전'

분쟁지역 늘고 자원확보 차원 '군비증강 박차'
첨단 스텔스개발에 박차 '자체 항공모함' 제작

우주강국 꿈꿔 선저우호 우주 유영 기염 토해
전폭적 투자 달 탐사선 착륙 우주정거장 건설

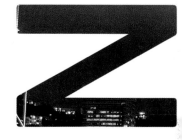

Chapter 16

항공·군사·우주

▲ 중국이 세계 시장에 선보일 항공기의 명칭은 'C919'이다.

>>> 자국 민간항공기 제작에 신기원

중국의 국가전략 신흥산업인 범용 항공 산업이 근래 빠르게 성장하고 있다. 중국 정부는 범용 항공을 새로운 경제 성장의 주축으로 신속 육성하기 위해 행정 간소화를 촉진하여 이행하고, 사회자본의 범용 항공산업 유입을 적극 장려하고 있다. 범용 항공은 민간 항공을 두루 일컫는 용어이다.

중국의 항공 분야는 전투기 및 헬리콥터 등의 국방 관련 부문에 주력하였으나, 2013년 5월 공업화신식화부(MIIT)에서 처음으로 민간항공 산업발전 계획인 '민항 산업 중장기 발전 계획(2013~2020년)'을 발표하면서 향후 민간항공 분야에 대한 적극적 개발 의지를 드러냈다. 향후 10년을 민간항공 산업이 도약할 수 있는 황금기로 전망하고, 범용 항공기, 항공기 엔진, 항공 장비 및 시스템 구축 등 핵심 분야에 발전 방향과 목표를 제시한 것이다.

이제 중국은 자국산 민간 항공기 시대를 열고 있다. 미국과 유럽이 양분하고 있는 세계 민간 항공기 시장에 중국이 공식으로 도전장을 낸 셈이다. 중국 정부는 미국의 보잉 737이나 유럽의 에어버스 A320 기종과 같은 단일 통로형 여객기인 C919를 개발하는 데 최소 70억 달러를 투자해 왔다. 또 소형 여객기인 ARJ-21을 개발하는 데에도 수십억 달러를 쏟아 부었다.

신화통신은 국영 항공기 제작업체인 중국상용항공기유한공사(中國商用飛機, COMAC)가 제작한 중형 항공기 ARJ21-700 1대가 2015년 11월 29일 윈난성(雲南省) 청두(城都)항공에 인도됐다고 보도했다. 청두항공은 3개월간 시험 비행 후 승객을 수송하는 베이징, 상하이 등 정기 항로의 인기 노선에 투입되었다. 중국이 자체 제작한 민간 항공기를 항공사에 납품한 것은 이번이 처음이다. ARJ21는 78~90석 규모의 중형항공기로 항속거리는 2,225~3,700㎞다. 청두항공은 2010년 모두 30대의 ARJ21을 선구매 한 바 있다.

▲ 중국의 ARJ21는 78~90석 규모의 중형항공기

중국은 중형에 이어 자국산 중대형 항공기 시대도 눈앞에 두고 있다. 중국이 세계 시장에 선보일 항공기의 명칭은 'C919'이다. 'C'는 China를 의미하며 '9'는 중국어로 '하늘과 땅만큼 영원하다'라는 뜻의 티앤창띠지우(天長地久)의 '지우(久)'와 발음이 같아 영원함을 상징한다. 'C919 개발프로젝트'는 2009년 9월 홍콩 아시아 국제 에어쇼에서 첫 공개됐다.

2015년 11월 2일 중국상용항공기유한공사(COMAC)는 상하이 푸동(浦東) 공장에서 C919 출고식을 가졌다. 보잉 737, 에어버스 A320과 동급인 C919는 최대 190석까지 설치할 수 있는 대형 항공기로 항속거리는 4,075~5,555㎞다. '중국상용항공기유한공사'(COMAC)는 이미 517 대의 주문을 받았다고 밝힌다.

이 비행기는 최소한 3년의 시험비행 기간이 소요될 것으로 보여 COMAC의 항공기들이 전 세계 하늘을 날기까지는 상당한 시간이 걸릴 것으로 보인다. 미국연방항공청(FAA)과 유럽항공안전청(EASA)이 중국상용항공기유한공사(COMAC)에 대한 실사를 마무리 하면서 운항 허가를 불허했다. 시장성과 기술적 안전성에 대한 확신이 없다는 점이 주된 이유였다.

중국항공산업공사(AVIC) 모회사인 중국상용항공기유한공사(COMAC)의 'C919' 생산은 중국의 22개 성시(省市)로부터 유입된 35개의 고급 연구기관으로 구성된 개발팀이 지난 7년간 피땀 흘려 이루어낸 결과다. 참여하는 부품 기업만 200곳에 이르며, 미국의 GE와 항공운항 제어시스템 업체인 하니웰(Honeywell)을 포함한 30여 외국 회사들이 부품을 공급했으며, 20만 명 이상의 기술자들이 전 공정에 관여했다.

이와 관련하여 중국 '21세기경제제보도'는 2016년 1월 20일 기존 중국 항공기업들의 엔진 관련 사업부문 40여 개를 따로 떼어내 통합하는 방식으로 자산규모 1,450억 위안(26조 7,000억 원) 규모의 초대형 국유 항공기 엔진 제조기업이 베이징에서 출범을 앞두고 있다는 소식을 전한다.

이번 국유 항공기 엔진 기업 출범은 2015년 11월 첫 선을 보인 중국 최초의 국산 여객기 C919 양산 프로젝트와 궤를 같이 한다. 애당초 중국 정부는 2020년까지 국산 여객기에 탑재할 자체 개발 엔진을 양산한다는 계획이었다. 그러나 엔진 개발에 차질이 빚어지며 C919 항공기에는 미국 제너럴일렉트릭(GE)과 프랑스 시네크마(Snecma)의 합작사인 CFM 인터내셔널에서 만든 터보제트 엔진이 장착되는 등 핵심 부품이 자체 개발이 아닌 외국산으로 알려진 가운데, 중국 항공 당국의 자존심에 금이 갔다는 분석이 제기됐다.

C919의 경우 국산화율은 50%에 미치지 못하는 것으로 알려진 가운데, 실제 ARJ21-700과 C919의 핵심 전자 시스템, 디스플레이, 비행기록 시스템이 모두 제너럴일렉트릭(GE) 제품이었다. 그리고 종합 통신 및 항법 장치, 감시 시스템과 객석 오락 시스템은 미국 록웰콜린스(rockwellcollins)의 제품이다. 독일산과 프랑스 핵심 부품도 다수 사용됐다.

중국상용항공기유한공사(COMAC)는 중국 시장만으로도 충분한 수요가 있다. 중대형 여객기 C919를 이미 선보인 가운데, 300 명 이상이 탑승할 수 있는 대형여객기도 개발 중이다.

〉〉〉 '안보와 자원 확보' 치열한 군비경쟁

2004년 후진타오(胡錦濤) 중국 前 국가 주석은 '중국의 국익'을 지켜내는 것이 '새로운 역사적 과업'이라는 내용의 군사독트린을 공개한다. 2000년대 이후에는 고도성장에 따른 에너지 수요 급증으로 해상교통로에 대한 관심이 커지면서, 중국은 원거리작전 전략에 관심을 제고시킨다.

여기에서 '중국의 국익'이란 중국의 원유 수송 루트를 안전하게 보호하는 것과 외국에서 일하고 있는 중국인들을 안전하게 보호하는 것이 핵심 요체이다. 중국의 해양 전략은 덩샤오핑(鄧小平)의 대외 개방정책의 등장과 더불어 본격 대두됐다. 중국 지도부는 안보적 경제적 측면에서 대만문제와 지속적 경제발전을 위한 해양권익 보호 필요성이 한층 높아졌다고 판단한 것이다. 이에 중국 당국의 해양전략은 대만과의 통일, 남중국해 해상 교통로의 확보 및 대양자원의 보호 등 핵심 목표에 초점을 맞추고 있다.

특히 석유, 천연가스 등 천연자원이 매장돼 있을 뿐 아니라 황금어장 역할을 하고 있는 남중국해에서는 중국, 베트남, 필리핀 등의 국가들이 영유권을 주장하고 있어 미중 간 군사적 충돌이 벌어질 가능성이 높다. 또한 전 세계 원유 교역량의 3분의 1, 해상 무역량의 4분의 1이 이곳을 지날 만큼 자원이동의 주요 통로이기도 하다.

그리고 동중국해에서는 일본과 중국이 영토 분쟁을 벌리는 등 동북아 질서 유지가 휘청거리고 있어 군비 1위와 2위를 차지하는 군사력 강대국 미국과 중국의 군사력에 이목이 쏠리고 있다.

영국의 싱크탱크 국제전략문제연구소(IISS)에서 매년 발간하는 '더 밀리터리 밸런스'(The Military Balance)에 따르면, 2015년 기준 미국의 국방 예산은 약 5,975억 달러로 1위에 오른 데 이어 중국은 매년 국방비를 대폭 증강시킨 가운데, 약 1,458억 달러의 예산으로 세계 2위를 달리고 있다.

중국의 국방예산은 2011년 12.7%, 2012년 11.2%, 2013년 10.7%, 2014년 12.2%, 2015년 10.1% 등 매년 두 자릿수의 증가세를 이어왔다. 2017년 중국의 국방비 예산은 약 1조 200억 위안(약 171조 원)으로 처음으로 1조 위안을 넘어섰다. 중국은 무기의 현대화, 첨단화에 중점 심혈을 기울이고 있어 대내외적으로 국방예산 수요가 가파르게 늘고 있다.

세계 3위의 군사력의 위용을 뽐내고 있는 중국의 군대의 정식 명칭인 '인민해방군'은 총 병력 230만 명에 예비군 2억 명, 그리고 무장 인민 경찰 100만 명으로 세계에서 가장 많은 군인들을 보유하고 있다. 중국 인민해방군은 과거에는 징병제였으나, 현재는 경제 발전과 인력의 고급화로 인하여 실질적인 모병제로 운용하고 있다.

중국의 해군은 세계에서 알아주는 매우 큰 규모이다. 현재 중국은 한반도를
겨냥하고 있는 북해함대, 대만을 상대하는 동해함대, 남중국해를 관리하는
남해함대를 중심으로 해군력을 대폭 보강하고 있다.

▲ 차세대 핵심 전력으로 평가받는 052D 이지스급 구축함

25만 명 병력의 해군의 차세대 핵심 전력으로 평가받는 052D 이지스급 구
축함은 2014년 부터 단계적으로 실전 배치되고 있다. 052C 이지스 구축함
은 현재 14대가 있고, 5대가 추가 건조 예정이다. 호위함은 58대이다. 원자
력 잠수함은 10대, 재래식 잠수함은 52대가 있다. 2002년만 해도 대함미사
일을 보유한 중국 잠수함은 8척에 불과했지만 지금은 무려 29척이나 된다.

이제 중국은 자체 제작 항공모함 국가이다. 2015년 8월 시진핑(習近平) 국가
주석은 랴오닝성(遼寧省) 다롄(大連) 조선소를 찾아 '중화 제1호 자주건조 항
공모함 착공 2주년'이라는 친필 휘호를 내린 바 있다.

제작 코드명 '001A'인 항모의 크기는 270m, 폭 35m 규모가 될 것이라고 영국 군사 전문지 '제인스 디펜스 위클리'가 위성사진을 분석해 보도한 바 있다. 또한 홍콩과 대만 언론들은 2014년 10월 22일 캐나다 군사 전문지 '칸와 아시안 디펜스'를 인용해 중국이 상하이 쟝난조선소(江南造船廠)에서 두 번째 자체 설계한 항공모함 제작에 들어갈 예정이라고 보도한 바 있다. 결국 중국의 항공모함 2호는 2017년 4월 26일 진수되었다.

그러나 중국은 자체 제작에 앞서 2012년 이미 항공모함 보유국이었다. 중국은 구소련의 우크라이나에서 들여온 항모를 개조한 랴오닝(遼寧)호를 2012년 건군 기념축제 때인 8월 10일 시험 항해에 나섰다.

▲ 중국은 이미 2기의 항공모함 보유 국가이다.

1985년 우크라이나의 니콜라예프 조선소에서 건조하던 쿠즈네초프 항공모함(6만 7,500톤)의 2번함이 소련이 1991년 12월 25일 붕괴한 후, 재정난으로 1992년 공정률 70% 상태에서 건조가 중단되자 우크라이나 정부가 구입했다. 이어 1998년 홍콩의 작은 회사를 앞세운 중국이 마카오의 해상 카지노를 만든다는 명목으로 우크라이나 정부로부터 2,000만 달러에 사들여 2002년에 다롄조선소로 가져와서 10년 동안 개조하였다. 랴오닝(遼寧)호는 갑판 길이 302m, 최대 속력 29노트에 항공기 52대를 탑재한다.

또한 중국은 엄청난 육군력을 자랑하는 나라이다. 육군에 종사하는 인원은 중국이 미국보다 3배 가량 많은 약 160만 명이다. 그리고 중국의 공군은 약 39만 8,000 명이다. 중국은 근래 들어 동펑(東風)-41과 같은 신형 대륙간탄도미사일(ICBM)이나 핵잠수함, 제5세대 스텔스 전투기, 미국의 미사일 방어체계(MD)를 무력화할 수 있는 미래무기인 극초음속 발사체, 우주전략무기 등에 이르기까지 첨단무기 개발에 화력을 집중하고 있다.

현재 중국은 지하에 핵탄두들을 보관하는 거대한 길이의 지하 기지를 건설했을 뿐만 아니라 240여 대의 대륙간 탄도미사일을 보유하고 있는 세계 핵전력 순위 4위이다. 특히 미사일 '동펑-41'은 사정거리가 1만 5,000km로 지구상 거의 모든 지역에 도달할 수 있다.

중국은 제5세대 스텔스 전투기도 보유하고 있다. 중국에서 미국의 F-22와 F-35에 대응하는 스텔스 전투기인 J-20은 고고도 고속요격기이며, J-31은 다목적기로 사용될 것으로 알려진다. 이외에도 선양비행기공업집단이 개발한 J-18은 테스트 중이다. J-18은 수직 이착륙이 가능하고 단거리에서도 이착륙할 수 있어 J-15와 함께 항모 탑재기로 사용된다. 그리고 시안 Y-20

▲ 스텔스 전투기인 J-20은 고고도 고속요격기이다.

은 중국이 개발 중인 220톤 중량의 제트 전략수송기이다.

중국은 25대의 조기경보통제기를 보유하고 있으며, 급속도로 성장한 항공우주기술로 200기의 위성을 발사하였는데 그중 GPS위성은 16기이다. 중국은 우주전쟁을 담당할 부대의 창설도 구체적으로 검토하고 있다. 향후 우주전쟁을 전담할 '톈쥔(天軍)'이라는 이름의 부대는 우주작전, 우주함대, 기지부대, 로켓부대 등으로 이뤄진다.

〉〉〉 '우주기술' 미국과 러시아 맹추격

2016년 4월 24일 시진핑(習近平) 주석은 중국의 첫 국가항천일(航天日, 우주일)을 맞아 '우주강국 건설'을 골자로 한 '우주의 꿈' 실현 목표를 공개 천명했다. 시 주석의 우주강국 건설 빅드림의 기저에는 정치, 경제, 군사 등 각 분야에서 굴기(堀起, 우뚝 섬)를 추구하는 중국이 우주 분야에서도 미국, 러시아에 버금가는 우주 강국이 되겠다는 야망을 극명하게 드러낸 것이다.

현재 중국의 우주개발 기술은 미국과 러시아에 이어 세계 3위에 위치하지만, 양국을 따라잡는 것은 시간문제이다. 1956년부터 군사정책의 일환으로 시작된 중국의 우주 프로그램은 5년 단위로 계획되고 실행되었는데, 이를 일명 5개년 지침이라고 한다. 현재 중국은 2011~2015년의 제12차 5개년 지침에 의거한 우주 프로그램 수행의 막바지를 통과한 형국이다.

중국의 우주개발 계획은 매우 치밀하게 추진되고 있다. 중국공산당 정치국은 1992년 9월 21일 당시 장쩌민(江澤民) 총서기가 참여한 회의에서 '3단계 유인 우주개발 계획'을 세웠다. 중국의 유인 우주개발 계획은 회의 개최일을 기념해 '921공정(工程)'이라고 불린다. 그 요체는 우주인을 우주로 보냈다가 귀환시키는 단계, 우주 공간에서 도킹과 우주인의 단기 및 중기 체류단계, 우주 장기 체류가 가능한 3단계로 구성돼 있다. 중국은 현재 921공정의 2단계를 진행 중이다.

▲ 최초의 중국 우주비행사 양리웨이

중국은 이미 2003년 4월 선저우(神舟) 5호인 유인 우주선을 이용해 최초의 중국 우주비행사 양리웨이를 지구 궤도에 진입시킨 바 있다. 1명이 탑승한 이 유인우주선은 지구 저궤도를 14회 돌면서 약 21시간 비행했다.

2005년 10월에는 선저우 6호를 발사, 이번에는 2명의 우주비행사가 약 115시간 32분이나 우주에 머물렀다. 그리고 2008년 9월 선저우 7호에는 3명의 우주비행사가 탑승하고 우주선 밖에서 작업을 진행하는 우주 유영을 실시한 바 있다. 중국은 미국과 러시아의 독무대였던 우주정거장 건설에도 발을 내딛고 있다. 2011년 9월 29일 중국은 자국의 첫 실험용 우주정거장 모듈인 '티앤꽁 1호(天宮)'를 성공적으로 쏘아 올린 뒤, 2012년과 2013년에 유인 우주선인 선저우 9호와 10호의 티앤꽁 1호 도킹에 잇따라 성공했다.

'하늘의 궁전'이라는 뜻의 티앤꽁 1호는 중국 고전소설 '서유기'에서 손오공이 천상의 궁궐(天宮, 티앤꽁)에 올라가 소란을 피운 고사에서 따왔다. 길이 10.4m, 최대 직경 3.35m, 무게 8.5t의 소규모의 실험용 우주정거장 티앤꽁 1호는 중국의 우주정거장 시대를 열기 위한 이른바 '실험용 세트장'이다. 이로써 중국은 미국과 러시아에 이어 세계 3번 째로 우주정거장을 보유한 나라가 됐다. 그리고 티앤꽁 1호는 2018년 4월 지표면에 추락하면서 일단 그 역할을 다하였다.

2011년 11월 3일 지상에서 343km 떨어진 우주에서 무인(無人)우주선 선저우(神舟) 8호를 실험용 우주정거장 티앤꽁(天宮) 1호에 도킹시키는 데 성공했다. 그리고 11일 동안 서로 연결된 채 비행해 온 티앤꽁 1호와 선저우 8호는, 일단 분리돼 140m 거리까지 떨어졌다가 11월 14일 두 번째 우주 도킹에 성공해 중국은 2단계를 본격 가동하기 시작했다.

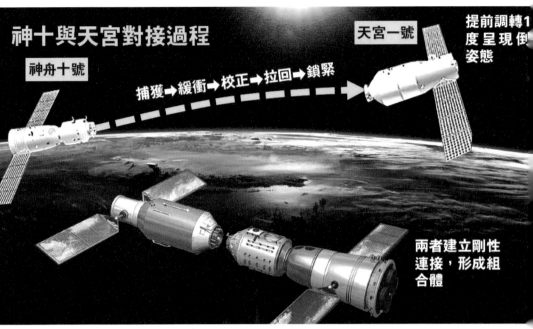

神十與天宮對接過程

神舟十號

捕獲→緩衝→校正→拉回→鎖緊

天宮一號

提前調轉1
度呈現倒
姿態

兩者建立剛性
連接，形成組
合體

▲ 유인우주선 선저우 10호는 2013년 6월 13일 톈궁(天宮) 1호와 자동 도킹에 성공했고, 23일에는 수동 도킹에도 성공했다.

중국의 4번 째 유인 우주선 선저우(神舟) 9호는 2012년 6월 18일 우주정거장 티앤꽁(天宮) 1호와 자동도킹에 이어, 6월 24일 티앤꽁 1호에서 분리돼 400m 가량을 떨어졌다가 수동조작을 통해 다시 도킹하는 데 성공했다. 이 수동도킹에는 중국의 첫 여성 우주인 료우양(劉洋)도 참여했다.

5번 째 유인 우주선 선저우 10호에는 3명의 우주인이 탑승하였는데, 2013년 6월 13일 티앤꽁(天宮) 1호와 자동 도킹에 성공했고, 동월 23일에는 수동 도킹에도 성공했다. 4번 째, 5번 째 유인 우주선에서 중국은 자동과 수동 도킹 모두를 공히 성공하면서 우주개발 과정에서 거대한 진전을 이루었다.

중국의 놀라운 비약적 우주 발전사를 간략 요약하면 다음과 같다. 선저우 1

호(1999년), 선저우 2호(2001년) 동물 탑승, 선저우 3호(2002년), 선저우 4호(2002년), 선저우 8호(2011년)는 모두 무인 시험비행이었다. 그리고 선저우 8호(2011년)의 무인 도킹에 이어 선저우 9호(2012년)와 선저우 10호(2013년)는 유인 도킹이었다.

유인 우주선 선저우 5호(2003년)에는 1명, 선저우 6호(2005년)에는 2명, 선저우 7호(2008년)에는 최초로 3인이 탑승하였고 최초로 우주유영이 이루어졌다. 선저우 9호(2012년)에는 최초의 여자 우주비행사가 탑승하였다. 드디어 2016년 10월과 2017년 4월 각각 발사된 유인 우주선 '선저우(神舟) 11호'와 우주화물선 '톈저우(天舟) 1호'는 2016년 9월 15일 발사된 우주정거장 티앤꽁 2호와 도킹에 성공했다.

2003년 10월 15일 선저우 5호의 영웅으로 중국 최초의 우주인 양리웨이(楊利偉)는 2016년에 자국의 두 번째 실험용 우주정거장인 '티앤꽁(天宮) 2호' 발사 일정을 밝힌 바 있다. 중국 정부는 선저우 10호를 끝으로 티앤꽁 1호를 폐기하고, 성능이 개선된 티앤꽁 2호와 3호를 차례로 발사해 우주정거장 운영에 필요한 노하우를 축적하여 2020년 무렵부터 자체 우주정거장 운영에 본격 돌입한다는 방침을 세웠었다.

중국의 우주의 꿈은 여기에 머무르지 않는다. 중국은 달의 탐사 계획도 추진하고 있다. 중국은 2007년 10월 24일에 달 탐사 위성인 창어(嫦娥) 1호와 2010년 10월 1일 창어 2호를 성공적으로 발사시키고 달 탐사 임무를 수행한 바 있다. 창어는 중국 고대 전설 속에 나오는 선녀의 이름으로 신선의 약을 훔쳐 달로 도망쳐 살고 있다는 설화가 전래된다.

▲ 2013년 12월 15일 창어 3호는 달 표면에 중국에서 자체 제작한 달 탐사차량 '위투'의 안착에 성공하였다.

드디어 중국은 미국, 러시아에 이어 세계에서 세 번째로 달 착륙에 성공하는 국가가 되었다. 중국의 무인 달 탐사선 '창어(嫦娥) 3호'가 2013년 12월 14일 달 표면에 착륙하는 역사적 이정표를 세운 것이다. 동년 12월 15일에는 창어 3호는 달 표면에 중국에서 자체 제작한 달 탐사차량 '위투'(玉兎, 옥토끼)가 분리되어 안착에 성공하였다. 무게 140kg의 탐사로봇 '위투'는 중국 신화에 나오는 달의 여신 '항아가 품에 안고 있는 옥토끼'란 뜻으로 지어진 이름이다. 태양에너지로 작동하는 위투는 창어 3호에서 분리 착륙했다. 이후 중국 정부는 '창어 3호'와 달 탐사 로봇 위투가 찍은 달 표면 사진을 첫 공개하여 흥분을 불러일으켰다.

중국 국가국방과학기술공업국(SASTIND)은 16개월째 달 탐사를 수행 중인, 세계 최장 달 탐사선 창어 3호가 최근 동면에 들어갔으나, 천체망원경과 여타 탐사 장치들은 여전히 가동되고 있다는 소식을 전한다.

1969년 세계 최초로 유인우주선 달 착륙에 성공했던 미국은 1972년 '아폴로 17호' 이후 달 표면에 우주선을 보내지 않았고, 러시아는 옛 소련 시절인 1976년 위성 '루나 24호'를 마지막으로 달 탐사를 중단한 상태다.

중국이 2018년 발사 예정인 창어 4호는 이제는 달의 뒷면을 탐사하겠다는 야심찬 출사표를 던진 상태이다. 달의 뒷면은 중력과 자전 등으로 위성 촬영 등을 통해서만 관측이 가능하다. 아직 탐사가 한 번도 이뤄지지 않았다. 달 탐사선이 달의 뒷면에 착륙하는 것은 창어 4호가 세계에서 처음이 될 것이다. 또 중국은 2020년 이후 달에 유인 우주선을 착륙시키겠다는 계획이다.

장쩌민(江澤民) 前 주석 재임시절인 1990년대 초부터 '유인 우주개발 프로젝트'를 시작해 꾸준히 유인 우주선을 발사했고, 현재 우주 임무수행 경험을 가진 우주인만 10명을 확보한 상태이다. 실제로 15만 명(보조인력을 포함하면 23만 명)에 달하는 중국의 우주항공 연구 분야는 미국·러시아와 대등한 기술력을 보유하고 있는 것으로 평가된다.

마지막으로 중국 해양 굴기의 상징은 '자오룽'호다. '자오룽'은 상상 속에 등장하는 뱀과 비슷한 동물의 일종으로 '때를 못 만난 영웅호걸'을 의미한다. 유인 잠수정 자오룽은 2012년 세계에서 가장 깊은 태평양 마리아나 해구에 6,700m 깊이까지 들어가는 대기록을 세웠다. 중국이 자체 개발한 자오룽은 길이 8.3m에 3명이 탑승해 최장 9시간까지 잠수가 가능하다. 최대 7,062m

까지 잠수할 수 있다.

중국 과학 기술력의 성장은 결코 우연이 아니다. 중국은 파격적 인재 우대 정책과 10년 앞을 내다보는 꾸준한 계획 정책을 기반으로 과학기술 토대를 쌓아왔다. 중국과학원은 1990년대 '백인계획'을 실시한다. 외국의 유수의 중국인 과학자를 귀국시켜 첨단 기술을 양성하는 것이 목표였다.

2008년 후진타오 국가주석은 백인계획에 이어 '천인계획'을 공포한다. 외국에 있는 학자들에게 1인당 연구비를 특성에 따라 차등 지원했다. 2012년 9월부터는 천인계획을 확장한 '만인계획'을 추진중이다. 향후 10년 동안 국가 인재 1만 명을 양성하겠다는 복안이다.

중국의 비약적 기술의 약진 비결은 전폭적인 정부 지원과 기업들의 과감한 투자를 꼽을 수 있다. 중국은 정부 차원에서 스마트폰뿐 아니라 반도체, 디스플레이 업체에 공장 부지부터 제조설비까지 아낌없이 투자하고 있다. 정부의 막강한 지원 덕분에 중국 기업들은 단기 성과에 얽매이지 않고 다양한 기술 개발을 시도할 수 있었다.

최근 중국은 외국인 직접 투자를 통해 인재를 유치함은 물론 막대한 자금으로 적극적 인수·합병을 통해 첨단 기술을 기민하게 흡수하는 블랙홀 정책을 펼치고 있다. 과학기술에 우대적 집중적 투자로 중국이 조만간 한국은 물론이고 세계를 넘어서는 기술국가로 부상하는 것은 시간문제라고 전문가들은 평가한다.

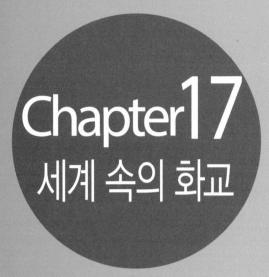

Chapter17
세계 속의 화교

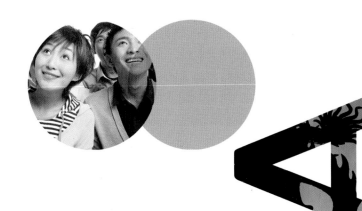

화교 네트워크 구축…탁월한 경제력 구축

160여국 널리 분포 6천만명 '탄탄한' 결속
동남아시아 경제권 장악 아시아 '최대재벌'

1991년 세계 화상대회 발족 '영향력 심화'
지역사정에 정통하고 비즈니스 감각 탁월

Chapter 17

세계 속의 화교

>>> '화교' 또 하나의 거대한 중국

대중화경제권은 1980년 홍콩 학자 황권연의 미래학 저서에서 언급되었는
데, 중국을 주축으로 홍콩, 마카오, 대만의 중국경제권과 동남아를 중심으로
전 세계에 분포된 혈연과 문화, 언어 등으로 연결된 '화교 네트워크' 근간의
경제적 통합 개념을 일컫는다.

전 세계 160여 개국에 분포되어 살고 있는 화교(華僑, 후아 치아오)는 해외
에 정착한 중국인 또는 그 자손들로 화상(華商), 화인(華人)으로 통칭된다.
오늘날 중국 대륙을 제외한 대만·홍콩·마카오의 중국인을 합하면 중국 본토
밖에 사는 중국인은 6,000만 명이 넘는다. 하나의 국가를 형성하기에도 모
자람이 없는 거대한 인구이다.

화교(華僑)의 빛날 화의 '華'라는 한자는 중국인들이 스스로를 화인(華人)이
라고 지칭하는 것에서 따 온 것이며, '僑'는 가주 거(假住居)로 타향 혹은 타
국에서 임시로 사는 사람을 가리킨다.

◀ 광둥 출신 화교는 약 2,000만 명으로 전체 화교의 절반을 차지한다.

화교와 화인은 뚜렷하게 구분되지는 않는다. 화교는 해외에 거주하고 있는 중국인을 통칭하며, 중국에 거주하지 않고 국적도 중국이 아닌 중화민족을 화인이라 한다. 우리는 미국과 캐나다, 유럽에서 또 저 멀리 아프리카까지 화교들을 만날 수 있다. 지역별로는 아시아에 제일 많이 분포하고, 다음으로 미주, 유럽, 호주를 포함한 지역, 그리고 아프리카의 순이다.

이렇듯 화교는 차이나타운(唐人街)을 중심으로 화교 네트워크를 형성하며 국경 밖에 있는 또 하나의 중국을 이룬다. '바닷물 닿는 곳엔 화교가 있다'는 말이 있을 정도로 전 세계 곳곳에 진출해 있다. 160여 개국에 뿌리를 내리고 있는 화교들은 끈끈한 네트워크를 밑받침 삼아 중국 경제를 떠받치는 원동력이자, 세계 시장의 '큰 손'으로 막대한 영향력을 행사한다.

'화인경제연감'(2000~2001년)에 따르면 전 세계 화교(화인)의 인구는 1999년 기준으로 160여 국가(홍콩, 마카오, 대만 제외)에 3,372만 명이다. 인구증가율 1.47% 추세를 감안하면 현재는 4,000만 명에 육박했을 것으로 추산된다. 동남아 화교의 80% 이상은 중국의 동남 연안 지역인 광둥(廣東)성과 차오저우(潮州), 푸젠(福建)성과 커자아(客家)에서 건너온 후예들이다. 광둥 출신 화교는 약 2,000만 명으로 전체 화교의 절반을 차지하고, 푸젠 출신 화교는 약 1,000만 명으로 전체 화교의 35% 정도를 차지한다.

이렇게 보면 광둥과 푸젠 출신 화교가 전체의 85%를 차지하는 셈이다. 또한 전통적으로 화교를 많이 배출한 지역으로는 동남부 연안인 광시(廣西), 하이난(海南)도 중점 거론된다. 현재 화교 사업가의 주 거주 지역은 인구 규모로 보나 자본력으로 보나 동남아와 홍콩, 대만이 으뜸이다.

〉〉〉 국경 없는 세계 3위의 경제 세력

화교 상권을 국제금융권에서는 북미자유무역협정(NAFTA)과 유럽연합(EU)에 이은 세계 3위 경제 세력으로 평가한다. 중국은 국경 내의 경제권 이외에 별도의 국외 경제권을 가진 그야말로 세계 최강 경제국으로 우뚝 섰다. 대만의 '화인경제실력 현상과 전망'이란 보고서를 보면, 2000년 해외 화인의 경제력은 대만 전체의 경제 규모와 비슷하다. 화교의 총자산은 1조 1,588억 달러, 화교 기업의 전체 시장가격은 6,750억 달러, 화교의 연간 총소득은 2,700억~3,170억 달러다.

화교를 대상으로 하는 통신사인 중국 국영 중국신문사(中國新聞社)가 2008년 1월 17일 발표한 '2007년 세계화상 발전보고'에 따르면, 화교 자산은 크게 늘었다. 해외의 화상(華商)들이 보유하고 있는 자산총액은 3조 7,000억 달러에 달하며, 이들 가운데 3조 2,000억 달러가 아시아 지역에 있는 것으로 알려진다. 전 세계적으로 10억 달러 이상의 부를 소유하고 있는 부호

1,000명 가운데, 중국 화상은 110명 수준으로 전체의 10% 이상을 차지한다. 이 수치는 약 40%를 점유하고 있는 미국 다음으로 큰 규모다. 또한 아시아 10대 증권 시장에 상장 된 1,000대 기업 중 517개가 이들 화교의 소유이다. 이들 기업의 총자산 5,500억 달러는 중국 대륙의 국내총생산(GDP)에 필적하는 천문학적 규모이다.

>>> 동남아시아 경제, 화상들이 장악

동남아시아 경제는 화상들이 좌지우지할 정도로 이곳에서 화교들의 입지는 막강하다. 인도네시아, 싱가포르, 말레이시아, 베트남 등 동남아 국가에서 화상의 경제 파워는 가히 독보적이다. 화교는 동남아 인구의 10%에도 못 미치지만 화상의 경제력은 소속 국가에 따라 50~90%를 점유하고 있으며, 대외무역의 40% 정도를 화교들이 장악하고 있다.

일본 후지쓰연구소가 조사한 바로는 동남아 5개국의 상장주식 중 화교가 보유하는 주식이 태국 81%, 싱가포르 81%, 인도네시아 73%, 말레이시아 61%, 필리핀은 50%로 나타났다. 싱가포르 경우는 한 국가의 80%에 해당하는 기업을 소유하고 있으며, 말레이시아에서는 10대 부자에 화상이 무려 8명이나 자리 잡고 있다. 태국에서는 상위 25대 재벌 중 23개를, 인도네시아의 경우 상위 10대 재벌 모두가 화교계 소유다. 반(反) 화교 정서가 강한 말레이시아에서도 최대 재벌 권허녠의 '케리그룹(Kerry Group)'을 포함하여 다수의 유력 기업이 화교 자본의 차지다.

화교들이 동남아시아를 비롯한 아시아 각지에서 각 나라의 경제를 석권할 정도로 크게 성장한 기반은 전폭적 공격적 투자였다. 화교들은 경제적 도약

▲ 아시아 최대의 부호는 화교 출신 홍콩 재벌 리카싱(李嘉誠)이다.

기에 이들 개발도상국에 투자를 주도함으로써 현지의 경제를 장악했다. 특히 아시아 대부분 국가들의 부동산과 인건비가 저렴했기에 화교들의 투자가 용이했던 것이다.

아시아 최대의 부호는 화교 출신 홍콩 재벌 리카싱(李嘉誠)이다. 2015년 1월 8일 미국 경제전문지 포브스에 따르면, 리카싱 회장의 자산은 총 335억 달러(약 36조 7,000억 원)로 1999년 이후 17년 연속 홍콩 최고 부자에 올랐다. 리카싱이 이끄는 청쿵그룹은 세계 52개 국가에 분포해 있고 부동산, 생명공학, 항만, 유통, 방송 통신 등에 걸쳐 있다.

리카싱 회장의 뒤를 이어 홍콩 내 2대 부호로 등극한 이는 역시 화교 출신 부동산 재벌 헨더슨랜드(Handerson Land)의 리샤우키(李兆基) 회장이다. 그의 자산은 250억 달러로 한 해만도 50억 달러(25%)가 증가해 자산 증가액으로는 최고였다.

▲ 홍콩의 2대 부호는 화교 출신 부동산 재벌 헨더슨랜드의 리샤우키(李兆基) 회장이다.

아시아 3대 카지노 업체 중 하나인 마카오의 카지노 왕(王) 갤럭시엔터테인 먼트 회장인 루이지워(呂志和). 아시아에서 최고급 호텔체인을 뽐내는 샹그 릴라(Shangri-La) 호텔은 말레이시아 최대 부호이자 전 세계 화교권 부호 8위에 올라 있는 궈허녠(郭鶴年)의 소유다. 이들 모두 화교 출신이다.

그리고 인도네시아의 살림(Salim) 그룹, 싱가포르의 윌마르(Wilmar) 그 룹, 말레이시아의 곽 브라더스(Kuok Brother) 그룹, 태국의 레인우드 (Reignwood) 그룹 등도 쟁쟁한 화상들이다.

특히 화교들 90% 이상이 거주하는 동남아 지역에서 이들은 강력한 경제력 과 함께 굵직한 정치인도 적지 않게 배출해냈다. 베트남의 호치민(胡志明), 리콴유(李光耀)·고촉통(吳作棟) 전 싱가포르 총리, 필리핀 건국의 아버지 호 세 리잘(Jose Rizal), 코라손 아키노(Corazon Aquino) 前 필리핀 대통령, 네윈(Ne Win) 미얀마 前 대통령 등이 대표적 화교 출신 정치인들이다.

▲ 마카오의 카지노 왕(王) 갤럭시엔터테인먼트 회장인 루이지워(呂志和)도 화교 출신

〉〉〉 화교들 부와 명예 모두 쟁취

세계 각지로 진출한 화교들이 현지 사업계를 주름잡으며 부와 명예를 일군 원동력과 추진력은 어디에서 기인하는지 매우 궁금한 대목이다. 전 세계에 뿌리 내린 화교들의 비즈니스의 철칙은 철두철미 가족경영이다. 이는 화상들이 만리타향에서 살아남기 위한 생존 본능이었다. 오랜 이민 역사를 통해 현지 적응에 성공한 화교들은 가족주의 문화와 지역·연고에 따른 결속력으로 끈끈한 협력 관계를 강화해 왔다.

특히 친족이라는 실체는 화교사회에서 중요하다. 화교들은 그들끼리 혼인을 하여 친족의 범위를 넓혀 나갔고, 규모와는 상관없이 대가족 제도를 유지하고 있다. 또한 화교들이 동일 문자, 동일 언어로 소통한다는 사실 그 자체가 정체성을 매개로 사업의 폭을 넓히는 데 매우 중요하고 유리하였다. 화상의 네트워크는 동향(地緣), 동업(業緣)의 결합으로 이루어진다. 화상 네트워크는 동향을 중심으로 동업으로 발전하면서 동일지역에 형성되었다.

▲ 아시아에서 최고급 호텔체인을 뽐내는 상그릴라 호텔은 말레이시아 최대 부호인 궈허녠(郭鶴年)의 소유다.

좀 더 세밀하게 분석하여 본다. 화교 연구 전문가들은, 전 세계에 화상들이 다음의 5가지의 중요한 연분에 기초하는 '꽌시(인맥) 비즈니스'의 본질을 설명한다. 혈연, 지연, 업연(동일 업종), 신연(같은 종교), 물연(동일상품 취급) 등이다. 이들은 이 5가지를 중심으로 그들만의 네트워크를 만들어낸다는 것이다.

이렇듯, 같은 업종의 종사자들이 모여 한 목소리를 내는 것은 서로 입장이 다른 각 기업 간의 문제에 대처할 수 있게 하고, 정부 또는 다른 기업이나 업종과의 교류와 접촉을 통해 각종 어려움을 이겨내는 힘이 된다. 화교 기업인에게 같은 사업을 하는 동료 화교들은 경쟁자가 아니라 가족만큼 소중한 협력자인 셈이다.

화상들의 성공 비결을 한 마디로 요약하면 관계와 인연을 중시하는 '꽌시 비즈니스'로서 '철저한 현지화'와 '만만디'라 일컫는 느긋한 협상술이다. 화교들이 협상에 뛰어난 자질을 보이는 것은 짧게는 수십 년, 길게는 몇 대에 걸쳐

▲ 리콴유(李光耀)전 싱가포르 총리는 아시아를 대표하는 화교 출신 유력 정치인이었다.

한 곳에 살기 때문에 지역 제반 사정에 정통하고 비즈니스 감각이 뛰어나기 때문이다. 특히 각종 사회·경제, 제도상의 제약과 법규상의 미비점을 어떻게 풀어 나갈지를 잘 안다. 근면함과 검소함, 뛰어난 상술과 함께 신용을 중시하고, 현지 문화에 잘 적응하려는 장점마저 더해져 협상에서 항상 유리한 고지를 선점하며 주도한다.

〉〉〉 세계 화상대회 야심만만 네트워크

1960년대까지만 해도 화상의 비즈니스 네트워크는 동남아 국가의 동향 조직에 의존하는 데 머물렀다. 그러다 1970년대 동남아의 화상 네트워크는 국가의 경계를 넘어 연대가 형성됐고 1980년대부터 홍콩과 대만, 동남아에 거주하던 화교가 북미와 유럽으로 이민 길에 나선다. 그 결과 화교 네트워크가 북아메리카와 유럽, 동남아시아를 잇는 글로벌 네트워크로 급성장했다.

중국이 빠른 속도로 수출 주도형 경제로 변화했던 것은 중국에서 생산된 제

▲ 필리핀 건국의 아버지 호세 리잘 역시 화교 출신

품을 전 세계 오지까지 퍼져 있는 화교 네트워크를 통해 유통시킬 수 있었기 때문이다.

이에 지난 1991년 싱가포르의 리콴유(李光耀) 전 총리의 제안으로 태동된 세계화상대회(世界華商大會) 발족은 국경을 넘나들며 사업하는 화상들이 국제적으로 네트워크를 확대하는 절호의 기회가 되었다.

세계화상대회(World Chinese Entrepreneurs Convention)는 화교기업인들의 경영능력을 과시하고, 상호 협력분야를 발굴할 뿐만 아니라 중국 본토와 협력 분야를 찾는 데 그 목적을 두고 있다. 초기에는 화교 간 친교를 위주로 한 네트워크 강화가 목적이었다. 하지만 이제는 각국 나라들이 자국의 투자 환경을 홍보하고 화교 자본을 유치하는 장으로 적극 활용되고 있다.

제1차 대회가 1991년 싱가포르에서 열린 이후 2년마다 한 차례씩 세계 각지를 돌면서 세계 각국의 중화총상회(中華總商會)가 연합하여 개최되고 있다. 1993년 홍콩대회에서는 '수용(Acceptance), 소속감(Belonging), 기여 (Commitment)'라는 ABC원칙을 채택하여 화교상권의 내부 결속 강화를 도 모하였다. 이후 방콕(태국), 밴쿠버(캐나다), 멜버른(호주), 난징(중국) 등에 서 개최되었다. 2005년 제8차 대회는 서울, 일본 고베, 마카오 등이 경합을 벌여 서울이 최종 선정됐고, 동년 10월 9일부터 12일까지 서울 코엑스에서 개최되었다.

지연 또는 혈연에 기반을 둔 화인들의 각종 세계대회는 규모와 영향력이 큰 것만 해도 17개에 달한다. 2005년 창설된 '세계걸출화상협회'는 중국 4대 화 상협회 중 가장 권위 있는 70,000명의 회원을 거느린 최대 협회이다. 조직 구성은 억만장자 중화 기업인들이 주체가 된다. 중화 기업 경제인 외에도 각 국 전 대통령, 유엔 관련 인사들의 참여와 호응도 역시 무척 높다.

'세계걸출화상협회'는 세계 유력한 화상들과 각국의 정재계 인사들과 우의, 친 선교류 도모의 장으로서 미국, 프랑스, 스웨덴, 포르투갈, 스페인, 이탈리아, 인도, 태국 등 20여 국가로 확대되었고, 2015년에는 한국에서 개최되었다.

다음으로 1년에 1회 성대하게 열리는 '세계 화교상인포럼'은 2006년에 시작 됐으며 중국의 베이징과 홍콩, 말레이시아, 프랑스, 한국, 태국, 미국, 러시 아 등 나라와 지역에서 8회 개최됐다. 제9회 세계 화교상인 포럼은 2015년 7월 18일 이탈리아의 롬바르디아 캄피오네에서 열렸다.

당시의 포럼은 세계 화교 기업가협회와 이탈리아 화교기업협회가 공동 주최 했으며, 다국가 전자상거래의 기회, 전통산업의 변혁과 금융자본의 융합 등 을 의제 삼아 새로운 정세에서 기업의 발전 방식 전환과 증진을 논의하였다.

이탈리아 화교기업협회 모애빈(毛愛彬)회장은 개막식에서 "중국의 실크로드 경제벨트와 21세기 해상실크로드 공동구축에 힘입어 선진적 유럽경제권과 번영의 동북아지역을 연결하는 '일대일로' 전략으로 창조된 역사적 기회를 이용하여 상생발전을 도모해야 한다."고 강조했다.

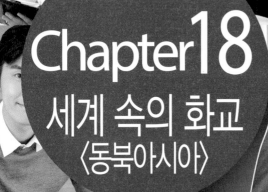

Chapter18
세계 속의 화교
〈동북아시아〉

중국을 역동적 경제로 쇄신 '일등공신'
'화교 글로벌 네트워크' 중국 경제발전 견인차
첨단 비즈니스 지식, 선진 경영관리기법 전수

한국은 박정희때 대 시련, 대만 단교 우여곡절
북한 최악 '경제난 전환점' 신흥 부유층 떠올라

Chapter 18

세계 속의 화교
〈동북아시아〉

〉〉〉 화교와 중국은 잉꼬부부 운명

대화교정책으로 중국은 화교들에게 이중국적을 인정하지 않고 거주국 국민으로서 당당하게 정착할 것을 권장하고 있다. 또한 중국은 화교들에게 국적이나 거주지에 상관없이 '중화민족'으로서의 일체감을 고양시키기 위한 노력은 물론 화상들의 투자에 대해 우대정책을 일관되게 펼쳐왔다. 1990년 제정된 중국의 교포정책 관련법은 화상들의 자본투자에 대한 지방정부의 지원과 법적 보호, 세제 우대 등을 구체적으로 명시하고 있다.

화교들은 세계 도처에서 막강한 재력을 축적했고, 방대한 네트워크를 통해서 묵직한 세력을 확장했다. 2014년 6월 시진핑 중국 국가주석은 베이징에서 열린 제7차 세계 화교단체 단합대회에 참석해 "수천만 명의 해외 교포들(화교)이 중화민족 발전에 크게 공헌했다."며 치하했다. 견고하게 뭉쳐진 화교 네트워크가 중국을 도와 성공적 경제발전을 이끌어 냈다는 의미이다.

◀ 중국 기업이 해외에 진출할
때 전 세계에 포진한 화상이
결정적 도움을 준다.

세계 경제에서 유대인들과 함께 그 실체를 인정받고 있는 거대한 경제 집단 화교 네트워크는 중국의 개방정책 이후 세계 속의 중국으로 이끈 최대 지원 세력들이었다. 화교들은 중국인이라는 민족적 동질성과 고향에 대한 뿌리 깊은 귀속의식을 가지고 있다. 이들에게 모국 중국의 개방정책은 잉여자본을 투자할 명분과 공간을 제공하였고, 중국은 이러한 자본을 토대로 역동적 경제를 구축하는 데 결정적 원동력이 되었다.

1978년 중국의 개방과 함께 화교의 모국 투자가 줄을 이었다. 1980년대 중국의 대외 경제개방이 본격화되자 화상들의 중국 투자가 대규모로 이루어지기 시작했고, 이것이 중국의 경제성장에 견인차 역할을 수행하게 된다.

개방 초기 중국 내 외국인 직접 투자액 가운데 70% 가량이 홍콩, 대만을 포함한 화교의 자본이었다. 중국 상무부 보고서에 따르면, 화교기업의 대중국 투자금액은 2006년 말까지 4,593억 달러로 추정된 바, 전체 외국인투자금액 6,885억 달러 중 화교기업이 약 67%를 차지했다.

중국은 1979년부터 선전, 주하이(珠海), 샤먼(廈門) 등지의 경제특구정책을 조성해 홍콩·마카오 기업에 문호를 개방했으며, 1984년에 14개 연해도시의

개방, 1990년의 상하이 푸둥 개발 등 대규모 해외유치 정책을 실시했다. 1979~
1991년 기간은 화교기업의 중국투자 초기 단계라고 할 수 있다. 화교들은 주
로 중국 동남부 지역의 경제개발에 투자하여, 중국을 역동적 수출주도형 경
제로 쇄신시켰다. 이어 1992~1997년 기간은 화교자본의 대중 투자가 가파
른 시기로 중국의 대외개방이 확대되면서 투자환경 개선과 고속성장으로 동
남아, 타이완 및 세계 화교들의 대중국 투자가 대폭으로 증가했다.

화교 기업의 대중국 투자는 중국의 개방지역이 북쪽으로 확대됨에 따라 동
남 연해지역에서 북상(北上)하고 있는 추세이다. 개방 초기 중국의 동남해안
은 지리적 인접성, 투자환경 개선, 정부의 화교자본 유치정책 등으로 화교기
업 진출이 상대적으로 활발했다.

화교기업의 우세업종인 부동산, 금융보험, 통신, 유통, 물류 등 제반 서비스
분야에 중국의 개방이 확대되고, 무역·투자 관련 법률제도의 고강도 혁신의
결과 2001년 중국이 WTO에 가입함으로써 2002년부터 외국기업의 대중국
투자가 활성화됐다.

◀ 2003년 일종의 무관세협정인
중국과 홍콩·마카오간의 CEPA의
체결로 화교권의 경제무역 합작이
새로운 단계에 진입했다.

특히 일종의 무관세협정인 중국과 홍콩·마카오간의 '포괄적 경제 동반자 협정'(CEPA)의 체결로 주강삼각주(珠江三角洲)의 지역통합이 제고되면서 화교권의 경제무역 합작이 새로운 단계에 진입했다. 홍콩과는 2003년 6월 29일에, 마카오와는 2003년 10월 18일에 CEPA가 체결되었다.

이어 2005년 중국~아세안간의 '자유무역협정'(FTA)의 체결로 17억 인구의 소비시장이 형성되었으며 관세율 인하 등 수출입 여건이 크게 개선되면서 제3의 투자 붐이 조성됐다. 화교의 해외투자는 주로 유통이나 금융 분야에 치중됐고, 자본의 회수기간이 긴 사회간접자본 투자는 꺼리는 편이었으나 근래에는 부동산, 특히 도시개발과 고속도로, 발전소 건설 등 자본회수에 시간이 걸리는 분야에 투자를 늘리고 있다. 화상 자본의 자국 진출은 중국에는 단순한 자본투자 이상의 의미가 있다. 해외 화교들은 대륙에 전문화된 비즈니스 지식과 선진적 경영 관리기법을 유입시킨다. 자본주의적 경제운용 경험이 일천한 중국으로서는 투자에 못지 않게 이런 노하우도 매우 값진 것이다.

그리고 화상과 관계를 맺는 것은 중국 기업에도 필요한 일이다. 중국 기업이 해외에 진출할 때 전 세계에 포진한 화상이 결정적 도움을 줄 수 있기 때문이다. 태국, 말레이시아, 인도네시아, 싱가포르, 필리핀에 있는 화교사회는 중국과 끈끈하게 연결된 아시아 지역의 정보·무역·금융기관이나 다름없다. 화상과 중국 기업은 이제 일방적으로 도움을 주거나 받는 측면이 아니라 호혜적인 관계로 발전한 것이다. 세계에서 가장 큰 무역 파트너이자 최대 시장이 된 중국과 거래하게 됨으로써 중국이 급성장하는 만큼 화교들도 급성장할 수 있었다.

화상은 탁월한 사업 수완과 합심된 경제력, 진취적 도전정신을 기반 삼아 세

계 경제 속에 깊이 뿌리 내리고 있다. 여기에 혈연·지연으로 다져진 협력·지
원 시스템과 단결력은 단연 세계 최고 수준이다. 이제 직접 교류는 물론 전
세계 각지의 화교의 네트워크는 인터넷을 통해 24시간 내내 교류되면서 새
로운 장을 열고 있다.

정보통신과 금융산업에 강점이 있는 싱가포르는 새로운 화교자본 중심지로
탈바꿈하려는 노력이 확연하다. 싱가포르는 21세기를 준비하는 화교들의 새
로운 도약을 창조하고 있다. 싱가포르는 1995년 12월 화교총상회(華僑總商
會)가 운영하는 세계 화상네트워크(WCBN)를 탄생시켰다. WCBN은 세계
화교자본과 관련된 모든 정보를 수집·제공하는 인터넷 서비스망이다. 개통
즉시 매월 50만 명 이상이 조회하였으며, 53개국 10여만 화상에 관한 최신
정보를 축적하고 있다. 기업 이름만 클릭하면 주소와 생산품목, 판매현황을
단번에 파악할 수 있다. 이곳에는 각국의 화교상인들 동정과 기업 소개, 출
신지와 언어 등으로 조직된 친목회에 이르기까지 관련 모든 정보가 정교하
게 입력된다. 개설된 사이트 수만 4만여 개 이상이다. 이곳을 통해서는 싱가
포르뿐 아니라 자카르타, 쿠알라룸푸르, 밴쿠버, 샌프란시스코의 보석점, 요
리점, 은행 등 화상들의 모든 것을 일목요연하게 총망라한다.

비단 이뿐만이 아니다. 전 세계 화교들의 역동적 활약상을 취재, 보도하는
중국 TV 네트워크가 1994년 12월 홍콩에서 개국되면서 이들은 한층 밀착되
어 효율성과 단결성을 공공연히 뽐낸다. 20세기 초까지 영국을 중심으로 한
팍스 브리태니카(Pax-Britanica), 그리고 제2차 세계대전 이후의 미국 위
주의 팍스 아메리카나(Pax-Americana), 이제 21세기 한복판에서 중국이
주축이 된 팍스시니카(Pax-Sinica)가 바로 그것이다. 중국을 이끄는 힘의
원동력은 화교가 될 것임은 두말할 나위 없다.

))) 한국은 세계에서 최소의 화교국

한국의 화교 인구는 대부분 산둥(山東)성 화교이며, 90% 이상은 중화민국 국적을 지닌 해외교민이다. 한국 화교 이민사는 한 세기를 훌쩍 넘어선다. 1882년 임오군란(壬午軍亂) 당시 청나라가 파견한 군대를 따라온 40여 명의 상인들이 한국 화교의 효시다. 같은 해 청나라와 통상조약 '상민수륙무역장정(商民水陸貿易章程)'이 체결되어 화교 유입의 길을 터놓았다.

1960~1970년대 최대 10만 명을 웃돌던 한국의 화교는 척박한 국내 풍토에 쇠락의 길로 접어들었고, 현재는 2만 2,000여 명 수준에 불과하다. 박정희 정부는 1961년 외국인의 토지 소유를 완전히 금지시킨 '외국인 토지소유금지법'을 실시, 화교들의 경제 활동에 제약을 가했다. 이후 '외국인 토지소유금지법'을 개정한 1968년 '외국인 토지법'으로 화교들은 주거 목적 200평, 상업용 50평 이내의 토지를 소유할 수 있게 되었다가 1998년에 이르러서야 관계법 개정으로 토지 취득이 자유화됐다.

1962년에는 '긴급통화조치법'에 의한 통화 개혁을 단행해 현금 보유량이 많았던 화교들에게 큰 타격을 줬다. 1970년대 초에는 도심재개발 명목으로 서울 소공동·북창동 일대의 화교들이 대거 밀려났다. 이와 같이 화교에 대한 잇따른 차별 정책 등으로 수많은 화교들이 대만·미국 등 외국으로 '재이민'을 떠났다. 대부분 대만 국적을 갖고 있던 화교들은 1992년 한국이 중국과의 수교를 위해 대만과 단교하자 어려움을 겪었다. 하지만 1993년 한국과 대만 간 협정이 맺어져 서울과 타이베이(臺北)에 대표부가 설치되면서 화교들의 경제 활동은 안정을 되찾았다. 1997년 법 개정으로 외국인 등록갱신 기간이 3년에서 5년으로 늘어났으며 2002년부터는 영주 자격을 부여받았다.

세계 최대 해외 이민 집단으로 꼽히는 화교의 유동자산이 4조 달러에 달하지만 한국은 여전히 화교 자본의 사각지대이다. 최근 제주도에 부동산·관광 투자 목적으로 유입되는 화교 자본을 제외하면 한국의 화교자본 협력 사례는 희박한 편이다.

한국의 대표적 '투자개방 특구'로 중국과 인접해 있는 인천경제자유구역은 2004년 설립 후 10여 년이 지나도록 5억 3,670만 달러에 불과한 단 두 건의 화교 자본 투자를 유치한 것으로 나타났다. 그나마 두 건의 투자도 중국계 화교 자본인 리포그룹과 미국 카지노 그룹 시저스가 합작해 만든 '리포시저스'(LOCZ) 회사가 진척시킨 것이다. 경제 전문가들은 한국이 중국 본토에만 러브콜을 보낼 것이 아니라 화교 자본과 상생하는 전략을 모색해야 한다고 주문한다.

〉〉〉 北화교 신부유층, 중국과 가교역

북한의 화교들은 중국과 북한을 잇는 '통로'다. 북한 사회에서 이색적 집단이 있다. 이 집단에 속한 사람들은 출신 성분 부여도 없고, 입당도 불가하며, 군인이 될 수 없다. 다만 합법적으로 마음대로 중국에 드나들 수 있다는 점이다. 이 부류들은 중국 국적을 보유하고 있는 북한 주민으로 바로 화교(華僑)다.

현재 북한의 화교 대부분은 일제 강점기 중국이나 만주국에서 온 이민자의 자손들이다. 1950년대 말기까지 화교들은 북한에서 어느 정도의 특권과 자치권를 허용받았다. 북한 화교 대표 조직인 '조선화교연합회'는 당시 중국 당국의 지도를 받았다. 화교를 위한 학교도 북한 당국으로부터 독립되었고, 학교는 중국인 교사, 중국 교육과정, 중문판 교과서로 학생들을 가르쳤다.

그러나 시대적 격변기에서 특히 중국 문화혁명(1966~1976년) 때 대거 북한으로 넘어간 화교들의 어려움이 컸다. 이 당시 북·중 관계가 악화되었는데, 수많은 화교들은 스스로를 '적국에 살고 있는 중국인'으로 여기게 되었다. 다만 6.25 참전 중국군 출신의 화교들은 좋은 대우를 받을 수 있었다.

1971년 저우언라이(周恩來)의 북한 방문을 시작으로 북·중 관계가 다시 호전되었고, 북한은 화교에 대한 차별적 정책을 중단했다. 이에 북한은 1960년대에 중국 국적에서 제적된 화교들에게 국적 회복을 사실상 허가하였다. 또한 중국 당국은 1979년부터 화교의 귀국 지원 조치를 실행하기 시작하였다. 결국 수많은 화교들이 중국으로 귀국하였다.

그리고 중국이 문호를 활짝 열게 되면서 이들의 위상과 영향력은 반전되었다. 1985년 이후부터 화교들에게는 거주 이전의 자유도 부분 허용되면서 상대적으로 살기 좋은 평양이나 남포특별시, 평남의 평성, 평북의 신의주, 함북의 회령과 청진 등에 주로 거주하고 있다.

1990년 이후 중국과 북한의 생활 수준 차이가 극명하게 드러났다. 중국 경제의 가파른 성장에 비해 북한은 최악의 경제 위기와 기근 시대가 도래하였다. 식량난 악화 등 국가 공급체계가 붕괴되다시피 한 북한에서 화교의 역할과 의존은 절대적이었다. 이들을 통해 중국식 시장경제가 북한 내부에 급속하게 확산되었다.

북한의 장마당에서 유통되는 생필품의 60~70% 정도가 화교들이 들여오는 중국산인 것으로 추정된다. 북한의 화교들은 중국과 연줄을 이용하여 북한 최대의 '무역 집단'으로 급부상했다. 이 기회를 이용해 화교들은 '달러 장사'

를 비롯해 개인 무역을 독점하다시피 했다. 이러한 정치적 격변기를 최대한 활용하여 북한 화교들은 황금기를 구가하면서 새로운 부유층으로 떠올랐다.

〉〉〉 일본경제 호황기 때 대거 유입

한국 내 화교인구는, 약 2만여 명에 불과한 반면 일본 내엔 약 60만 명 이상의 화교가 거주하고 있다. 일본은 중국인에 배타적 정서로 인해 차별대우가 강하고, 일본의 높은 땅값과 인건비 때문에 화교들은 큰 자본이 소요되는 사업에 엄두를 내지 못했다. 결국 대부분의 일본 화교는 관광업, 음식업, 카페 경영 같은 서비스업에 치중할 수밖에 없었다.

일본 내 화교 기업은 4,000여 개에 달하지만 대기업이나 중견기업으로 자리 잡고 있는 것은 아니다. 그런데 최근 들어서 상황은 달라지고 있다. 이른바 일본의 새로운 화교그룹들은 벤처, 정보기술(IT), 컨설팅, 의료건강 등 지식 관련 업종에 매달린다.

▲ 중국과 대만을 제외하고 아시아에서 가장 큰 요코하마 차이나타운은 일본 관광산업에 큰 역할을 하고 있다.

현재 일본은 각 지역에 차이나타운을 가지고 있으며, 일본 화교들의 대부분의 사업은 차이나타운을 중심으로 이루어지고 있다. 특히 일본의 차이나타운은 관광자원으로서의 가치가 높다. 이에 화교들은 일본 정부기관의 협력을 통해 발전위원회를 조직하여 차이나타운의 발전을 도모하고 있다. 중국과 대만을 제외하고 아시아에서 가장 큰 규모의 요코하마 차이나타운은 일본 관광산업에 큰 역할을 하고 있다.

일본의 화교는 대부분 대만 출신이 많았다. 1978년 중국이 경제 개혁 정책을 실시하고 해외 이민을 허용하면서 많은 화교들이 일본에 왔다. 일본 경제가 호황을 누리던 때에도 수많은 화교들이 일본으로 유입되었다.

2007년에는 화교의 일본 내 외국인 구성비가 남북한 동포를 제치고 최고의 통계치를 나타냈다. 이제 일본은 고베에서 2007년 9월 제9차 세계화상대회를 개최함으로써 중·일 관계를 포함한 화교 간의 관계를 강화시키고 있다.

◀ 일본은 고베에서 2007년 9월 제9차 세계화상대회를 개최하였다.

Chapter19

세계 속의 화교
〈동남아시아〉

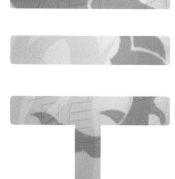

'反화교정책 극복… 전 분야 경제권 장악'

아시아 최고의 부호 '홍콩 리카싱' 24개국가 투자
인도네시아 말레이시아 식민시대 노동인구 유입

대만 왕융칭 PVC 왕, 친환경 자동차산업에 진출
인도네시아 최대 화교 인사는 살림그룹 린사오량
말레이시아 설탕왕 궈허녠 '샹그릴라' 호텔 운영

태국의 세궈민 중국투자 1호 기업 농수산업 일궈
방콕은행 '태국의 천삐천' 거대 국제 금융인 변신

필리핀 10대 재벌 기업중 7개 화교기업 경제좌우
캄보디아, 베트남, 미얀마, 방글라데시 점진 증가

Chapter 19

세계 속의 화교
〈동남아시아〉

>>> 홍콩! 중국 개방의 최고 견인차 역할

중국 남부 광둥(廣東) 성도 광저우(廣州)에서 북동쪽으로 270km 떨어진 산터우(汕頭)와 차오저우(潮州) 두 도시는 지리적으로 인접하며, 두 지역 모두 차오저우 방언을 쓰기에 한데 묶어 차오저우 지방이라 부른다. 이들 차오저우 사람들은 자신들을 광둥 사람으로 분류하는 데 흔쾌히 동의하지는 않는다. 이들은 창의적 문화와 사고방식을 가지고 있으며, 특히 조직에 충성심과 단합력이 매우 뛰어나다. 또한 해외 화교 거부의 상당수가 차오저우 출신이며, 이들은 해외 화교사회에서 객가(客家) 집단과 함께 핵심 주류를 형성한다.

전 세계에서 최고의 화상을 꼽으라면 1928년 중국 남부 광둥의 차오저우에서 출생한 홍콩의 리카싱(李嘉誠)이다. 리카싱은 찻집 사환에서 청콩 플라스틱을 설립한 후 부동산에 진출하여 홍콩 허치슨왐포아(Hutchison whampoa)와 청쿵(長江)그룹의 대주주로서 엄청난 부를 축적한 입지전적 인물이다.

리카싱의 부친은 초등학교 교장을 지냈으나 중일전쟁이 발발한 1939년 전란을 피해 홍콩으로 이주했다. 부친이 14세 때 사망하자, 장남인 리카싱은 학업을 포기하고 가족을 부양했다. 제2차 세계대전이 종전되던 1945년 17세 때 푼푼이 모은 소액으로 플라스틱 공장을 열었다.

이 회사가 청쿵공업공사로, 리카싱 기업집단의 핵심기업인 청쿵실업의 모태가 된다. 이 회사가 만든 플라스틱제 완구와 생활용품의 수요 급증과 1950년대 후반 유럽에는 플라스틱으로 만든 꽃이 큰 인기를 얻어 수출량이 급증했다. 덕분에 그는 '화왕(花王)'이란 별명을 얻는다. 이어 리카싱은 1958년 부동산업에 뛰어들었는데, 1967년 홍콩에서 땅값이 폭락하자 싼 값에 대량으로 토지를 매입했다. 1972년 홍콩 주식시장이 호황기를 맞자 청쿵공업공사를 상장하면서 분기점을 맞는다.

그리고 이후에 복합적 요인으로 홍콩경제의 불황에 부동산이 침체에 빠지자, 리카싱은 본격적 대륙진출에 나선다. 개혁과 개방의 문을 활짝 연 대륙의 최고 실력자 덩샤오핑(鄧小平)과 홍콩의 거물기업가 리카싱의 밀월은 최상이자 환상의 극적 결합이었다.

1979년 리카싱은 홍콩상하이은행그룹의 허치슨왐포아그룹 주식 22.4%를 획득했고, 1985년엔 영국계 대기업 이화양행이 재정위기에 빠지자 이 기업이 소유한 홍콩전등공사 주식 23%를 확보해 경영에 참여한다. 이어 그는 사업영역을 해외로 확대한다. 1986년 캐나다에 진출하여 허스키석유 주식 과반을 확보하며 경영권을 장악했다. 리카싱은 사업범위를 다각화했고 국제화 측면에서 사업지역을 아시아에서 북아메리카, 유럽, 호주 등 전 세계로 확장했다. 부동산, 호텔, 컨테이너, 제조 및 소매, 통신, 기초시설건설, 에너지 분야 등 광범위하다. 현재 청쿵실업은 전 세계 24개 국가와 지역에 투자하고 있으며, 고용 인원만 8만 명에 달한다.

〉〉〉 대만과 싱가포르, 중국 투자 봇물

대만은 언어와 문화가 비슷한 데다 중국 본토에서 넘어온 화교들이 경제권을 장악하고 있기 때문에 중국 투자는 물 흐르듯 자연스럽다.

◀ PVC의 왕 대만의 왕융칭(王永慶)은 세계적 거부이자 대표적 화교이다.

대만의 기업 가운데 중국에 진출한 기업은 중소기업 위주로 약 5만 개에 이르는 것으로 파악되는데, 재벌들도 사정은 비슷하다. 2002년 중국 투자 액수는 221억 달러(27조 원)에 이르며, 대만의 전체 해외 투자액의 40%에 해당한다.

'PVC의 왕' 왕융칭(王永慶)은 대만의 세계적 거부이자 대표적 화교이다. 왕융칭은 1999년에만 자산이 미화 58억 달러에 달하는 세계적 거부로 자리 잡았다. 대만의 플라스틱 그룹을 관장하고 있는 PVC 원료의 연간 생산량 98만 톤은 단일품목으로는 세계 최대의 규모다. 이제는 전기자동차의 무한 가능성에 주목하면서 친환경 자동차산업 진출을 시도하고 있다.

1917년 1월 18일 타이베이(臺北) 근교에서 출생했으며, 2008년 10월 15일

별세한 왕융칭 집안은 청나라 후반기에 대륙 남부 푸젠(福建)에서 건너와 정착했다. 왕융칭 부친은 조그만 차밭을 가진 빈한한 농민으로, 슬하에 3남 5녀를 두었고 왕융칭이 맏이였다. 초등학교를 겨우 졸업한 왕융칭은 15세에 고향을 떠나 타이완 남부 자이(嘉義)란 도시에서 쌀가게 점원으로 취직했다. 이듬 해 200달러를 자본으로 자신의 쌀가게를 열었다. 이후 정미소, 벽돌공장, 목재소를 거쳐 1953년 그의 인생을 바꾸어 놓은 '타이완 플라스틱 유한공사'(臺灣塑膠工業股 有限公司)를 설립했다.

왕융칭은 '어려움을 참아내며 노력한다.'는 인생의 좌우명이 자연스럽게 새겨졌다. 고객을 왕으로 모시는 철저한 서비스 정신의 경영, 원가 절약과 효율성 추구의 경영, 이론과 실무의 결합을 중시하는 실사구시 경영을 통해 기업의 모범을 보이려고 부단히 노력했다.

다음으로 싱가포르를 알아본다. 중국 본토(홍콩, 마카오 포함)와 대만을 제외하면 중국계 화교의 비율이 높은 나라가 싱가포르다. 싱가포르는 1819년 '토마스 스탬퍼드 래플스'에 의해 식민지로 개척되었다. 19세기 중반부터 본격적으로 식민지를 개발하면서 노동력 확보를 위해 중국 본토인 청나라로부터 수많은 중국인들을 이민으로 받아들였다. 그 영향으로 현재 싱가포르 전체 인구 중 중국계가 차지하는 비율이 78% 정도에 달한다.

싱가포르에서 중국계는 경제적 실권뿐만 아니라 정치적으로도 막강한 영향력을 갖고 있다. 1956년(당시 자치령 상태) 이후 정부 수반인 '총리'는 림 유혹, 리콴유(李光耀), 고촉통(吳作棟) 등 줄곧 중국계가 맡아 왔다. 그리고 소수계인 말레이인, 인도인의 배려 차원에서 각료직과 국회의원 의석의 일정 부분을 이들 출신에게 할당하고 있다.

>>> 인도네시아, 식민시대 유입…튼튼한 뿌리

인도네시아 인구의 약 4%가 화교이며, 이들 인구는 1,000만 명 정도로 추정된다. 화교들이 거주하는 대부분 대도시에는 차이나타운이 건설되어 있다. 이들은 주로 자바, 수마트라, 깔리만딴, 술라웨시, 이리안자야 등지에 거주한다. 특히 수마트라의 메단(Medan)시의 150만 명의 인구 중 30%가 화교다. 인도네시아 100대 부자 중 79%, 10위권 내에서는 1명을 제외한 전원이 화교다. 또한 상장 기업 가운데 화교 기업의 비중은 70% 이상이다.

현재의 화교사회는 네덜란드가 인도네시아를 식민 지배할 당시 성립되었는데, 네덜란드는 값싼 중국인 노동자인 '쿨리(苦力)'를 수입해 인구가 증가하였고, 또 화교 기업인들을 중개상으로 활용하기 위해 화교 기업인들에게 특권을 줬다. 쿨리는 제2차 세계대전 이전의 중국과 인도의 노동자로 특히 짐꾼·광부·인력거꾼 등을 가리켜서 외국인이 부르던 호칭이다.

그러나 인도네시아가 독립하자 그동안 유리하게 작용하던 식민지 정부와의 관계가 오히려 독이 되었다. 인도네시아 정부는 화교에 대해 공식적인 차별 정책을 펼쳐, 거의 모든 화교들이 인도네시아의 시민권을 얻는 것이 불가능해졌으며, 한자와 중국어의 사용도 금지되었다. 또한 1965년 반(反)공산당 작전기간 동안에 수많은 화교가 살해되었다. 하지만 1990년대에 들어 중국과 국교 회복을 위해 화교들의 시민권 수속을 완화하는 등 유화 정책을 펼치면서 인도네시아 화교에 대한 대우가 개선되었다.

수하르토(Suharto) 대통령이 1998년 5월 22일 권좌에서 물러나기 전까지 인도네시아의 최대 화교 재벌은 린사오량(林紹良) 살림(Salim)그룹 회장이

▲ 수하르토 대통령이 권좌에서 물러나기 전까지 인도네시아 최대 화교재벌은 '린사오량' 살림(Salim)그룹 회장이었다.

었다. 살림그룹은 아시아 금융위기가 오기 전 계열사가 640여 개에 연간 매출액이 200억 달러에 이르는 거대 기업군으로 성장했다. 2012년 6월에 사망한 린사오량은 1916년 푸젠성 하이커우(海口)에서 농민의 아들로 태어난 '푸젠방(福建幇)'이다. 자신이 취급하는 물품에서 의약품과 식량을 군에 공급하는 대신, 본인의 물건을 안전하게 수송할 수 있도록 군대의 많은 도움을 받았다. 그 과정에서 린사오량이 결정적 관계를 맺은 유력한 군인이 중부 자바섬에 주둔했던 제4군구의 수하르토 중령이었다. 권력을 장악한 수하르토는 린사오량에게 많은 특권을 주었다. 살림그룹 성장의 결정적 계기가 된 것은 밀가루의 독점 가공판매와 정향을 독점 수입하도록 한 것이다. 밀가루는 2억 6,000만 명 이상의 인도네시아인의 주식이고, 정향은 담배 제조에 필수적인 재료다. 린사오량은 아시아에서 제1의 시멘트회사를 건립, 인도네시아 시멘트 수요의 40%를 담당했다. (월간조선 2009년 6월호)

또한 1952년에 창설된 시날마스그룹은 식용유에서 출발하였고, 1970년대에는 제지업에 참여하여 인도네시아 국가 전체 종이 생산의 30%, 수출의 50% 이상을 차지하고 있는 가운데 은행, 부동산, 호텔 영역까지 사업을 확장하였다.

〉〉〉 말레이시아, 反화교정책 속 지위 대폭 향상

말레이시아는 총인구의 약 29%가 중국계 후손이며, 이들 화교가 말레이시아의 모든 부의 40%를 점유한다. 말레이시아 행정·경영 부문의 전문인력 중 60%를, 비즈니스와 상업 부문의 70%를, 상장 주식의 61%를 소유하고 있다. 동서고금을 막론하고 혈연만큼 강한 단결력은 없다. 말레이 반도 북부 페낭(Penang)시에는 화교들의 구씨, 임씨, 담씨 등 말레이시아의 주류가 된 성씨 협회가 존재한다.

말레이시아는 인도네시아를 비롯한 동남아시아의 많은 나라와 같이 서구 세력에 의해 식민 지배를 받았다. 또한 말레이시아와 인도네시아는 닮은 면이 많다. 반(反) 화교 의식이 뿌리 깊게 박혀 있는 나라다. 단순히 소수민족으로서 겪는 어려움이 아니라 정치적, 사회적 억압과 탄압 속에서 치열한 생존 싸움을 벌여야 했다.

말레이시아 화교의 주류는 19세기 말부터 20세기 중반까지 영국 식민지 시대에 주석광산이나 고무농장 노동자 쿨리(苦力)로 왔거나, 아편전쟁 이후에 척박한 중국 현실을 피해 이주해 온 남부 해안지방 중국인들로 구성되었다.

독립 후에는 말레이시아인 우대정책인 "부미푸트라'(화교를 억제하고 말레이시아인들을 지원하는 정책)로 화교들을 억압했다. 말레이시아의 공산당이

유혈폭동을 일으켜 반공을 외치는 세력이 증가하면서 공산당이 정권을 잡은 중국에 반감을 가지게 되어, 1969년에는 대규모 반(反) 중국 폭력사건이 일어났다. 엎친 데 덮친 격으로 중국인이 이끄는 말레이시아 공산당이 폭력 혁명을 일으켜 사태가 한층 악화되었다.

그 이후 말레이시아와 중국의 관계는 당시 마하티르(Mahathir) 총리의 1985년 중국 방문과 1988년의 말레이시아인의 중국 방문과 여행 규제 해제 등으로 점진 개선되었다. 현재는 양국 간의 외교관계가 완전히 회복돼 상호 투자와 교역이 확대되었다. 이에 말레이시아 화교 집단의 지위도 크게 향상되었다.

말레이시아의 대표적 화교기업인은 궈허녠(郭鶴年)이다. 그는 화교 2세 창업자다. 1923년 말레이시아 '조호르바(Johor Baharu)'에서 태어났는데, 그의 부친은 푸젠 푸저우(福州) 출신이다. 궈허녠의 그룹은 사탕, 제분, 화학, 시멘트, 해운, 금융, 부동산, 호텔 등 다양한 분야를 포괄하는 복합기업이다. 사탕과 호텔이 중심 업종이며, 사탕은 세계 거래량의 10%, 국내 거래량의 80%를 차지하고 있어 그의 별명은 설탕왕(糖王)이다. 설탕에 이어 손을 댄 것이 밀가루다. 1962년 설립한 밀가루 공장은 1990년대 중반에 생산 능력이 20만톤을 넘어 국내 수요의 40%를 감당했다.

궈씨 형제그룹이 설탕으로 기초를 다졌다면 지금은 호텔업과 부동산으로 꽃을 피우고 있다. 궈허녠은 싱가포르에 관광호텔이 부족하다는 걸 알고 1967년 5성급 호텔을 지었다. 이어 동남아 주요 도시와 중국 대륙의 주요 도시에 '샹그릴라' 브랜드의 호텔을 지어 운영하고 있다. 현재 전 세계에 모두 29개의 호텔을 소유하고 있다. 궈허녠의 대(對)중국 투자액은 50억 달러를 상회한다. 1970년대 말 본거지를 말레이시아에서 홍콩으로 옮겨 지주회사인 가리(嘉里)사를 설립하고, 이 회사를 통해 말레이시아, 홍콩, 싱가포르, 중국의 100개가 넘는 자회사를 관리한다.

말레이시아에서 또 하나의 대표적 연합기업으로는 금융, 부동산 업종에 주력하고 있는 멀티·파파스·홀딩(MPHB)이 있다. 화교계 정당인 중국계의 '말레이시아중국인연합(MCA)이 화교기업과 개인으로부터 자금을 모아 1975년에 설립한 MPHB는 부동산, 농장, 해운, 금융 등에 진출하였고, 1980년대 초반 말레이시아 최대의 화교기업이 되었다. 당시 이 그룹의 직·간접 화교주주는 11만 명 이상이었다.

〉〉〉 태국문화와 조화 이뤄…중국계 다수

태국의 화교들은 태국인들과 가정을 이룬 중국계 태국인이 다수이다. 태국 내 중국인들은 과거에 중국의 차(茶), 실크, 자기류 등을 무역하던 뱃사람들

◀ 태국의 셰궈민은 태국 최대 기업이자
화교 기업인 정다그룹(正大集團) 총수이다.

과 해양 상인들이었다. 이들이 태국에 정착해 살면서 태국 문화와 잘 조화를 이루면서 그들만의 문화 또한 잘 보존해오고 있다.

태국 전체 인구의 9% 정도인 이곳의 화교는 경제의 모든 부문에서 강세를 보인다. 태국에서 기업그룹 중 제1위인 왕실재산관리국 소유의 '사이암 시멘트'를 제외한 나머지 그룹은 모두 화교 관할 하의 기업이다. 태국에서는 상업 및 제조업의 총자본 중 약 90%, 방적업의 약 60%, 철강업의 약 70%, 제당업의 약 60%, 운수업의 약 70%, 상업의 약 80%를 모두 화교자본이 독점하고 있다.

태국의 '셰궈민(謝國民)'은 홍콩의 리카싱(李嘉誠), 말레이시아의 궈허녠(郭鶴年)과 더불어 중국에 많이 투자하는 화상(華商)으로 손꼽힌다. 셰궈민은 태국 최대 기업이자 화교 기업인 정다그룹(正大集團) 총수이다. 정다그룹은 양돈, 양계, 어류 양식, 사료 등 농수산업 관련 분야에서 세계적 규모와 경쟁력을 갖추었다. 현재 정다그룹의 투자분야는 농수산업, 자동차부품, 석유화학, 시멘트, 인프라 분야 등으로 다각화를 이루었다.

중국의 개혁·개방 선언 후, 셰궈민은 1980년 1,000만 달러를 들여 광둥(廣東)의 '선전' 경제특구와 산터우(汕頭) 특구에 미국 기업과 합작으로 사료공장과 대형 양계장을 건립했다. 이때 셰궈민의 손엔 중국 정부가 준 '001호 영업허가증'이 들려 있었다. 셰궈민은 이를 훈장이라도 되는 듯 자랑스럽게 여겼다.

다음으로, 태국에서 자수성가한 화교는 금융 일가를 이룬 '천삐천(陳弼臣)'이다. 1913년 중국 남부 차오저우(潮州) 지방 출신인 부친과 태국인 모친 사

▲ 태국의 천삐천은 오늘날 동아시아의 거대한 금융왕 건설에 성공했다.

이에서 출생한 천삐천은 5세 때 방콕에서 차오저우의 항구도시인 산터우(汕頭)로 보내져 어린 시절을 홀로 보냈다. 빈곤한 가정형편으로 중학교를 채 마치지 못하고 17세에 다시 방콕으로 돌아와 생업전선에 뛰어들었다.

초기 막노동, 주방일, 상점 점원, 목재상 경리, 건축회사 경리 등을 전전하면서 저축한 소규모 자본으로 목재, 철물, 통조림식품, 미곡 등을 취급하는 아주무역(亞洲貿易)이란 회사를 설립하면서 빠르게 사업을 확장시켜 갔다. 이후 천삐천은 서구적인 금융기법을 받아들이는 한편, 전통적인 화교사회의 인적 네트워크를 동시에 활용하는 전략으로 오늘날 동아시아의 거대한 금융왕 건설에 성공했다.

천삐천의 초기 방콕은행은 자본금 미화 16만 달러, 직원 23명에 불과한 소규모였으나, 1970년대에 들어 태국 최대 은행으로 자리했다. 태국의 240여 개 지점과 함께 싱가포르, 말레이시아, 홍콩, 인도네시아 등의 동남아 지역은 물론이고, 일본과 미국, 영국과 독일 등지 40여 개의 지점에 2만여 명의 직원을 거느리는 거대 국제금융자본으로 대변신을 이루었다.

태국의 최대부호인 천삐천이 1998년 사망한 이후 홍콩 및 해외투자부문, 방콕은행 등 태국의 금융업을 자녀들이 역할 분담을 맡아 운영하고 있는데, 천삐천 집안이 소유하고 있거나 지분참여 형태로 있는 기업은 150개를 상회하고 있다. 1984년 포브스지는 그를 세계 12위의 금융가로 랭크하면서 '자수성가한 화교의 전형적 인물 중 하나'로 높이 평가했다. 현재 방콕은행은 천삐천 가족의 최대 자산이 되고 있으며, 이들이 직간접 보유하고 있는 지분은 50%를 상회한다.

〉〉〉 필리핀! 사회적 경제적 위치 '최상위권'

필리핀과 중국 간의 역사는 매우 오랜 편이다. 명나라 제3대 황제인 영락제(永樂帝, 재위 1402~1424) 때 필리핀 사절단이 중국을 방문한 기념비가 아직까지 남아 있다. 필리핀에는 이미 그 당시부터 화교들이 거주했을 것으로 추정된다.

필리핀에서 화교가 본격 급증하게 된 것은 다른 동남아시아의 많은 나라들이 그랬듯이 식민지 시절 값싼 노동력을 충당하기 위해 쿨리(苦力)들을 반강제적 유입시키면서부터이다. 스페인은 화교들을 필리핀인들보다 하층으로 간주하였기에 당시 필리핀 화교들은 경제적 빈곤을 면할 길이 없었다. 이후 미국이 필리핀을 통치하면서 화교들의 사회적, 경제적 지위가 향상되었다.

중국이 개방화 정책을 표방한 1970년대 후반 화교와 중국인 혼혈들의 활약이 두드러지면서 현재에는 필리핀 경제를 좌지우지하는 위치에 도달해 있다 해도 과언이 아니다. 1999년에 조사된 필리핀 화교의 인구의 공식 통계는 106만 명이다. 필리핀에서 화교들의 인구는 소수에 불과하지만 이들은 막강한 자본력을 소유하고 있을 뿐만 아니라 세계의 흐름에 대처하는 능력도 뛰어나다.

최근에는 대만, 홍콩, 중국 대륙 등지에서 투자를 목적으로 필리핀에 이주하는 화교들도 점차 늘고 있다. 이들 투자자들과 그 가족들, 관련 기술자, 경영 관리인들은 필리핀에서 거류증을 얻어 생활하고 있다. 이에 화교들 중에서 서민층은 거의 없다고 보는 것이 일반적인 평가이다.

◀ 필리핀의 초대 대통령인 에밀리오 아기날도(Emilio Aguinaldo)는 중국계 2세이다.

또한 정치권의 30% 정도, 경제권의 60% 정도를 화교들이 장악한 것으로 파악된다. 필리핀의 초대 대통령인 에밀리오 아기날도(Emilio Aguinaldo)도 중국계 2세이고, 전 필리핀 대통령인 코라손 아키노(Corazon Aquino)는 중국계 3세이다.

중국 이민자들 중에서 특히 푸젠(福健)성 샤먼(廈門) 지역 출신이 강력한 결속력으로 필리핀의 상류층으로 올라섰다. 필리핀의 10위권 재벌 기업 중 7개가 화교 기업이다. 15개 최상위층 가문들이 필리핀 사유지의 절반 이상을 소유하고 있다.

2012년 포브스가 선정한 세계의 억만장자 부호들 중에 필리핀 사람들이 6명 포함되었는데, 그중 4명이 화교이고 1명은 중국·스페인 혼혈, 나머지 1명은 미국계이다. 이들 화교의 1위에서 3위를 소개하면 다음과 같다. 1924년 푸젠성 샤먼 출생의 '헨리(Henry sy)'는 어려서 부친과 함께 필리핀에 이민 온 후 1958년부터 조그마한 신발가게로 시작하여 필리핀 최대 쇼핑몰체인 'SM Mall'을 일궜다.

다음으로 '루시오(Lucio tan)'는 1934년 푸젠성 샤먼에서 태어나 어려서 이민 온 후 1966년 조그마한 담배 가게로부터 시작하여 거부가 되었다. 필리핀 항공을 소유하고 있으며, 1970년대에 마르코스 전 대통령의 최측근 중 한 사람이었다.

◀ 푸젠성 샤먼 출생의 헨리(Henry sy)는
필리핀 최대 쇼핑몰체인 'SM Mall'을 일궜다.

그 다음으로 꼽히는 이가 '앤드류(Andrew tan)'로 20대 초반에 필리핀으로 건너와서 대학 졸업 후 도매업으로 사업을 시작하여 부동산 개발업으로 크게 성공하였다.

〉〉〉 '캄보디아 베트남 미얀마' 날로 증가세

캄보디아 경제를 흔드는 사람들 역시 단연 화교들이다. 이를 입증이라도 하듯 캄보디아 5대 그룹 총수 가운데 4명이 중국계이다. 특히 제조업에서부터 고무나무 재배, 대단위 과일농장까지 전 부문에 걸쳐 캄보디아를 잠식하고 있다. 여기에다 최근에는 화상들의 막강한 자본력을 바탕으로 토지와 빌딩을 사들이고, 주택 건설업까지 진출하며 사업을 확장하고 있다. 이제 중국계 화교집단은 캄보디아 경제에서 직간접으로 차지하는 비율이 80%에 육박할 정도로 매섭게 성장했다.

그리고 이미 베트남, 미얀마 등의 나라에서는 화교들의 투자가 이루어지고 있어 사회적 경제적 비중이 점차 높아지고 있다.

총괄적으로 살펴보았듯이 화교들은 아시아의 거의 모든 나라에 진출하고 있다. 화교의 이주사를 살펴보면 주로 해상을 통한 진출이 주종이다. 그러나 인도, 미얀마, 파키스탄, 방글라데시 등의 경우에는 육로를 통해 진출을 한 경우이다.

티베트에 인접한 인도와, 중국 윈난성(雲南省)에 인접한 미얀마에서는 출국 제한이 완화되자 국경을 이동하는 중국인들이 증가하고 있다. 이들은 싱가포르나 인도네시아 등의 화교들과 같이 눈부신 성장을 이룬 것은 아니지만 파키스탄과 방글라데시에서도 인도에서 유입된 화교 출신이 날로 늘어가는 추세이다.

Chapter 20
중국–홍콩

'일국양제(一國兩制)'… 자치통치

1997년부터 50년 간 1국 2체제 특별 행정구역
홍콩 독자 국제기구가입, 외교 등 폭넓은 자율

'주홍콩연락사무실' 홍콩과 중앙정부 연결고리
최고의 수반은 행정장관… '친중국 인사 강세'

Chapter 20

중국-홍콩

〉〉〉 1997년 홍콩 주권 역사적 이양

아편전쟁(阿片戰爭 1839~1842)이 영국의 승리로 종결되면서, 1842년 난징 조약(南京條約)에 따라 홍콩 섬이 영국에 할당되었다. 1839년에 청나라의 승인으로 이루어진 아편 수입 금지안은 중국과 영국 사이의 제1차 아편 전쟁을 낳았다. 홍콩 섬은 1841년 영국군에 의해 점령되었고, 난징조약으로 청나라로부터 홍콩 섬이 정식으로 양도되었다. 1842년 영국은 홍콩에 빅토리아 시티(Victoria City)의 건립과 함께 홍콩총독부를 신설하였다.

1860년 중국의 제2차 아편 전쟁 패배 이후에 바운더리 스트리트(Boundary Street)의 남쪽 까우룽(九龍) 반도와 스톤커터스 아일랜드(Stonecutters Island)가 베이징 조약 하에 영국에 귀속되었다.

1898년에 영국은 홍콩과 이에 인접한 북부 섬과 신행정구역으로 알려진 산까이(新界)를 99년간 조차(租借)했다. 1900년대 중반 중국 공산당의 본토 장악 등 대변혁기에 홍콩의 자유시장 경제체제가 장점으로 부각되어 무역, 금융 중심의 현대화된 도시국가로 발전하게 되었다. 홍콩은 1941년부터 1945년까지 약 3년 8개월 동안 일본의 점령시기에 이어 1946년 다시 영국의 직할 식민지 시대로 재수립되었다. 1982년 당시 영국 대처 수상의 중국 방문을 계기로 중국과 홍콩의 미래를 위한 협상이 시작되었고 1984년 홍콩을 중국에 반환하는 협정이 체결되었다.

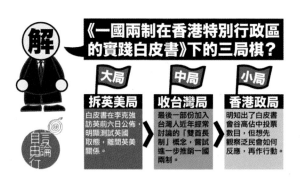

◀ 홍콩 반환 이후. 실제 홍콩 정부의 자치 범위는 상당히 넓은 편이다.

당시 중국의 최고지도자 덩샤오핑(鄧小平)과 마거릿 대처 영국 총리의 베이징 회담에서 덩샤오핑은 '일국양제(一國兩制)'를 비롯하여 '홍콩은 홍콩인이 다스린다'는 뜻의 '항인치항(港人治港)'과 '높은 수준의 자치'를 뜻하는 '고도자치(高度自治)' 등 3개 원칙의 혁신적 구상 제안으로 홍콩을 영국으로부터 돌려받는 데 성공했다.

결국, 1984년 중화인민공화국과 영국은 1997년 7월 1일 자정을 기점으로 홍콩의 주권을 영국에서 중화인민공화국으로 이전에 동의하는 조약에 서명하였다. 이 조약은 홍콩이 1997년부터 50년간 1국 2체제를 유지하며, 법과 자치권을 유지하는 특별 행정구역으로 지정될 것이라고 명시하였다.

양도 후 헌법으로서의 역할을 하는 홍콩 기본법은 1990년에 제정되었다. 홍콩 기본법에 따르면, 홍콩특별행정구는 중국 영토의 일부로 고도의 자치권을 향유하며, 1997년부터 50년간 지속하도록 되어 있다. 토지와 자원은 홍콩특별행정구 정부가 그 운영권을 보유하며, 기본법 해석 등에 관련된 주요 결정은 중국 전국인민대표대회 상무위원회에 보고되어 승인을 받는다.

국방과 외교는 원칙적으로 중국이 전담하지만, 중국 정부는 홍콩 정부에게 '중국 홍콩(Hong Kong China)'이라는 명칭을 갖고 자율적 외교 활동을 하는 것을 용인하였다. 드디어 1997년 7월 1일 홍콩은 156년간의 식민 통치시대를 마감하고 중국으로 정식 반환되었다. 홍콩 반환 이후, 실제 홍콩 정부의 자치 범위는 상당히 넓은 편이다. 중국 정부는 1997년 7월 1일 이후에도 홍콩특별행정구 정부가 이행하게 될 국제협약 214개를 추인하고 그 리스트를 UN에 정식 통보했다.

127개 조약은 중국과 홍콩이 동시 가입한 조약이며, 87개 조약은 홍콩만 가입하고 있는 조약이다. 홍콩이 가입한 국제기구는 세계무역기구(WTO), 국제통화기금(IMF), 세계은행(WORLD BANK), 아시아개발은행(ADB), 국제올림픽위원회(IOC), 아시아태평양경제협력체(APEC), 유엔무역개발협의회(UNCTAD), 유엔 아시아·태평양 경제사회위원회(ESCAP), 경제협력개발기구(OECD 옵저버) 등이다. 그리고 모든 스포츠 대회에 중국과는 별도로 출전하고 있다.

〉〉〉 행정의회와 입법회가 구심점

홍콩의 헌법이라고 할 수 있는 최고법은 홍콩 기본법이다. 정부 조직은 권력분립 원칙에 의거하여 행정부인 행정의회와 입법부인 입법회, 그리고 사법부인 홍콩법원으로 이루어져 있다. 홍콩은 중국의 홍콩특별행정구(Hong Kong Special Administrative Region)로서 중국과는 독립된 조직을 가지고 있다. 우리나라의 대통령에 해당되는 홍콩 자치구의 수반의 정식 명칭은 중화인민공화국 홍콩특별행정구 홍콩행정장관(香港行政長官)이다. 임기는 5년이며 1차에 한해 연임할 수 있다. 전임 행정 장관이 임기를 채우지 못하면 남은 임기를 차기 임기자의 5년에 더한다.

홍콩행정장관은 산업금융계 300명, 전문직계 300명, 노동·서비스·종교계 300명, 정계 300명 등 1,200명의 선거위원회에서 간접 선출된 후 중국중앙인민정부에 의해 임명되는데, 대부분 친중국 성향의 정치가가 선출된다. 자격은 40세 이상의 중국인으로 20년 이상 홍콩에 거주해야 하며, 외국에 거주권이 없는 홍콩 영주권자이어야 한다.

우리나라의 입법부에 해당하는 기관은 '홍콩 입법회'이다. 현재 60명의 의석이 있고, 임기는 4년이다. 입법회 60개의 의석 중에 30석은 5개의 지방별로 비례 대표제의 직접 선거를 통해 선출하고, 그 나머지 30명은 28개의 기능별 단체에 속한 사람만이 투표권을 갖는다. 지방 직접 선거에는 모든 사람에게 한 표가 주어지지만, 기능별로 조직되는 의석은 15만 명의 선거 유권자만이 투표할 수 있다. 임기는 4년이며 친(親)중국계가 우세하다.

〉〉〉 초대 홍콩행정장관(香港行政長官) '동낀화'

동낀화(董建華)는 1997년 7월 1일 홍콩의 첫 번째 홍콩 특별 행정구 행정 장관으로 취임하였다. 2002년 재선되었으나 5년 임기 도중인 2005년 3월 12일 건강상 이유를 들어 사임했다. 동낀화는 저장성(浙江省) 저우산(周山) 군도 출신의 선박왕 동하오윈(董浩雲) 회장의 장남이다. 1937년 7월 7일 상하이에서 태어나 1949년 중국 공산화와 함께 12살 때 부친을 따라 홍콩으로 이주했다. 동낀화는 동향인 상하이 출신의 장쩌민(江澤民) 前 총서기와 돈독한 관계를 유지했다. 덕분에 동낀화는 장쩌민 집권 때인 1997년 홍콩의 중국 반환 전 홍콩특구준비위원회의 150명 위원 안에 들어갔다. 그리고 장쩌민은 동낀화를 '행정장관'으로 낙점했다.

▲ 초대 홍콩행정장관 동낀화'

동낀화는 행정장관을 떠난 후 중국 인민정치협상회의(정협) 부주석을 맡았으며, 중미교류기금회가 2008년 만들어진 후 줄곧 회장을 맡고 있다. 근래 동낀화는 미·중 사이에서 갈등을 중재하는 가교 역할을 맡고 있다. 2015년 9월 14일 홍콩의 '사우스차이나모닝포스트'는 동낀화가 시진핑(習近平) 주석과의 개인적 인연, 미국 내 인맥을 통해 미·중 외교에서 큰 역할을 하고 있다는 소식을 전한다.

한편, 홍콩 교민 방혜자씨가 동낀화와 사돈의 인연을 맺은 것이 화제를 끌었다. 1994년에 딸 임영란씨가 미국 예일대 대학원 피아노과에 재학 중에 홍콩 유학생 모임에서 동낀화의 차남 입신(立新)을 만나 결혼했다.

Grand China Belt

前 중국 주석인 후진타오(胡錦濤) 정권은 미국 하버드대 케네디스쿨에서 공공행정을 공부하는 등 국제 감각이 뛰어난 짱얌퀸(曾蔭權)을 동낀화의 후임으로 낙점했다. 짱얌퀸은 일제 점령기인 1944년 10월 7일 홍콩에서 태어났다. 짱얌퀸의 원적은 광둥성(廣東省)이다. 부친은 영국 식민지 정부의 경찰이었다.

1967년에는 홍콩 총독부를 홍콩정청으로 개칭했는데, 이때부터 짱얌퀸은 38년 동안 공무원 생활을 한 정통 관료 출신이다. 승진을 계속해 1995년에는 마지막 영국 식민지 총독인 '크리스 패튼'(Chris Patten) 아래서 중국인 최초로 재무국장에 취임하였고, 2001년 2월에는 특별행정구 '넘버 2'인 18만 명의 홍콩 공무원을 지휘하는 정무국장을 맡았다.

2005년에는 동낀화가 행정장관을 사임하면서 행정장관 권한대행으로 취임

하였다. 같은 해 6월 16일 짱얌퀸은 장관 선거에 참가한 선거 위원 796명 중 674명의 추천을 받아 홍콩 행정장관으로 당선되었다. 2007년 3월 25일에 실시한 선거에서도 재선되었다. 짱얌퀸은 베이징과 홍콩 사이에서 밀월관계를 구가했으나, 말년에 마카오 도박장 출입, 호화주택, 자가용비행기, 요트 접대로 구설에 올랐다. 짱얌퀸은 2012년 5년 임기를 불명예스럽게 마감했다.

제2대 홍콩행정장관 '짱얌퀸'

2012년 3월 25일 치러진 제4대 홍콩 행정장관 선거에서 짱얌퀀의 후임으로 령짠잉(梁振英)이 선거인단 1,200명의 과반을 넘는 689표를 얻어 당선됐다. 령짠잉은 2012년 7월 1일부터 임기를 시작했다.

원적은 산둥성(山東省) 웨이하이(威海). 1954년 8월 12일 홍콩에서 태어나 영국 식민지 경찰로 일했던 아버지 아래서 성장했다. 후진타오(胡錦濤)전 중국 주석의 임기 말이었던 2012년 행정장관 선거에 출마해 세 번째이자 제4대 홍콩 행정장관으로 당선된 것이다.

▲ 제4대 홍콩행정장관 '령짠잉'

전형적 자수성가형 정치인 령짠잉은 한때 측량기사로 일했고, 영국 유학시절, 식당에서 시간제로 일하며 학업을 마쳤다. 귀국 후 부동산컨설팅 사업으로 크게 성공하면서 1985년 정계에 입문했고, 1999년부터는 홍콩행정회의 의장을 지내다, 2012년 홍콩 행정장관에 선출됐다.

령짠잉은 저장(浙江), 푸젠(福建), 광둥(廣東) 등 중국 남부인이 주류를 이루는 홍콩 사회에서 이질적 존재다. 령짠잉 전임인 짱얌퀀의 본적은 광둥성, 초대인 동낀화는 본적이 저장성으로 모두 중국 남부 출신들이다.

2016년 4월 13일 령짠잉 행정장관은 홍콩 완차이(灣仔) 컨벤션센터에서 열린 '인터넷 경제 서밋 2016' 개회사에서 "홍콩은 중국의 일부인 동시에 별개의 사회적·경제적 체제를 가진 국제도시라는 점을 활용해 기술과 혁신이 넘쳐나는 도시가 돼야 한다."고 강조하면서 첨단산업화를 선언했다. 령짠잉 행정장관이 말한 첨단산업화는 IT와 각종 산업이 결합하고 융복합화하면서 첨단 산업과 비즈니스 모델의 탄생을 일컫는다.

▲ 제5대 홍콩행정장관 '캐리 람'

〉〉〉 제5대 홍콩행정장관(香港行政長官) '캐리 람'

주지하다시피 홍콩 행정장관 선거는 1인 1표로 시행되는 직접투표가 아닌 정치·경제·사회·문화 등 각계의 대표자들 1,200명으로 이루어진 선거위원회의 간접투표로 치러지며, 친중 성향의 정치인들과 기업인이 다수를 차지하고 있어 중국의 낙점을 받은 후보가 당선되기 쉬운 구조이다.

이번에도 이런 예상은 빗나가지 않았다. 2017년 3월 26일 치러진 차기 홍콩 행정장관 선거에서 '캐리 람 청 옛고르'(Carrie Lam Cheng Yuet-ngor, 61

세)가 선거위원의(1,200명) 절반을 크게 넘는 777표를 득표해 홍콩 첫 여성 행정장관이자 5대 행정장관에 당선됐다. 캐리 람은 이전 '렁짠잉' 행정장관이 5년 전 얻은 689표도 훌쩍 넘겼다.

1957년 5월 13일생인 홍콩 행정장관 '캐리 람'은 홍콩 완차이(Wanchai) 지역 출신으로 노동자 가정에서 태어나 공직 최고 지위에 오른 엘리트 관료이다. '캐리 람'은 홍콩 정무사장(2012~2017), 홍콩 발전국 국장(2007~2012), 홍콩 내무부 비서관(2006~2007), 주런던 홍콩경제무역사무소 소장(2004~2006)을 지냈다.

캐리 람은 38년 이상 공직에 헌신하며 홍콩 시민들의 높은 지지를 받아왔다. 일국양제 시스템을 충실히 수행하며, 홍콩 내 보통 선거 도입을 위해서는 모든 관련 부문을 신중하게 고려해야, 하고 정부가 성급하게 행동해서는 안 된다는 입장을 견지했다. 또한 캐리 람은 "홍콩을 '일대일로 프로젝트'의 금융서비스 허브로 만들기 위해 중국과의 협력 및 기존 전통적인 산업 경쟁력을 강화하고, 더 많은 국가에 경제 사무소를 설치하겠다." 며 양자 간 및 다자간 협정의 지속 추진을 강화하겠다는 복안을 드러냈다.

〉〉〉 홍콩의 미래! 장미빛 완성을 위해

중국 인민해방군(PLA)이 홍콩에 첫 발을 내딛은 지 20년 이상이 경과되었다. 홍콩에 진주해 있는 인민해방군은 약 5,000명이다. 1997년 7월 1일 인민해방군은 홍콩의 주권이 영국에서 중국으로 다시 이관되던 날 홍콩 정부 청사 옆에 있는 한 건물에 자리 잡았다. 인민해방군은 이전의 영국군 해군본부 건물을 이용하고 있다.

홍콩 주재 인민해방군(PLA)의 임무는 홍콩 시민을 보호하고 방어하는 것이다. 그러나 인민해방군은 자신들이 지켜야 하는 시민들과 극도로 제한된 접촉을 하고 있다. 이들은 홍콩의 중국 반환식 때 이외엔 단 한 번도 대중 앞에 모습을 보인 일이 없다.

인민해방군 이외에 치안을 담당하는 홍콩의 경찰은 약 3만 1,000명 가량으로 모두 홍콩인들로 구성돼 있다. 홍콩 인구 약 200명 당 한 명 꼴인데, 교육수준이 높고 평균 연봉이 80만 홍콩달러(약 1억 원)를 넘어 일반인들의 선망의 대상이다.

홍콩이 폭넓은 자치를 누리고 있다고는 하나 무제한적 자치는 아닐 것이다. 중국과 홍콩을 잇는 가교는 주홍콩연락사무실이다. 중앙인민정부 '주홍콩연락사무실'(中央人民政府駐香港聯絡辦公室)은 중화인민공화국의 특별행정구인 홍콩과 마카오의 정책 등을 관할하는 중화인민공화국 국무원 소속 행정기관이다. 주로 홍콩과 마카오 간 중국 본토의 경제, 과학, 교육 등의 협력 및 교류 촉진 역할과 중국 정부 사이의 연락과 감독 등의 업무를 담당한다.

홍콩 반환 직후 홍콩마카오 연락사무실 주임은 공산당 원로인 랴오청즈(廖承志)의 아들인 랴오후이(廖暉)였다. 랴오후이 주임은 무려 13년간 홍콩 사무를 총괄했고, 2010년부터는 왕광야(王光亞)가 관할했다. 상하이 출신의 왕광야 주임은 홍콩과 접경한 광동성 선전에 상주하며, 중국 외교부 유엔대표부 대표와 외교부 부부장 경력의 외교관이다.

최근에는 장샤오밍(張曉明)이 홍콩 주재 연락판공실 주임을 맡고 있다. 장샤오밍은 시난(西南) 정치학원 법률학과를 졸업했으며 홍콩기본법에 정통해 홍콩 정책을 시행하는데 상당한 수완을 발휘할 것이라는 평을 받고 있다.

과연 홍콩의 미래는 여전히 안정적이며 낙관적일까? 홍콩인들은 특별행정
구 내에서는 홍콩기본법이 50년간 사회주의와 자본주의가 병존하는 일국양
제(一國兩制)를 보장하기에 행정장관 역시 특별구 주민들의 직접선거를 통
해 선출해야 한다고 주장한다.

중국 중앙정부는 2017년 홍콩 행정장관 직선제 투표를 놓고 후보 추천위원
회를 통해 반중 성향의 후보를 사전에 걸러내겠다는 방침이나 홍콩 시민들
은 직선제의 본질을 최대한 살려 누구나 제한 없이 행정장관 선거에 출마할
수 있어야 한다는 입장이다

2017년 행정장관 후보를 친중국 인사로 제한한 중국 중앙 정부의 직선제 선
거안이 2015년 6월 18일 홍콩 의회에서 압도적 표차로 부결되었다. 의원 70
명 중 표결에 참여한 의원은 37명으로 반대 28표가 나왔다.

이에 따라 선거안은 재적 의원 3분의 2인 47명의 찬성을 얻는 데 실패하여
통과되지 못했다. 2017년 홍콩 행정장관으로 친중국 인사를 세우려 한 중국
의 계획은 차질을 빚게 됐고, 중앙 정부의 의욕적인 선거안 추진는 일단 제
동이 걸리게 되었다. 결국 홍콩특별행정구 주민들과 중국 중앙정부는 상호
일치된 의견을 형성하기에는 상당한 시간이 소요될 것으로 보인다.

Chapter21
일대일로
〈아랍 유라시아〉

뉴 실크로드 서진전략 '육상과 해양' 완결판

천연자원 확보 글로벌 경제 웅대한 비전
동남아 서남아, 중동 아프리카까지 연결

'일대일로' 구상에 아랍정책 명확히 제시
2011년 중국 '동유럽회의 창설' 접근강화

제 21장 일대일로 (一帶一路) 〈아랍 동유럽〉 333 ◀

Chapter21

일대일로(一帶一路)
〈아랍 유라시아〉

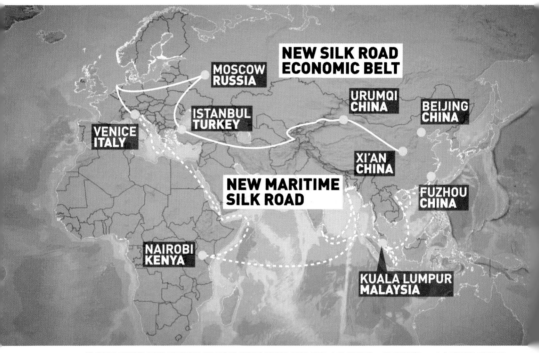

▲ 일대일로 정책은 중화 경제권이 중국에서 중앙아시아를 거쳐 유럽까지 이어지는 유라시아(Eurasia) 대륙을 아우르는
위안화 경제권으로 확대될 가능성이 농후하다.

〉〉〉 원대한 비전 '유럽과 아시아'는 하나

중국은 미국과 유럽 위주의 세계경제 질서를 새롭게 재편하기 위해 2015년 3월 '실크로드 경제벨트와 21세기 해상 실크로드 공동건설 추진의 비전과 행동'이라는, 일명 '일대일로'(一帶一路, One Belt One Road) 정책을 발표한다. 이는 시진핑(習近平) 중국 국가주석이 2013년 9~10월 중앙아시아 및 동남아시아 순방에서 처음 제시한 전략이 일목요연하게 구현된 것이다. 중국의 국제통화기금(IMF) 특별인출권(SDR)의 기축통화 편집 결정은 시진핑 주석이 줄기차게 추진해온 육·해상 실크로드의 완결편인 일대일로(一帶一路) 구상에 힘찬 날개를 단 셈이 되었다.

현재 동남아를 중심으로 한 중화 경제권이 중국에서 중앙아시아를 거쳐 유럽까지 이어지는 유라시아(Eurasia) 대륙을 아우르는 위안화 경제권으로 확대될 가능성이 농후하다. 동남아-서남아-중동-아프리카까지 연결되는 '실크로드 경제블록'이 구축되면 이곳에선 위안화가 핵심적 통화가 될 것이다.

좀 더 세부적으로 구분하여 알아본다. 중앙아시아의 천연자원과 에너지를 확보하고 중국 중심의 글로벌 경제를 꿈꾸기 위한 그랜드 거시적 정책인 일대일로의 하나의 중심축인 '일대'(One Belt)는 '신(新)실크로드 경제벨트'로 중국 서북 지역에서 중앙아시아, 유라시아 대륙과 유럽을 관통하는 육상 무역통로를 말한다. 또 하나의 중심축 '일로'(One Road)는 아세안(ASEAN) 국가들과의 해상 협력을 기초로 하는 '21세기 해상 실크로드'로 중국 동남 연해 지역에서 동남아시아, 인도양, 중동을 잇는 해상 경제 무역통로다.

육상 실크로드는 신장(新疆)자치구에서 시작해 칭하이성(靑海省)-산시성(山

西省)-네이멍구(內蒙古)-동북지방 지린성(吉林省)-헤이룽장성(黑龍江省)까지 이어지며, 명나라 때 쩡허(鄭和, 1371~1433)의 남해 원정대가 개척한 해상 실크로드는 광저우(廣州)-선전-상하이-칭다오(靑島)-다롄(大連) 등 동남부 연안도시를 잇는다. 중국과 중앙아시아, 남아시아, 서아시아를 연결하는 핵심적 거점으로는 신장자치구가 개발되며, 동남아로 나가기 위한 창구로는 윈난성(雲南省)이, 극동으로 뻗어나가기 위해 동북 3성이, 내륙 개발을 위해서는 시안(西安)이 각각 거점으로 활용된다. 중국과 아시아를 연결하는 해상 실크로드의 거점으로는 중국의 남쪽지역인 푸젠성(福建省)이 개발된다.

'일대일로' 정책을 통해 중국은 동남아시아 및 서남아시아 경제권의 활성화, 동유럽 경제권의 활성화, 그리고 더 나아가 21세기 중국의 경제발전과 성장을 꾀하고자 하는 야심을 굳이 숨기지 않고 있다. 아시아인프라투자은행(AIIB)은 '일대일로' 구상에 필요한 자금 조달을 위한 핵심 키이다. 중국은 일대일로 권역 국가들에 AIIB를 통한 대규모 자금 조달을 하고, 거대한 경제권을 구축하려는 팍스 차이나(PAX China)를 공공연히 꿈꾸고 있다.

일대일로가 구축되면 중국을 중심으로 유럽과 아시아를 하나로 묶는 유라시아(Eurasia) 대륙에서부터 아프리카 해양에 이르기까지 육·해상 실크로드 주변의 60여 개국을 포함한 거대 경제권이 구성된다.

세부적 이행 각론은 고속철도망을 통해 중앙아시아, 유럽, 아프리카를 연결하고 대규모 물류 허브 건설, 에너지 기반시설 연결, 참여국 간의 투자 보증 및 통화스와프 확대 등의 금융 일체화를 목표로 하는 네트워크를 구축한다. 중국이 세계 최대 규모인 외환보유액을 지렛대로 활용할 수 있는 전략 무기로서 2049년 완성을 목표로 하는 인프라 건설 규모는 천문학적 비용이 투입되는 1조 400억 위안(약 185조 원)으로 추정된다.

철도·도로·해운 등에 과감한 인프라 투자를 통한 일대일로 성공적 구축은 중국이 안정적 자원 운송로를 확보할 수 있게 되며, 중국의 과잉 생산을 해소하는 방안이 되고, 건설 수요 급증으로 중국 서부 내륙과 동부 연안 사이에 지역 간 균형적 발전을 이룰 수 있다. 덧붙여 소수민족의 통합 효과까지 기대하고 있다.

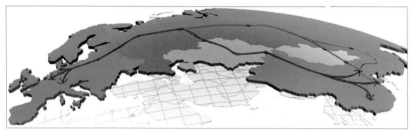

▲ 철도, 도로, 해운 등에 과감한 인프라 투자를 통한 일대일로 성공적 구축은 중국의 안정적 자원 운송로 확보에 절대적이다.

여기에서 하나 빼놓을 수 없는 것은 인프라 구축의 최전선에서 일대일로는 육상과 해양뿐만 아니라 이제는 항공까지 아우르고 있다는 점이다. 중국의 기존 항공시장은 베이징, 상하이, 광저우(廣州)를 중심으로 운영되어 왔으며, 국제선 시장보다는 자국 내 국내선 시장을 중점 육성하였다. 그러나 최근에는 '일대일로'를 배경으로 인프라 투자와 건설이 활발해지면서 중국 중서부 지역 노선이 발달하고 있으며, 국제선 역시 빠르게 확충되는 새로운 구조가 형성되고 있다.

단적인 실례로는 중국 서부지역의 공항 건설을 통해 노선을 확대하고 중앙아시아를 관통하여 중국과 유럽이 연결되도록 하였다. 또한 중앙아시아, 남아시아, 서아시아, 중동, 유럽 등의 일대일로 국가와 국제선 직항노선을 대대적으로 광범위하게 확충하고 있다.

새로운 시대에 중국의 위상과 역할이 강화되면서 국제사회의 새로운 요구들이 늘어났고, 이에 따라 등장한 '중국 역할론과 중국 책임론'은 새로운 정부지도층이 피할 수 없는 전략적 난제가 되었다. 이제 세계 최강국의 반열에 선 중국은 전 세계 각 대륙별로 맞춤형 약진전략을 적재적소에 구사하는 데 일절 주저하지 않고 있다. 주요 거점별 외교적 영향력 제고 방안을 중점 분석하여 본다.

〉〉〉 실크로드 복원의 구심점 '아랍'

2010년 말 '아랍의 봄' 사건 이후, 아랍권역 국가들은 정치혼란, 경제난, 내전에 따른 국가붕괴 등의 큰 타격을 입었다. 석유달러로 힘겹게 고비는 넘겼지만, 산업 다원화 과정에서 개방과 개혁 압력에 직면해 있어 중국의 기술·자본·제품 유입에 폭넓은 가능성이 촉발되었다.

중국에게는 중국과 아랍간 '일대일로' 공동건설에 있어 경제구조 전환 및 에너지 안보구축과 관련하여 아랍국가가 매우 중요하다. 아랍세계 역시 동쪽으로 눈을 돌리고 있다. 이러한 움직임이 중국의 '서역(西域) 진출' 바람과 맞아 떨어져 중동 지역의 '동쪽구경'이 '일대일로'의 틀 안에서 상호 조화롭게 영향을 주고받고 있다.

중국은 '일대일로' 구상에 아랍국가 정책을 명확히 제시했다. 2016년 1월 중국 정부가 공식 발표한 '중국의 대아랍국가 정책문건'은 중국이 아랍정책을 분명하고 완전하게 기술한 첫 번째 문건이자 아랍외교구상에 대한 강령이

阿拉伯国家合作论坛第六届部长级会议开幕

ة الافتتاحية للدورة السادسة للاجتماع الوزاري لمنتدى التعاون العربي ال

2014年6月5日   中国·北京

2014 يوم 5 يونيوعام   الصين   بجين

▲ 2014년 6월 5일 북경에서 개최된 제6차 장관급 중－아랍연맹 협력포럼

다. "중국대륙과 아랍세계는 2,000년 동안 육로 및 해상실크로드를 통해 하나로 이어져 왔다."는 문구를 서두에서부터 명시한 바, 중국과 아랍세계는 역사 깊은 우호관계를 맺어 왔다는 것이 총 7,600자로 이뤄진 문건의 주 요체이다.

또한 문건은 "중국과 아랍이 전통적 우호관계를 바탕으로 전방위적·다충적으로 더 넓은 영역에서 협력을 심화시켜나가야 한다."며, "중국이 아랍과의 관계를 전략적 측면에서 고도로 중시하고 있으며, 중국과 아랍 간 전통적 우호를 다지고 심화시키는 것이 중국 장기 외교방침"이라고 재차 강조한다.

중국은 이미 2004년 1월 31일 이집트 국빈 방문에서 후진타오(胡錦濤) 前중국 국가주석이 '아므르 무사'(Amr Moussa) 아랍연맹 사무총장과 공동성명을 통해 '중－아랍연맹 협력포럼'을 발족시키면서 이 지역에 남다른 공을 들여왔다.

중국의 중동 핵심 전략은 석유자원의 안정적 확보이다. 중국은 미국을 제치고 중동산 원유의 최대 수입국이 됐다고 자원 컨설팅 업체 '우드 맥킨지'(Wood Mackenzie)를 인용해 조선일보가 2013년 10월 15일 보도한 바 있다. 2013년 상반기 중국이 석유수출국기구(OPEC) 회원국으로부터 수입한 원유는 하루 370만 배럴로 미국(350만 배럴)을 앞질렀다는 것이다. 연간 기준으로 중국이 미국을 제치고 사상 처음으로 OPEC 원유 최대 수입국이 될 것이라고 우드 맥킨지는 전망했었다.

중국은 사우디아라비아·이라크·아랍에미리트 등 중동 국가로부터 원유 수입을 계속 늘리고 있다. 월스트리트저널(WSJ)에 따르면, 2015년 1~11월 중국이 수입한 원유 중 4분의 1이 사우디와 이란에서 도입한 것이다.

2016년 1월 19일부터 23일까지 중국 시진핑(習近平) 국가주석이 사우디아라비아, 이집트, 이란 3개국을 방문했다. 국제유가가 바닥을 헤매면서 재정난 위험이 제기되는 이들 산유국에 대한 중국의 접근은 시기적으로 매우 적절했다는 평가이다. 중국과 사우디는 각각 세계 최대의 석유수입국, 수출국이다.

시진핑 주석은 동년 1월 19일 '살만 빈 압둘아지즈'(Salman bin Abdulaziz) 사우디아라비아 국왕과 만나 양국 사이의 협력을 강화하는 14개 양해각서(MOU)를 체결하였다.

사우디는 중국과 일대일로 계획을 공동 추진하기로 합의한 바, MOU에는 중국이 중앙아시아를 거쳐 유럽에 이르기까지 도로, 철로, 항구, 공항 등의 인프라를 건설하는 플랜과 고에너지형 원자로를 짓는 의제 등이 두루 포함되었다. 또한 양국은 중국이 주도하는 아시아인프라투자은행(AIIB)을 거점 삼아 '윈윈' 금융 플랫폼 공유의 구축으로 경제적 유대를 공고히 했다. 이어 두

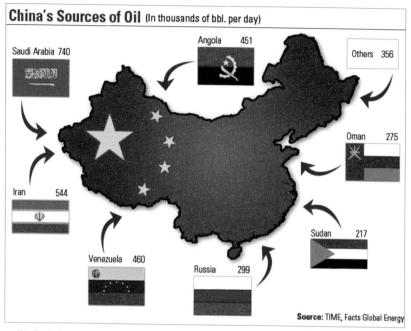

▲ 중국은 아랍국으로부터 세계 최대의 석유 수입 국가이다.

정상은 사우디와 중국 국영 석유회사가 공동 투자한 걸프만 정유공장 개소식에 참석해 경제외교에 방점을 찍었다.

전쟁의 포화에서 서서히 벗어나고 있는 이라크 또한 석유자원 선점에 따른 중국의 전략적 요충지이다. 2015년 12월 23일 리커창(李克强) 중국 총리는 '하이데르 알아바디'(Haider al-Abadi) 이라크 총리와 회담에서 중국은 장기적이고 공고한 에너지 협력 파트너 차원에서 석유 추출과 정제공장 건설에 적극 참여하겠다고 밝혔다. 중국이 태평양에서 서아시아와 중동을 지나 대서양을 연결하는 실크로드 경제 구역 구상에 이라크를 전격 합류시킨 것이다.

〉〉〉 옛 공산국가 유대 복원 '동유럽'

2016년 3월 29일 시진핑(習近平) 중국 국가주석과 '밀로시 제만'(Milos Zeman) 체코 대통령은 프라하에서 정상회담을 갖고 일대일로(一帶一路) 등의 분야에서 양국 간 협력을 강화하기로 합의했다. 양국은 중국의 일대일로 프로젝트에 체코의 발전 전략의 접목 강화는 물론 중국과 동유럽 국가 간의 '일대일로' 협력을 위해서도 적극 노력하기로 했다. 시 주석과 제만 대통령은 전자상거래, 투자, 과학기술, 관광, 문화, 항공 등 분야의 협력문건에 서명했다. 1949년 양국 수교 이후 중국 정상이 체코를 방문한 것은 처음이며 시 주석이 취임 후 동유럽 국가를 찾은 것 역시 처음이었다.

중국과 유럽지역의 옛 공산국가들의 유대관계 복원은 동유럽 16개국과 중국 간의 '16+1 협력' 채널 구축을 통한다. 중국은 공산정권 시절의 외교관계를

▲ 제4차 중국·동유럽(CEE) 정상회의에 참석하기 위해 2015년 11월 24일 중국을 방문한 동유럽 정상들

복원하고 성장 잠재력이 큰 동유럽을 '일대일로'로 포용하기 위해 지난 2011년 중국·동유럽 회의(CEE)를 창설하고 동유럽 접근을 강화하고 있다.

동유럽 정상들은 2015년 11월 24일 중국 장쑤(江蘇)성 쑤저우(蘇州)에서 열린 제4차 중국·동유럽(CEE) 정상회의에 참석하기 위해 중국을 방문했다. 리커창(李克强) 총리는 정상회의에서 "다양한 프로젝트에 금융지원을 할 수 있는 국제 금융기관을 공동 창설하자."고 제안했다. 또 리커창 총리는 동유럽은 일대일로(一帶一路) 프로젝트의 한복판에 위치해 있으며, 중국의 투자로 헝가리 부다페스트와 구 유고 권역인 세르비아 베오그라드를 잇는 고속철도 건설이 착공될 예정이라고 덧붙였다. 그리고 리커창 총리는 동유럽국가와 협력과 연계를 강화하기 위해 발트해, 아드리아해(Adriatic Sea), 흑해 연안 지역의 인프라 설비 건설과 개선 투자를 늘리겠다고 밝혔다.

관영 인민일보(人民日報)에 따르면, 시진핑(習近平) 중국 국가주석은 동유럽 16개국 정상과 만나 자신의 글로벌 경제 구상인 '일대일로'(一帶一路)를 적극 홍보했다. 시진핑 주석은 '16+1협력'이 탄생한 이래 전방위적 다차원적인 협력구도를 형성했으며, 중국과 전통 친선 나라 간 관계 발전의 새로운 경로가 개척되었으며, 중국과 유럽 관계의 실천을 혁신하는 남남협력(南南協力)의 새 플랫폼을 구축했다고 발언했다.

CEE 정상회의는 중국과 알바니아, 보스니아 헤르체고비나, 불가리아, 크로아티아, 체코, 에스토니아, 헝가리, 라트비아, 리투아니아, 마케도니아, 몬테네그로, 폴란드, 루마니아, 세르비아, 슬로바키아, 슬로베니아 등 동유럽 16개 국가 지도자들로 구성된다. 2015년에는 EU와 오스트리아, 그리스, 유럽개발은행의 대표가 옵서버로 참석했다.

〉〉〉 상하이 협력 기구(SCO) 출범

2018년 6월 10일 중국 칭다오에서 막을 내린 '상하이협력기구' 정상회의가 북한과 미국의 대화와 접촉을 지지한다는 내용의 칭다오선언을 채택했다. 북미 정상회담을 이틀 앞두고 열린 '칭다오선언'에서 상하이협력기구 회원국 정상들은 "남북, 북미간 대화와 접촉을 지지하며 모든 관련국이 대화 진전을 적극 촉진하기를 호소한다."고 밝혔다.

상하이협력기구(SCO, Shanghai Cooperation Organization)는 2001년 7월 14일 러시아, 중국, 우즈베키스탄, 카자흐스탄, 키르기스스탄, 타지키스탄 등 6개국이 설립한 국제조직이다. 상호 신뢰와 선린우호 강화, 정치·경제·과학·기술·문화·교육·자원·교통·환경보호 등의 영역에서 협력 촉진, 지역 평화와 안정 그리고 안전보장을 목적으로 하고 있다.

상하이협력기구는 1996년 4월 중국 상하이에서 열린 5개국회담으로부터 시작되었다. 중국 장쩌민(江澤民) 주석이 제안해 러시아, 중국, 카자흐스탄, 키르기스스탄, 타지키스탄 등 5개국이 '상하이 5국(上海五國, Shanghai Five)'이라는 조직을 설립했다. 원래의 목적은 국경지역의 안정과 신뢰 구축 및 군비축소를 위한 정상 간 회의를 정례화 하는 것이었다. 당시 세계는 양극체제 해체에 따른 냉전은 종결되었으나, 특히 유라시아 대륙에 위치한 이 국가들 역시 소련 해체에 따른 구심력 약화로 민족분쟁과 종교분쟁이 빈번하게 발생했다. 결국, '상하이 5국' 정상들은 탈냉전 시기 주변국가 간 공통 관심사인 테러리즘, 이슬람 원리주의, 분리주의에 대한 공동대응에 합의했다.

2,000년 타지키스탄의 수도 두샨베에서 '상하이 5국'의 제5차 회의가 열렸

◀상하이 협력기구(SCO)는 6개의 정 회원국과 몽골, 이란, 인도 및 파키스탄 등 4개의 옵저버 국가를 두고 있다.

는데, 이 회의에서 5개국 정상은 새로운 세기와 새로운 천년을 맞이해 '상하이5국' 회의를 더욱 발전시켜나가기로 합의했다. 다차원 · 다방면의 협력기제를 구성해, 다양한 형태의 분열과 테러 그리고 극단주의에 공동 대응하기 위한 정치 · 외교 · 무역 · 군사 등의 협력을 확대하기로 했다.

이 회의에는 러시아의 푸틴 대통령이 당선 후 처음 참석했다. 여기서 러시아와 중국은 외무장관회담과 정상회담을 통해 양국 간 국경문제 뿐만 아니라, 미국의 미사일 방위체계에 대한 양국의 반대 입장 등을 논의했다. 특히 중국은 러시아의 체첸 공격을 지지했고, 러시아는 중국의 대만통일 방안을 지지했다.

결국, 1996년부터 '상하이5국' 회의로 시작된 유라시아대륙 6개국 정상 간 회담은 2001년 6월 상하이에서 열린 제6차 회의를 통해, 우즈베키스탄이 정식 가입하면서 동년 7월 14일 '상하이협력기구'로 공식 출범했다. 상하이 협력기구는 최근 가장 활발한 다자 협력 안보 대화라고 할 수 있다. 현재 이 기구는 6개의 정 회원국과 몽골, 이란, 인도 및 파키스탄 등 4개의 옵저버 국가, 그리고 백러시아와 스리랑카를 대화 동반자로 두고 있다.

〉〉〉 한국의 일대일로 대응 전략은?

일대일로는 현대의 중국판 마셜플랜이라 할 수 있을까? 미국의 마셜플랜은 제2차 세계대전 종료 후 구소련 중심의 패권에 대항하기 위해 미국의 트루먼 대통령이 서유럽 지역에 막대한 자금을 투입한 가운데, 대대적인 인프라를 구축하여 서유럽을 보호함과 동시에 미국 제품의 수출시장으로 서유럽을 적극 활용했다. 중국 정부 역시 대륙별 핵심 거점 지역에 집중적 투자와 이를 수출시장에 기민하게 활용하는 병행전략을 실리적으로 추구하고 있다.

일대일로에 대해 중국 정부는 자국만을 위한 '독주곡'이 아니라 각 국가와 함께하는 '교향곡'이 될 것이라고 주장한다. 이 말은 일면 진실을 담고 있다. '일대일로의 모든 것'의 저자 이창주는 이렇게 말한다. "구상(構想)과 전략(戰略)은 내용이 다르다."라고 하면서, '구상'은 전체 파이를 키우자는 의미로 '경제적 자유주의'를 뜻하지만, '전략'은 전체 파이 중에서 자국의 이익을 우선시하는 '중상주의적 의미'를 내포하고 있다고 한다. 그런 점에서 일대일로는 구상이자 전략이다. 중국은 전체 파이를 키워나가는 동시에 자국의 이익을 우선시 하는 방향으로 일대일로를 진행하고 있다는 것이다.

일대일로는 중국의 '서진(西進)'과 '남하(南下)'만을 위한 것인가? 중국의 동북지역은 일대일로에 포함되는 것일까? 그리고 한반도는 어떻게 연결될 것인가? 2016년 11월 페루에서 개최된 아시아태평양경제협력체(APEC) 정상회담에 참석한 시진핑 주석은 "일대일로 구상과 실천방안을 결합해 아시아와 태평양 지역 전체를 아우르는 복합형 연계성 네트워크를 구축해야 한다."고 역설했다. 육상 실크로드가 중국의 서진, 해상 실크로드는 중국의 남하라는 인식에서 유연하게 탈피한 개념이다. 그러므로 일대일로는 중국 전체와 세계 전체를 그 범위 안에 두고 있다. 동서남북 사통팔달한 세계 허브로서 중국을 건설하려는 것이다.

여기에서 일대일로를 읽는 핵심 키워드는 바로 연계성(互聯互通)이다. 중국은 일대일로와 연계성(Connectivity)을 통해 세계사적 흐름을 주도하려 하고 있다. 연계성은 인프라 건설, 무역 및 통관제도 개선, 민간교류 확대. 위 3가지를 통한 역내 경제공동체 건설을 일컫는다. 한반도의 북방 역시 그 흐름 가운데에 있다.

중국을 국빈 방문 중이던 문재인 대통령은 2017년 12월 16일 "물은 만나고 모일수록 먼 길을 갈 수 있다. 지동도합(志同道合), 뜻이 같으면 길도 합쳐지는 법"이라고 말했다. 문 대통령은 이 날 충칭 메리어트 호텔에서 열린 한중 제3국 공동진출 산업협력 포럼의 연설에서 "중국의 일대일로 구상과 한국의 신북방·신남방 정책의 연계는 양국을 비롯한 역내 평화와 공동 번영을 실현하고 인류 공영을 이끄는 힘찬 물결이 되리라 믿는다."며 이같이 밝혔다.

또한 문재인 대통령은 "중국과 한국, 역내 국가 간 연결성을 강화하겠으며, 한중간의 장점을 결합한 기업의 제3국 공동 진출을 적극 지원하겠다." 는 포부를 폭넓게 밝혔다. 문재인 대통령은 이를 뒷받침하기 위해 "한중 투자협력위원회 등 협의 채널을 통해 상호 정보교류와 금융지원의 기반도 튼튼하게 다지겠다."고 말했다.

문재인 정부가 대통령 직속의 '북방경제협력위원회'를 설립한 것은 바로 북방경제와 한반도를 연계성으로 묶어 '한반도 신 경제지도'를 완성하겠다는 포석이라 할 수 있다. 이런 의미에서 한국과 북방경제의 협력은 중요하다.

종합하면, 중국이 일대일로를 통해 동북3성을 북방경제를 향한 주요한 관문으로 건설하겠다는 것과 상호 맞물려 있다. 북방경제 개발이 한반도 신 경제지도와 만나고, 이를 다시 중국의 신 남방정책과 연계할 수 있다면 유라시아와 환태평양·인도양을 엮는 큰 흐름이 한반도에서부터 시작될 수 있다. 아시아 개발도상국 인프라 건설과 관련하여 중국은 주변국과 '운명공동체'를 건설할 것이라고 천명한 바 있다. 이 수사법의 핵심은 도로, 철도, 항구의 연결

▲ 장쑤 성의 렌윈항과 카자흐스탄을 연결하는 렌훠 고속도로

을 통해 중국은 주변국과 산업 기반을 다지고 경제협력을 확대한다는 복안이다. 이 과정에서 중국과 한국의 인프라 건설 협력의 강화는 양국 모두에게 이익이다. 한국과 중국 간 동반 투자는 자금 회수의 리스크를 줄이는 부수적 효과도 기대된다.

>>> 일대일로 '한중협력 시너지' 전략

중국의 '일대일로' 건설은 한국의 물류환경에 질적 전환점의 일대 계기를 마련해 줄 것이다. 이에 한국기업들은 에너지, 교통, 정보통신(IT), 농촌 기반시설, 상수도, 환경보호 등 제반 분야에서 참여 가능성이 높기에 '일대일로 프로젝트'에 대한 이해의 폭을 범국민적 관점에서 심화시키려는 노력이 필요하다. 그리고 이러한 사회간접자본(SOC)의 접근성을 용이하게 하는 것은 철도와 도로 건설이 핵심 요인인 것은 두말할 것도 없다.

2013년 10월, 박근혜 전 대통령은 '유라시아 이니셔티브'(Eurasia Initiative)를 제안했다. 유라시아 이니셔티브는 세계 최대 단일 대륙이자 거대 시장인 유라시아 역내 국가 간 경제협력을 통해 경제 활성화 및 일자리 창출의 기반을 만들고, 유라시아 국가들로 하여금 북한에 대한 개방을 유도함으로써 한반도 긴장을 완화해 통일의 기반을 구축한다는 내용을 골자로 한다. 중·몽·러 노선 중 우리가 원하는 루트의 개발을 자극하는 것은 쉽지 않지만 그렇다고 불가능하지도 않다. 특히 몽골 300만, 극동 러시아 640만보다는 북한 2,500만, 남한 5,000만이 훨씬 큰 시장이고 기반산업 배후이기 때문이다.

'유라시아 이니셔티브'를 조기에 구현하는 현실적 대안은 한국의 부산, 러시아, 중국, 중앙아시아, 유럽을 연결하는 실크로드 익스프레스(SRX; Silk Road Express)를 구축하고, 유라시아에서 전력, 천연가스와 석유 운송 등 에너지 망을 건설하는 것이다. 부연하면, SRX는 한반도종단철도(TKR)를 시베리아횡단철도(TSR) 및 중국횡단철도(TCR)와 연결해 우리나라에서 유럽까지 이르는 철도를 만들겠다는 구상이었다. '일대일로' 건설은 한국은 유럽으로 향하는 새로운 선택을 하나 더 얻게 되는 셈이며, 이는 분명 특별한 기회임이 틀림없다.

한국과 유럽은 해상운송과 철도의 두 가지 물류망을 가장 많이 사용하고 있다. 해상운송은 가격이 저렴한 반면 시간이 많이 걸린다. 한국에서 출발해유럽 항구에 도착하는 데는 40~50일이 소요된다. 한국 물류업계의 한 관계자는 "시베리아 철도를 이용할 수도 있지만, 한국과 유럽을 잇는 최단 물류망은 중국횡단철도(TCR)이다."라고 힘주어 말한다.

▲ 이신어우는 중국 서북부와 국경을 맞대고 있는 카자흐스탄과 벨라루스 등을 통과해 스페인에 닿는다.

유라시아 대륙과 연계되는 육상 운송은 교통의 효율성이나 산업의 연관성측면에서 우리에게 매력적인 비전이다. 육상 운송만큼이나 눈여겨보아야 할것은 중앙아시아의 괄목할만한 경제발전이다. 중앙아시아 국가인 카자흐스탄에서 우리 삼성과 LG 제품은 현지 전자제품 시장의 점유율이 무려 80%이상을 차지한다. 대형 쇼핑센터에는 미샤, 더 페이스 샵 등 한국 화장품 대리점이 계속 늘어나는 추세다. 그럼에도 불구하고 아쉽게도 한국과 카자흐스탄 간에는 매주 5회만의 직항편이 운항되고 있을 뿐이다.

대부분의 한국 제품은 중국 대륙을 가로질러 운송된다. 실제로 최근 중국은 자국을 출발해 중앙아시아를 거쳐 유럽으로 이어지는 화물철도 노선들을 운행하기 시작했다. 2015년 2월 25일 정식 개통된 '롄신야'(連新亞) 철도 노선은 중국 '일대일로' 건설의 중요한 성과 중 하나로 한국에게는 각별한 의미를 지니고 있다. 한국 상품은 선박을 통해 중국 장쑤성(江蘇) 롄윈항에 도착한 후, 롄윈강-신장(新疆)-중앙아시아를 연결하는 '롄신야' 정기 화물운송 철도를 통해 카자흐스탄 알마티주의 주도인 알마티(Almaty)에 도착한다.

또한 장쑤성의 롄윈항과 카자흐스탄을 연결하는 롄훠 '고속도로'와 저장성 (浙江省) 이우(義烏)시와 스페인 마드리드를 연결하는 '이신어우' 철로를 통해 중국과 카자흐스탄은 상호 유기적으로 이어져 있다. 이우(義)에서 신장위구르자치구(新)를 거쳐 유럽(歐)으로 이어진다는 의미로 이신어우(義新歐)라는 이름이 붙여졌다. 이신어우는 중국 서북부와 국경을 맞대고 있는 카자흐스탄과 러시아, 벨라루스, 폴란드, 독일, 프랑스 등 6개국을 통과해 스페인에 닿는다. 총연장 1만 3,052km의 세계 최장 철도로 지구 지름(1만 2,756km)보다 길고 서울~부산 경부선 철도(442km)의 30배가 되는 '이신어우'는 국제 열차를 일컫는 말이기도 하다.

더욱이 중국-키르기스스탄-우즈베키스탄을 연결하는 철도까지 중국이 완공하면, 한국은 롄윈항에서 기차로 바로 우즈베키스탄까지 연결된다. 이는 중국이 수출 주도형에서 소비 진작을 통한 새로운 성장을 개척하겠다는 수정발전 전략에 따른 것이다. 또한 유럽으로의 수출은 물론 수입까지도 함께 활성화하겠다는 복안이다.

한국 기업은 중국의 일대일로 정책을 잘 활용해야 하기 때문에 일대일로에

▶ 한국 기업은 일대일로에
 대하여 폭넓고 깊이 있는
 이해를 필요로 한다.

대하여 폭넓고 깊이 있는 이해를 필요로 한다. 한국이 유럽과 유라시아를 하나의 대륙으로 연결하는 실크로드 익스프레스(SRX)를 구축한다는 것은 경제적 투자뿐만 아니라 외교적 문제 등 난제이기 때문에 굳이 그럴 필요는 없다고 본다.

한국과 중국의 경제적 이해관계는 크게 다르지 않기 때문에 한국은 중국이 구축하는 교통 인프라를 충분히 활용해야 한다. 한국 기업은 중국이 구축하는 교통 인프라를 통해 중앙아시아에 적극 진출할 수 있는 이점을 누려야 한다. 또한 한중간 협력관계를 탄탄히 구축하여 중앙아시아 진출을 적극 활용해야 한다. 물류비 절감이나 편리성 측면에서 분명 한국에 도움이 되기 때문이다. 현재 한국이 시베리아 철도를 이용하는 것처럼 말이다. 한국이 추구하는 유라시아 이니셔티브의 아킬레스는 북한이다. 우리와 대륙의 접점은 결국 북한이기 때문이다.

Irkutsk
Khovd
Ulaanbaatar
Harbin
Vladivostok
Beijing
Pyeongyang
Seoul
KOREA
Dokdo
Busan
JAPAN
Tokyo
Kyoto
Osaka
Jejudo
CHINA
NEPAL
Lumbini
Thimphu
Kathmandu
Varanasi
Dacca
Kolkata
(Calcutta)
Mandalay
MYANMAR
(BURMA)
LAOS
Viangchan
Chiang Mai
Yangon
THAILAND
Bangkok
Pattaya
Taipei
TAIWAN
Hong Kong
Manila
Cebu
Davao
PALAU
Koror
ANDAMAN ISLANDS
SRI LANKA
Colombo
Phuket
NICOBAR ISLAND
(INDIA)
Langkawi
Kuala Lumpur
Jayapura
COCOS(KEELING) ISLANDS
(AUSTRALIA)
AUSTRALIA
OCEAN
Perth

Chapter22
일대일로
〈아프리카 중남미〉

'자원외교 신시장 개척' 활로 SOC 집중투자

2009년부터 아프리카 최대의 무역 대상국
2000년에 '중국·아프리카 협력 포럼' 설립
원조와 차관, 인력 교육, 의료지원 총망라

중남미 석유·광물자원, 금융과 SOC 총력전
'양양철도 니카라과 운하' 건설 대표적 실례
'에너지·무역' 전폭 협력, 칠레에 '청산은행'

일대일로(一帶一路)
〈아프리카 중남미〉

FEEDING THE DRAGON
CHINA IN AFRICA

◀ 중국과 아프리카 경협은 미국 등 서방의 견제에서
상대적으로 자유로운 아프리카 대륙에서 중국이
필요한 핵심 자원을 확보하려는 구도 하에 본격
추진되었다.

〉〉〉 아프리카 제1의 무역 파트너

중국 왕이(王毅) 외교 부장은 2016년 1월 30일부터 말라위, 모리셔스, 모잠비크, 나미비아 등 아프리카 4개국 방문 일정을 시작했다.

2000년대 들어 중국과 아프리카 경협은 미국 등 서방의 견제에서 상대적으로 자유로운 아프리카 대륙에서 중국이 고도 성장에 필요한 핵심 자원을 확보하려는 구도 하에 본격 추진되었다. 급속히 수요가 늘고 있는 에너지원을 안정적으로 확보하고, 아프리카라는 거대 시장을 개척하겠다는 야심에서이다. 현재 중국은 이미 아프리카의 제1의 무역 파트너이고, 아프리카는 중국의 4위 해외 투자 거점지가 되었다. 2011년 중국·아프리카 무역액은 1,663억 달러에 달해, 2000년 대비 16배 늘었다. 2011년 중국의 아프리카 대륙 무역 흑자는 201억 달러에 이르렀다. 이미 중국은 2009년부터 미국을 추월해 아프리카의 최대 무역 대상국이 됐다. 2013년 기준으로 중국의 아프리카 교역액은 미국의 두 배 정도로 아프리카 총 무역의 15% 정도를 차지한다.

상품 교역에서 중국과 아프리카의 무역액은 2000년 106억 달러에서 2014년 2,216억 달러로 연평균 24.3%, 21배 급증했다. 중국의 아프리카 수출은 50억 달러에서 1,060억 달러로, 수입은 56억 달러에서 1,156억 달러로 각각 21배, 20배 이상씩 증가했다. 중국은 현재 중동에서 연간 290만 배럴을 수입해 원유 수입의 52%를 의존하고 있으며, 두 번째로는 아프리카에서 130만 배럴, 23%를 수입하고 있다. 향후 에너지에 대한 대외 의존도가 증가하는 만큼 중국의 안정적 자원 확보 전략은 지속될 전망이다.

〉〉〉 신천지이자 부활의 대륙

아프리카는 지구촌의 마지막 자원 보고이자 새로운 시장으로 부상하고 있다. 특히 아프리카의 광물 자원은 자본과 기술 부족으로 인해 효율적으로 발굴되지 않아 개발 잠재력이 무척 높다. 또한 아프리카 대륙은 경제성장률이 평균 4.8%를 기록할 것으로 예상되면서 추후 거대한 소비 시장이 될 것이라는 예측은 상당히 낙관적이다. 이는 아시아를 제외하고 세계에서 가장 높은 성장률이다.

이 때문에 각국은 아프리카를 선점하기 위해 치열하게 각축전을 벌이고 있다. 현재 아프리카에 가장 적극 투자하고 있는 국가는 중국이다. 중국은 석유 등 자원 개발사업과 인프라 구축은 물론 무역 등 전 분야에 걸쳐 전방위적 진출 속도를 높이고 있다.

중국의 아프리카 대륙 공략의 핵심 채널은 '중국·아프리카 협력 포럼'(FOCAC)이다. 1999년 중국 정부는 '중국·아프리카 협력 포럼' 장관급 회의의 개최를 제의하면서 중국과 아프리카 우호 협력을 더욱 강화하고, 글로벌 경제의 도전에 공동 대응하며, 공동 발전을 도모하기로 했다. 쌍방의 공동 노력하에 첫 장관급 회의가 2000년 10월 베이징에서 개최되면서 '중국·아프리카 협력 포럼'(FOCAC)이 공식 설립되었다. 중국과 아프리카 쌍방이 21세기 장기적인 안정과 평등 호혜의 새로운 동반자 관계를 건립 발전시키는 중국·아프리카 협력 포럼 시스템 구축이 첫 삽을 뜬 역사적 이정표였다.

Selected Chinese Infrastructure Projects in Africa

China has mineral rights
China has oil rights
China has both oil and mineral rights

Source: Various; THE BEIJING AXIS Analysis

◀ 중국이 자체 내수시장 포화에 따른 새로운 개척시장으로서 아프리카에 눈독을 들이고 있다.

3년마다 정상급 회의를 개최한 중국·아프리카 협력 포럼은 중국·아프리카 쌍방의 집단 대화와 실질적 협력의 효과적인 플랫폼으로 조기 정착했다. 쌍방의 협력은 더 큰 범위, 더 넓은 영역과 더 높은 차원에서 전면적으로 발전해왔다.

특히 2006년 개최된 '중국·아프리카 협력 포럼' 베이징 정상 회의 및 제3회 장관급 회의에서 중국·아프리카는 정치적 평등 하에서 상호 신뢰하고, 경제적으로 협력 상생하며, 문화적으로 상호 교류하는 새로운 전략적 파트너 관계를 확립함으로써 중국·아프리카 관계의 역사에서 기념비적 이정표를 세웠다.

>>> 석유자원 확보에 전방위 지원

중국이 자체 내수시장 포화에 따른 새로운 개척시장으로 아프리카에 눈독을 들이고 있는 것은 중동에 이어 석유자원 확보를 위함이다. 중국은 섬유, 에너지 등 산업지원을 위한 원조와 차관 제공 및 이들의 규모 확대, 채무 면제, 개발펀드 설치, 빈국 학생들을 위한 장학금 제공과 인력교육, 의료지원까지 다양하고 포괄적인 아프리카 지원정책을 일관되게 펼쳐왔다.

최근 중국의 아프리카 투자는 자원 사업에 수반되는 금융·교통운수·제조 등의 진출과 함께 서비스 부문의 투자도 증가 추세이다. 특히 중국은 아프리카의 도로·철도를 건설하는 SOC 투자에 적극적이다. 아프리카가 공업화와 도시화, 경제부흥의 과정을 거치면서 건설 수요가 지속적으로 증가할 것이라는 판단에서이다.

2012년까지 누계로 217억 3,000만 달러에 이르는 아프리카 해외직접투자

(FDI)는 초기에 광산과 에너지 등 자원 분야에 집중되었다. 이제 SOC 투자에도 관심을 늘리고 있다. 리커창(李克强) 중국 총리는 2014년 아프리카 나라들을 순방하면서 고속철도사업 판매에 나서는 세일즈 외교를 전개했고, 동부 아프리카 6개국을 연결하는 초대형 철도사업을 수주했다.

중국의 주요 교역 파트너는 남아공·앙골라·나이지리아·이집트·알제리 등으로 이들 5대 무역 대상국이 전체 교역의 61%, 10대 국가가 73%를 차지할 정도로 집중된다. 여기에서 주목되는 국가는 이집트와 남아공화국이다. 아프리카 대륙의 북쪽과 남쪽 끝에 자리 잡은 양국은 정치·경제적으로 아프리카 국가들에서 영향력이 강력하다. 특히 양국은 아프리카 국가들 중 가장 적극적으로 원자력 발전소 건설을 추진하고 있다.

특히 아프리카 최대의 경제국 남아공은 풍부한 자원과 경제발전 잠재력을 가진 데다, 국제무대에서 아프리카를 대표하는 정치적 발언권으로 중국은 남아공 공략에 총력을 기울이고 있다. 남아공은 아프리카 53개국 전체 GDP의 27%를 차지하며, 아프리카 30대 기업 가운데 26개가 남아공에 포진하고 있다.

남아공의 최대 강점은 자원 대국이라는 것이다. 남아공 전체 수출의 30%가 천연자원이다. 백금, 망간, 금, 크롬, 질석, 바나듐, 다이아몬드 등 7가지 광물의 매장량과 생산량이 모두 세계 1위이다. 원자력 발전에 필수적인 우라늄 매장량 4위, 철 생산량은 7위다.

앙골라는 나이지리아와 더불어 아프리카의 2대 산유국으로 일일 원유생산량이 210만 배럴에 달한다. 앙골라는 중국이 전 세계 국가 중 가장 많은 원유를 도입하고 있는 국가들 중 하나다. 중국은 원유의 안정적 확보를 위해 앙골라에서 주택, 공항, 철도, 도로, 병원 등을 건설해왔다.

〉〉〉 엘도라도 기회의 땅 '중남미'

거대 인구와 경제성장, 소득상승에 따른 폭발적 에너지 수요에 대응하기 위해 중국은 자원 외교에 혈안을 올리고 있다. 이제 중국에 있어 중남미는 미국의 텃밭이 아니라 마치 콜럼버스가 신대륙을 발견하였듯, 새로운 값진 보물이자 진주이다.

이제 중국은 '기회의 땅'인 라틴 아메리카(Latin America) 진출에 박차를 가하면서 엄청난 재정적 화력을 퍼붓고 있다. 이에 자원이 풍부한 중남미에 투자 및 무역 규모 확대는 괄목할 신장세의 연속이다. 중국의 대중남미 투자는 2014년 기준으로 중국의 전체 해외투자의 약 8.5%를 차지하며, 주요 투자

◀ 중국은 기회의 땅인 라틴 아메리카 진출에 박차를 가하면서 엄청난 재정적 화력을 퍼붓고 있다.

분야는 에너지 및 광물자원이 주종을 이루고 있다.

그리고 중국과 중남미 새로운 밀월 관계는 이전의 자원 외교뿐만 아니라 인도적 목적, 무기 판매 및 기술 이전 등으로 확대 추세이다. 중국이 눈독 들이고 있는 것은 중동과 아프리카에 이어 석유 자원이다. 중국은 1993년 원유 순수 수입국으로 전락한 이후 국제 원유시장의 의존도가 60%에 육박했으며, 2035년에는 80%에 달할 것으로 전망된다. 천연가스 수입 의존도 또한 32%에 달한다.

중국은 2013년 연말부터 세계에서 가장 큰 석유 수입국이 됐으며, 2015년 4월 중국의 석유 수입량은 일간 740만 배럴에 달해 미국의 일간 수입량인 720만 배럴을 초과했다. 2000년대 들어 중국은 경제성장에 따른 에너지 및 원자재의 안정적 공급이 중요한 과제로 떠올랐으며, 기존의 공급원을 확대하면서 수입원의 다변화는 물론 수송로의 안전 확보에도 혈안이다.

중국의 리커창(李克强) 총리는 2015년 5월 18일부터 26일까지 브라질, 페루, 칠레, 콜롬비아 등 남미 4개국을 방문하여 수십 개의 투자협약을 체결하면서 남미 공세에 지대한 공을 들였다.

2006년 중국과 라틴아메리카 간의 무역 규모는 720억 달러였으나, 중국 세관의 통계에 따르면, 2014년 중국과 라틴아메리카 무역액은 2,636억 달러에 달했다. 중국 입장에서도 라틴아메리카는 7대 교역상대국으로 부상하였으며, 이미 브라질, 칠레와 페루 등 이들 라틴아메리카 국가의 최대의 무역 파트너이다.

▲ 중국과 중남미 국가들이 참여하는 '중국–라틴아메리카(CELAC) 포럼'이 2015년 1월 8일 중국 베이징에서
  첫 장관급 회의를 갖고 공식 가동되었다.

중국은 아프리카 및 아랍과 이미 협력 포럼을 가동하고 있다. 이어 중국과
중남미 국가들이 참여하는 '중국–라틴아메리카(CELAC) 포럼'이 2015년 1
월 8일 중국 베이징에서 첫 장관급 회의를 갖고 공식 가동되었다. '중국–라
틴아메리카 포럼'은 2014년 7월 브라질을 방문한 시진핑 주석의 제안에 따
라 탄생했다. 지난 2011년 멕시코에서 출범한 '라틴아메리카–카리브 국가공
동체'(CELAC)는 미주(美洲) 대륙에서 미국과 캐나다를 제외한 33개국으로
이루어진 국제기구다.

〉〉〉 '양양철도, 니카라과 운하'

석탄과 철광석 원자재와 대두 등 식량을 브라질, 아르헨티나로부터 수입하

는 중국으로서는 이들 전략물자들의 안정적 운송로 확보가 매우 민감한 사
안이다. 여기에서 큰 주목을 끄는 것은 중국 자본과 기술 주도의 철도건설과
파나마 운하에 이은 제2의 운하건설이다.

중국의 신(新) 실크로드 전략이 미국 뒷마당인 남미까지 확장하는 모양새다.
중국이 착수한 양양철도는 브라질의 대서양 연안과 페루의 태평양 연안의
두 대양을 연결하며 안데스산맥을 관통하는 횡단 철도이다.

▲ 라틴아메리카 사상 첫 번째 남미대륙을 횡단하는 국제적 철도노선이 될 양양철도

또한 중국은 미국이 장악한 파나마 운하를 거치지 않고 대두·철광·석탄 등
남미 자원을 수입할 수 있는 통로를 확보하려고 한다. 중국 자본 회사가 '제
2의 파나마 운하(태평양~대서양 연결)'로 불리는 '니카라과 운하'를 착공한
것도 동일한 맥락이다

먼저, 양양철도 청사진은 2014년 7월 17일 시진핑(習近平) 중국 국가주석이
라틴아메리카 방문 당시 브라질과 페루 지도자들과 함께 브라질의 수도 브
라질리아(Brasilia)에서 발표된 '중국-브라질-페루에서 양양철도 협력을 추
진한 데 관한 성명'에서 제기됐다.

라틴아메리카 사상 첫 번째 남미대륙을 횡단하는 국제적 철도노선이 될 양
양철도 완공에는 5년 간 100억 달러(약 11조 원)의 재원이 투입될 것이라고

중국의 관영 환쵸우스빠오(環球時報)는 전한다. 브라질과 페루를 잇는 횡단 철도 총 연장 5,000㎞ 중 2,000㎞는 기존 노선을 활용하는데, 새로 건설되는 구간은 3,000㎞에 이른다.

특히 양양철도는 아르헨티나 또한 수혜 대상이 됨은 물론 브라질의 경우 물류비용의 30%를 절감할 것으로 기대된다. 양양철도가 건설되면 브라질·아르헨티나 등 남미 대륙 동반부의 화물을 열차로 페루로 보낸 뒤 배에 실어 태평양 건너 중국으로 보낼 수 있게 된다.

▲ 니카라과 정부와 홍콩의 니카라과 운하개발은 2014년 7월 7일 태평양과 대서양을 잇는 '니카라과 운하' 건설 계획을 발표했다.

두 번째로 세계의 주목을 끄는 초대형 뉴스는 중국 주도의 제2의 파나마 운하(Panama Canal) 건설이다. 니카라과 정부와 '홍콩의 니카라과 운하개발'(이하 HKND)은 2014년 7월 7일 태평양과 대서양을 잇는 400억 달러(42조 원)가 투입되는 '니카라과 운하' 건설 계획을 발표했다. 니카라과 운하 완공 소요 예정 기간은 5년이다.

총 길이가 파나마 운하의 3배인 278㎞에 달하는 니카라과 운하(Nicaragua Canal)는 태평양의 브리토(Brito)강 입구에서 시작해 리바스시(Rivas city)를 거쳐 니카라과 호수를 통과한 뒤, 카리브해 동남부 지역인 '툴레 푼타 고르다 하천'(Tule and Punta Gordas rivers)을 지나는 루트를 확정했다.

특히 니카라과 운하는 중국 기업이 건설권과 운영권을 확보한 사업이라는 점에서 국제적으로 비상한 관심을 모은다. 중국 통신장비 제조업체인 신웨이(信威) 공사를 경영하는 사업가 왕징(王靖)이 2013년 6월 수주했다. 왕징이 소유한 개발회사 '홍콩니카라과운하개발'(HKND)은 운하 건설권과 50년간 운영권을 확보한 것이다. 니카라과 운하는 2020년 완공을 목표로 한다. 중국은 니카라과 운하를 통해 남미 지역에서 수입하는 에너지 수송로가 크게 단축될 것으로 기대한다.

〉〉〉 전략자원 개발 SOC 총력지원

중국은 중남미에 석유와 광물 자원의 안정적 확보는 물론 이를 차질 없이 운송할 관련 인프라 건설에 총력전 태세이다. 리커창 총리는 당시 지우마 호세프(Dilma Vana Rousseff) 브라질 대통령과 협의 하에 에너지와 무역에 전폭적 협력 강화를 공언했고, 석유공사 패트로브라스(Petrobras)에 70억 달러의 융자를 제공할 것을 약속했다. 2015년 4월 중국 국가개발은행과 브라질 석유공사는 35억 달러에 해당하는 융자협력을 체결한 바 있다.

또한 중국해양석유총공사(CNOOC)는 아르헨티나에서 두 번째로 큰 석유생산업체인 아르헨티나 석유공사 브리다스(Bridas)그룹의 주식 50%를 2010년 3월 사들였다.

중국인민은행은 2015년 5월 25일 칠레의 중앙은행과 통화스와프(currency swap)를 체결했다. 또 중국은 칠레 산티아고에 위안화 청산은행(淸算銀行)을 설립하고, 중국 건설은행 칠레지점에 위안화 청산 업무에 대한 권한을 부여하면서, 산티아고는 라틴아메리카 최초의 위안화 청산은행 소재지가 되었다. 그리고 중국 정부는 구리 채굴량과 수출량이 세계 최대로 풍부한 광산자원을 가지고 있는 칠레에 2020년까지 철도, 댐, 항구 등의 개발을 포함한 '200억 달러'의 투자를 결정했다.

한편 아르헨티나에서는 2015년 2월 5일, 중국황금협회와 중국황금집단공사가 아르헨티나와 '광업투자 협력 및 촉진에 관한 협의'를 체결하였다. 그리고 중국 정부는 아르헨티나 산타크루즈(Santa Cruz)에 44억 달러에 달하는 2개의 수력발전소를 설립하고, 아르헨티나의 방대한 철도 선로 개량사업인 '벨그라노(Belgrano) 철도 개조 프로젝트'에 21억 달러를 지원한다.

중국의 리커창 총리는 2015년 5월 수교 30년 만에 콜롬비아를 첫 방문했다. 1980~1990년대 콜롬비아는 정세의 불안정으로 금, 철, 석탄 등의 자원 개발에 난항을 거듭했다. 이들 자원의 매장량은 세계 4위 수준으로, 중국은 이러한 기회를 포착해 콜롬비아와의 협력을 대폭 강화하고 있다.

현재 페루는 중국과 최대 무역 파트너이다. 중국 리커창 총리는 중국과 페루 수교 20년 만에 처음으로 페루를 방문했다. 중국 정부는 에너지원, 광업, 인프라 건설, 의료, 우주 비행 등 10여 개의 항목에서 143억 2,000만 달러에 달하는 무역 협의를 맺었고, 브라질과 페루를 잇는 횡단열차, 양양철도 건설을 확약했다.

〉〉〉 대단원의 막을 내리며!

일대일로 정책은 중국과 각 대륙 권역의 연선국가(沿线國家)를 연결하는 대동맥이다. 그 동맥의 유기적 흐름에서 변화와 변혁의 주요 자양분이라 할 수 있는 무역, 금융, 보험, 전자상거래, 핀테크 등을 상세히 해부하여 보았다. 또한 이를 직·간접 지원하고 후원하는 일대일로의 우군격인 화교들의 맹활약상도 조명하여 보았다.

대외경제정책연구원(KIEP)은 중국의 의욕적인 일대일로 정책 추진에 대해 신중하게 일면 이런 평가를 내린다. 중국 정부도 진지하게 귀담아 들어야 하는 부문이기도 하다. 중국은 일대일로 전략을 통해 중동·동유럽, 독립국가연합(CIS), 중앙아시아, 남아시아, 아세안 등 5대 권역 연선국가들과 인프라 연결을 위한 계획을 수립하고 협력 프로젝트를 추진해왔다. 일대일로가 중국의 새로운 대외전략의 방향성을 제시하면서, 중앙부처별, 지방정부의 지역별 참여를 통해 제법 성과를 내고 있지만, 추후 일대일로 추진에 있어 많은 복병이 도사리고 있는 것도 엄연한 현실이다.

현재까지는 일대일로 연선국가의 경제적 여건, 지정학적 리스크 등 일대일로 사업 추진에 필요한 제반 환경이 제대로 조성되지 않아 중국과 일대일로 연선국가간의 인프라, 자금융통, 무역·투자는 속도감을 내지 못하고 있다. 일대일로 연선국가는 대부분 개발도상국이나 빈곤국가들로 구성되어 있고, 정치적·종교적으로도 불안정한 지역이 상존한다는 평가이다. 또한 인프라 개발이 초래할 '환경문제도 간과할 수 없다.'는 우려에서 자유롭지 못하다.

하지만 전통적으로 아시아의 맹주로서 현대사에 마치 용의 승천을 보듯, 그

저력을 유감없이 발휘하고 있는 중국을 시샘하거나 경원시 하는 시각만큼은 과감하게 배제해 나가야 한다. 중국은 '절대 종이 호랑이가 아니다.'는 엄연한 현실과 위력을 즉시해야 한다. 세계가 의혹의 눈초리를 거두지 않고 있는 '신 팽창주의 정책'이라는 폄하 논리를 냉철한 시각에서 불식시켜 나가야 한다.

더욱이 우리 대한민국은 공생과 상생의 논리로 유연하게 접근해야 한다. 한국과 중국의 양국 관계는 경제적 측면에서 뿐만 아니라 문화적으로 유사한 면이 적지 않다. 상호 공통적 접점의 모색과 실행에 실사구시 관점에서 치열하게 노력해야 한다. 바야흐로 중국의 일대일로 정책은 미국과 서유럽의 견제와 도전 속에 '그랜드 차이나 벨트'를 구축해야 하는 응전의 시험대에 성큼 진입했다. 우리는 그 도도한 흐름을 생생히 목도하고 있다.

〈인터뷰〉
" 중화권역 교두보
대전진기지 "

홍콩 "신키(SINKI) GROUP"
장상현 CEO 인터뷰

부록편

● 동북아의 관문이자 아시아의 교두보이며, 세계의 창인 홍콩에 대해 거시적 조망과 미시적 통찰을 융합하여 달라.

▶ 향기 향(香)과 항구 항(港)이라는 글자로 이뤄진 홍콩(香港)! 홍콩이라는 이름은 명(明)나라 말과 청(淸)나라 초기 이미 문헌에 새겨져 있다. 현재 홍콩은 홍콩섬(香港島), 카오롱(九龍)반도, 썬카이(新界) 등 크고 작은 섬 소유한다. 현대사 측면에서는 영국에 의한 식민지 경험(1842~1997)에다 1997년 주권 반환 이후 중국에 의해 음양으로 자극과 도전을 받고 있다.

서울 면적의 겨우 1.8배에 인구 715여만 명에 불과하지만, 세계 도처에서 매년 약 4,900만 명의 관광객이 쉴 새 없이 홍콩을 찾는다. 홍콩 사람들도 출근길은 한국인만큼 걸음걸이가 빠르다. 다양한 문화 속에 그들은 모든 것을 홍콩답게 만들어낸다. 단일 문화의 한국 같이 하나의 트렌드로 단일 색채만 있는 게 아닌 다양한 컬러와 다양한 트렌드가 존재한다.

이렇듯, 홍콩에는 문화적으로 동양과 서양의 이미지가 교차하며 전통과 현대가 공존한다. 무엇보다 성공적인 중국 개혁개방의 배경을 논할 때 홍콩의 공로를 배제하고서는 논의 자체가 무의미하다.

특히 최근 한국과 홍콩의 경협은 만개의 조짐이 역력하다. 2012년 홍콩은 한국의 4대 수출 대상국이었으며 무역액은 347억 달러에 달하였다. 홍콩에 있어 한국은 6대 무역상대국으로서 2012년까지 1,500개의 한국 기업이 홍콩에 142억 달러를 투자하였다.

홍콩과 한국은 인적, 기업 교류도 매우 활발하다. 매일 한국과 홍콩 간 35회 이상 항공편이 있다. 2017년 한국 관광객 149만 명이 홍콩을 방문했다. 이는 7년 연속 100만 명 이상의 기록이다. 홍콩 관광객은 연 66만 명이 한국을 방문했다. 739만 명의 홍콩 인구를 생각하면 엄청난 숫자다. 최근까지 중국의 사드 후폭풍으로 한국은 타격이 막심했지만, 홍콩의 물적 인적 교류는 전혀 영향을 받지 않았다. 한류 전선에는 '이상무'라는 의미이다.

특히 홍콩은 중국 본토와 경제 통합의 확대로 인해 이전보다 더욱 중국의 관문으로 핵심 역할을 수행하고 있다. 또한 홍콩 경제의 견고한 체제로 인하여 아시아에서 비즈니스를 강화하려는 외국 기업에게 양질의 수많은 비즈니스 기회를 제공한다

●홍콩에서도 한류 열풍이 드세다. 한류의 기지개와 역동성을 생생하게 전달하여 달라.

▶ 홍콩 사람들이 출근길에 스마트폰을 들고 한국 드라마를 보고 있는 것을 종종 보곤 한다. 인터넷을 통해 지구촌 도처의 소식이 드러난 세상에서 특히 한국의 뉴스가 홍콩인들의 개인의 생활 속에 들어왔다고 보인다.

한류의 열풍이 대장금 이후 촉발되어 드라마, K-pop까지 아우르는 전 영역의 장르에서 홍콩인의 생활에까지 깊은 뿌리를 내리고 있다. 물론 이전에는 일본의 문화적 침투를 통해 일본의 모든 것이 이들의 삶을 지배했다.

홍콩 사람들이 관심 있어 하는 부문은 드라마를 통해 비추어진 한국인의 가족관계인데, 이에 대한 궁금함을 자주 듣는다. 이전에는 남성 우월주의, 가정폭력, 데모 등의 이미지가 중첩되었다면 이제는 다양하면서도 폭넓게 관심을 보이며 한국을 배우는 홍콩 사람들이 많이 늘어나고 있음에 감사하다.

한류의 르네상스는 국내외 정치, 경제, 문화적 환경의 변화에 따른 복합적인 것이다. 제2차 세계대전 후 아시아는 일본·홍콩, 한국·대만, 중국·동남아시아의 수순으로 경제 부흥이 이어졌고, 경제적 교류에 이은 문화적 교류의 결과로 항류(港流)와 일류(日流)에 이어 한류(韓流)가 증폭된 것이다.

홍콩하면 떠오르는 우선적 이미지는 쇼핑천국이다. 세계 각국의 명품 매장이 즐비하다. 홍콩을 찾는 건 비단 관광객만은 아니다. 전 세계 바이어들이 홍콩을 찾는다. 홍콩전자박람회를 시발로 '차이나소싱페어'(패션, 액세서리, 가정 및 유아용품, 전자부품 등 박람회)가 연이어 개최되기 때문이다. 이런 예찬론을 펴는 연유는 글로벌 마켓으로서 홍콩이 차지하는 독보적 위상을 감안할 때, 한류 열풍의 수혜 효과를 톡톡히 만끽하고 있어서이다.

많은 국가의 다양한 제품이 홍콩이라는 무대를 통해 소개되고 있으며, 치열한 경쟁 하에서 홍콩에서 찬사 받는 브랜드로서 자리매김한다면, 중국 시장 진입은 거의 초읽기라 할 수 있다. 홍콩에서 쇼핑을 하면 가격적 경쟁력뿐만 아니라 심리적으로 무언가 다르지 않을까 하는 신비감이 사로잡고 있다.

● 홍콩에서 한류의 독보적 강점과 유망 분야 및 비전까지 생생하게 분석하여 달라.

▶ 홍콩에서 한류가 흡수력이 충일한 요건은 콘텐츠 자체의 탁월성에서 찾는다. 발상 자체가 탁월한 데다가 드라마든, 예능이든 신속 과감하게 투자하여 보편적 정서로 재창조하는 능력이 탁월하다. 치밀하며 정교한 재능은 다른 나라의 콘텐츠와는 비교할 수 없을 정도로 차별적 강점이 폭넓게 내재한다.

한류 수요층도 한층 두터워져 초기에는 한류가 중장년층이 주축이었다면, 이제는 유행에 민감한 청소년층이 선도하는 양상이다. 한류의 접촉 통로가 유튜브, 페이스북, 트위터 등 다양한 인터넷 미디어로 전광석화처럼 전파되고 있으며, 최근에는 방송 포맷 수출도 활발히 이뤄지는 등 한류상품의 수출 양식도 과거와는 판이하다.

이런 대 호기를 발판삼아 한국과 홍콩 간 협력 강화가 유망한 경제 분야는 전자, 전기, 식품 등 상품과 물류, 관광 등 서비스 분야가 손꼽힌다. 한국산 제품은 안전성, 품질, 가격 3박자를 적재적소 구비하고 있어 중화권 소비자의 지대한 호응을 얻고 있다.

현재 대세인 K-pop 열풍과 한류스타 마케팅을 활용한 상품 등이 향후 유망할 것으로 기대된다. 한국산 화장품은 'Made in Korea'가 갖는 프리미엄을 누리는 대표적 효자 상품군이다.

● 홍콩 코트라를 위시하여 오랫동안 중화권에서 다양한 비즈니스 임무를 수행한 것으로 알고 있는데!

▶ 대만, 중국, 홍콩에서 학업 및 직장생활을 하면서 중화권의 개성적 문화와 교류를 입체 터득하였기에 동일한 문화권이지만 다양한 사고를 하는 중화인들의 저력을 몸소 실감할 수 있었다.

홍콩지역에서 코트라는 나에게 각양각색의 현장에서 바이어들과 직접 접촉하면서 다양한 경험을 체득하게 하였다. 특히 독특한 기술력과 아이디어를 가진 중소기업의 제품을 세밀하게 리뷰하면서 홍콩 시장의 비교 우위 경쟁력을 심층 조망할 수 있었다.

앞서 말씀드린 바, 이전에는 일본이 모든 분야에서 석권하였지만 일본 기업의 정체와 쇠락을 대체하여 한국 모든 제품의 품질에 신뢰를 갖게 되었다. 한국 대기업의 선전과 약진, 한류의 지원사격은 한국 중소기업 의 다양한 제품들이 홍콩에 연착륙하는 호재이자 기회이다.

특히 홍콩은 여전히 중개무역의 천국이라 해도 과언이 아니다. 중국 본 토에서 생산을 위한 원재료를 공급받아 가공 후 다시 다른 수많은 국가 로 재수출되는 창구로서 물류 시스템의 비약적 발전을 생생히 목도했다. 이전에 비해 홍콩의 중개무역업체의 수는 감소한 반면, 이제는 브랜드 유통업체가 증가하는 추세라 할 수 있다.

여기서 한 가지 염두에 둘 것은 여타 국가들에 비해 부동산 의존도가 상 당히 높다는 사실이다. 임대료가 아시아에서 최상위권이다 보니 물류를 움직이는 제반비용이 높고, 이는 유통상 원가에 반영되는 구조여서 홍콩 시장에 차질 없이 진입하려면 가격 외 경쟁력 여건 또한 신중하게 고려 해야 한다. 그럼에도 물류 및 유통 서비스 분야에서는 한국의 국제 경쟁 력이 높지 않기에 선진적 운송·보관·유통 관리시스템이 발달한 홍콩기업 과의 협력을 통한 중국 진출이 매우 유리하다는 점을 말씀드리고 싶다.

• 한국의 중소기업들이 홍콩을 위시하여 중화권 진출 전략의 구체성과 효율성을 담보하여 달라.

▶ 이런 말씀을 직접적으로 드리고 싶다. 홍콩무역발전국(HKTDC), 홍콩경제무역대표부(HKETO), 홍콩관광청(HKTB), 홍콩투자청(Invest HK)을 위시하여 '마카오무역진흥원'(Macao Trade and Investment Promotion Institute) 및 '광둥(廣東)대외무역경제협력청'까지 두루 세심하게 살필 것을 조언하고 싶다. 전 세계 50여 개국에 12곳의 네트워크를 구축한 홍콩무역발전국은 매년 무려 320개 국제 전시회를 진행하고 있다.

거듭 드리는 말씀은, 한류는 문화 자체를 상품화하여 그대로 시장에 반영되고 있으며, 중소기업의 강점인 생활 소비재의 다양한 아이디어와 디자인은 진입할 수 있는 공간이 아직도 넓다는 점이다. 한국의 전략은 중국의 수요시장에 필요한 제품들을 먼저 수집하고, 이를 홍콩에 진입을 시키고자 하는 노력이 필요한 때이다. 이는 홍콩의 비용구조를 심층 이해하고 넓게 봐야 된다는 것인데, 부연하면 시장진입 및 이윤의 구조를 홍콩의 한 지역으로 계산을 해서는 안 된다는 것이다. 홍콩을 광동, 심천, 광조우(廣州), 상해, 북경 등으로 연결하는 포괄적 진행으로 방향을 잡는 묘책이 필요하다는 것이 개인적 소견이다.

● 홍콩은 물론 싱가포르 말레이시아 등 중화권의 저력과 위상 등을 객관적으로 묘사하여 달라.

▶ 자유무역 체제로 무관세 지역인 홍콩은 단순하고 낮은 세율의 조세 체계를 갖추고 있다. 단, 유류, 담배, 술, 메틸알코올 등 4개 품목에 소비세를 부과한다. 또한 아시아의 국제금융 중심지 홍콩은 아시아에서 두 번째, 세계에서는 네 번째로 글로벌금융센터의 메카이다. 2008년 말 기준으로 세계 100대 은행 중 69개 은행을 포함 200개 은행이 영업 활동을 수행하고 있다.

이렇듯, 선진금융과 최상의 무역여건을 구비한 홍콩은 중화권의 초석이자 전진기지이다. 이제 중화권은 일심일체의 결속력과 단결력을 공고히 하는 추세가 한층 두드러지고 있다.

홍콩은 중국 본토와 경제 통합에 가속도가 붙고 있다. 홍콩은 중국과 '경제협력동반자협정'(CEPA)을 체결했다. 이로써 주강 삼각주(Pearl River Delta, 珠江 三角洲) 지역 경제통합, 홍콩 금융기관의 위안화 영업 허용, 중국 기업의 홍콩거래소 상장 등 중국 본토와의 경협이 성숙화 단계이다.

더욱이 중국의 발전의 뒷면에는 홍콩과 대만 못지않게 중화권의 다양한 자금과 기업이 더욱이 문화적으로 일체를 이루어 빠르게 적응하고 접근함으로써 중국의 경제 성장에 첨병 역할을 수행했다.

특히 위안화의 국제화는 말레이시아, 인도네시아 등 동남아 일부 지역까지 이미 현실화되었다. 말레이시아는 2005년 '달러화 페그제'(고정환율제)를 폐기하고 통화바스켓 환율변동제도 도입에 이어 외환보유액의 하나로 위안화를 비축하기 시작했다. 또한 필리핀은 2006년 대통령 명령에 따라 중앙은행에 위안화를 외환보유액으로 적립하도록 했다.

특히 한국과 중국이 2015년 10월 31일 합의한 중국 내 원화·위안화 직거래시장 개설은 해외에서 원화 거래가 허용되는 첫 사례로, 원화의 국제적 활용도 제고는 물론 양국 간 교역과 투자를 확대하는 계기가 될 것이 분명하다. 덧붙여 말씀드리면, 현재 위안화를 위시하여 미국 달러화, 유로화, 영국 파운드화, 일본 엔화, 러시아 루블화, 호주 달러화, 뉴질랜드 달러화, 싱가포르 달러화, 말레이시아 링깃화는 중국외환거래센터에서 직거래가 가능할 정도로 중국 금융의 국제화가 가파르게 진전된 것은 경이적인 일이다.

● 한-홍콩 교류 증진의 또 다른 새로운 꿈을 펼치려 하고 있는데!

▶ 이제 중국이 보장한 홍콩 체제 50년 불변 시한인 2046년이 째깍째깍 다가오고 있다. 또한 무역·금융·투자·정보의 중심에 있다는 홍콩인의 자신감은 '아시아의 월드시티'라는 관광 슬로건의 가시화가 매우 활발하다.

이에 다른 어느 때보다 약진이 한층 필요한 시기라고 생각된다. '바이코리아'가 진행되는 이 시점에서 홍콩에 튼튼하게 새 싹을 심으며 뿌리를 내리게 하는 데 작으나마 도움이 되었으면 한다. 홍콩과 한국 사이에 다른 창구를 연결하여 교류를 할 수 있도록 하는 소임에 전력을 다하고 싶다.

능력보다는 인내와 정직을 묶는 신뢰가 한층 더 필요한 시대이다. 人, 時, 地理(사람, 시간, 장소)가 긴밀하게 부합되어야 한다. 타이밍이 중요하지만, 그래도 배열한 순서가 있다. 사람이 먼저이며 시간과 장소가 이어진다.

한류가 기여를 시작하였으니, 한류의 문화적 콘텐츠를 공고히 하는 것부터 주 초점을 맞추려 한다. 활짝 열린 문을 무기 삼아 물적 인적의 가교 역할에 진력하려 한다. 이에 나의 임무는 상호 교류를 촉진시킬 수 있는 축적된 저력을 한국과 홍콩 간 창출하는 데 집중하고 싶다.

브랜드나 이미지를 만드는 데는 필요한 시간만큼은 분명히 여유 있게 기다릴 수 있어야 한다. 견고하게 구축된 이미지에 믿음과 신뢰를 같이 할 때 평생 동지의 파트너들을 만나게 될 것이다. 기회를 먼저 얻는다는 선기(先機, SINKI)의 선봉장으로서 나의 모든 역량과 자질을 주저 없이 쏟아부을 것이다.

결론적으로 말씀드리면, 홍콩은 여전히 세계적인 경제무역대국이라는 점이다. 홍콩의 정부는 규제완화로 고부가 가치 서비스 산업을 육성하게 되고, 중국 대륙 경제의 자유화로 인해 서비스업의 쾌속 성장을 이끌고 있다. 국제 화물 처리량에서 홍콩의 컨테이너 항구는 세계에서 가장 바쁜 컨테이너 항구 중 하나이고, 승객 수만 보더라도 홍콩 국제공항은 세계에서 번화한 공항 중 하나이다. 홍콩을 향한 생생한 비전을 독자들과 폭넓게 공유하고 싶다.

홍콩은 쇼핑천국 '글로벌 마켓에서' 독보적 위상
한류 수요층 중장년층에서 '이젠 청소년층 선도'
한국 중소기업 다양한 제품 홍콩에 연착륙 호기

홍콩의 최상 무역여건 '중화권 대동단결' 견인차
활짝 열린 문…선기(先機)의 선봉장 역량 쏟을것
튼튼하게 새싹을 심으며 '뿌리를 내리는데 일조'

권선복
행복에너지 대표이사
영상고등학교 운영 위원장

일대일로 대웅비 플랜의 비전에 탄력받은 중국의 대도약 기상과 함께 행복과 긍정의 에너지가 팡팡 샘솟기를 기원합니다!

한 무제는 신장 위구르 자치구에 위치한 고대 도시의 소국 누란(樓蘭)을 정복하고, 중앙아시아 동북부인 페르가나(Fergana)의 왕을 친 후, 흉노마저 무릎 꿇리고 마침내 동방과 서방의 교류시대를 열게 됩니다. 바야흐로 BC 60년, 전 세계 상업의 관문으로 실크로드가 만개하면서 중국의 문물이 로마까지 전해졌습니다.

중국의 제지 기술과 화약 기술, 도자기 등이 전파되었고, 서역으로부터는 기린이나 사자와 같은 진귀한 동물이 도착했습니다. 또 유리를 만드는 기술이 수입되었습니다. 중국은 현재 문화와 상업이 융성한 옛 영화를 복원하려는 야심찬 계획을 세우고 있습니다. 신 실크로드 구상이라는 일대일로 계획을 통해 말입니다.

중국 중서부, 중앙아시아, 유럽을 경제권역으로 묶고 중국 남부, 동남아시아의 바닷길을 연결하는 야심찬 일대일로의 전략으로, 중국을 중심으로 한 하나의

> "
> # 야심찬 중국의 일대일로의 전략!
> ## '하나의 거대한 세계적 시장 탄생시킬 것'
> "

경제 벨트를 구상한 것입니다. 신 실크로드 구상이 유럽과 아시아를 잇는 하나의 세계적인 시장을 탄생시킬 것이 틀림없습니다. 인구 44억 명(세계 인구의 약 63%)과 GDP 규모 21조 달러(세계 GDP의 약 24%)에 달하는 이런 초대형 거대 연합은 정책, 인프라, 무역, 자금, 민심이 중국을 중심으로 합일하는 공생관계를 전망합니다.

자금은 충분합니다. 기술도 충분합니다. 본문에서도 확인할 수 있는 바, 세계 자산 1위 은행인 중국꽁상은행은 영국 GDP(2조 8,500억 달러, 2015 IMF 기준)보다 자산이 훨씬 많습니다. 중국 은행들은 막대한 자금을 기반삼아 세계 금융시장을 향해 총공세의 형국으로 진출 러시를 감행하고 있습니다. 또한 사물인터넷, 통신·가전, 핀테크 부문 역시 이미 세계적인 수준이지요.

더욱이 전 세계 화교들의 경제 네트워크는 명성이 자자합니다. 기본 토대는 이미 탄탄히 구축되었다고 할 수 있습니다. 이와 관련한 모든 각론을 '그랜드 차이나 벨트'에서 소상히 알아볼 수 있습니다. 이 책을 감명 깊게 읽는 모든 독자 분들의 마음에 중국을 향한 큰 뜻, 큰 마음과 행복에너지가 팡팡팡 샘솟으시기를 기원 드리겠습니다.

Happy Energy books   좋은 원고나 출판 기획이 있으신 분은 언제든지 행복에너지의 문을 두드려 주시기 바랍니다.
ksbdata@hanmail.net   www.happybook.or.kr   단체구입문의 ☎ 010-3267-6277   행복에너지

하루 5분 나를 바꾸는 긍정훈련

행복에너지

'긍정훈련' 당신의 삶을
행복으로 인도할
최고의, 최후의 '멘토'

'행복에너지
권선복 대표이사'가 전하는
행복과 긍정의 에너지,
그 삶의 이야기!

인터파크
자기계발 분야 주간
베스트 1위

권선복 지음 | 15,000원

권선복

도서출판 행복에너지 대표
영상고등학교 운영위원장
대통령직속 지역발전위원회
문화복지 전문위원
새마을문고 서울시 강서구 회장
전) 팔팔컴퓨터 전산학원장
전) 강서구의회(도시건설위원장)
아주대학교 공공정책대학원 졸업
충남 논산 출생

책 『하루 5분, 나를 바꾸는 긍정훈련 - 행복에너지』는 '긍정훈련' 과정을 통해 삶을 업그레이드하고 행복을 찾아 나설 것을 독자에게 독려한다.

긍정훈련 과정은 [예행연습] [워밍업] [실전] [강화] [숨고르기] [마무리] 등 총 6단계로 나뉘어 각 단계별 사례를 바탕으로 독자 스스로가 느끼고 배운 것을 직접 실천할 수 있게 하는 데 그 목적을 두고 있다.

그동안 우리가 숱하게 '긍정하는 방법'에 대해 배워왔으면서도 정작 삶에 적용시키지 못했던 것은, 머리로만 이해하고 실천으로는 옮기지 않았기 때문이다. 이제 삶을 행복하고 아름답게 가꿀 긍정과의 여정, 그 시작을 책과 함께해 보자.

『하루 5분, 나를 바꾸는 긍정훈련 - 행복에너지』

'행복에너지'의 해피 대한민국 프로젝트!
<모교 책 보내기 운동>

대한민국의 뿌리, 대한민국의 미래 청소년·청년들에게 책을 보내주세요.

많은 학교의 도서관이 가난해지고 있습니다. 그만큼 많은 학생들의 마음 또한 가난해지고 있습니다. 학교 도서관에는 색이 바래고 찢어진 책들이 나뒹굽니다. 더럽고 먼지만 앉은 책을 과연 누가 읽고 싶어 할까요?
게임과 스마트폰에 중독된 초·중고생들. 입시의 문턱 앞에서 문제집에만 매달리는 고등학생들. 험난한 취업 준비에 책 읽을 시간조차 없는 대학생. 아무런 꿈도 없이 정해진 길을 따라서만 가는 젊은이들이 과연 대한민국을 이끌 수 있을까요?

한 권의 책은 한 사람의 인생을 바꾸는 힘을 가지고 있습니다. 한 사람의 인생이 바뀌면 한 나라의 국운이 바뀝니다. 저희 행복에너지에서는 베스트셀러와 각종 기관에서 우수도서로 선정된 도서를 중심으로 <모교 책 보내기 운동>을 펼치고 있습니다. 대한민국의 미래, 젊은이들에게 좋은 책을 보내주십시오. 독자 여러분의 자랑스러운 모교에 보내진 한 권의 책은 더 크게 성장할 대한민국의 발판이 될 것입니다.

도서출판 행복에너지를 성원해주시는 독자 여러분의 많은 관심과 참여 부탁드리겠습니다.

도서출판 행복에너지 임직원 일동
문의전화 0505-613-6133

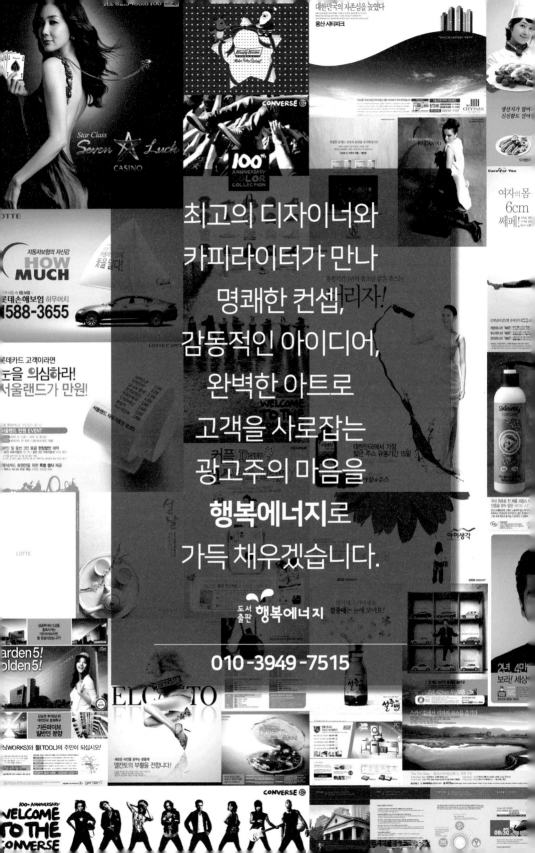

최고의 디자이너와
카피라이터가 만나
명쾌한 컨셉,
감동적인 아이디어,
완벽한 아트로
고객을 사로잡는
광고주의 마음을
행복에너지로
가득 채우겠습니다.

도서
출판 **행복에너지**

010-3949-7515